创新型小学教育专业精品教材

互联网+教育改革新理念教材

新编心理学教程

主编　王黎华

内容提要

《新编心理学教程》是顺应时代的发展，根据当代教师教育和师范生的需求，融合普通心理学、发展心理学、教育心理学和社会心理学于一体，以全新的理念编写而成的一部公共心理学的基础教材。全书共分12章，内容包括绪论、心理的实质、意识与注意、感觉与知觉、记忆、思维、表象与想象、情绪和情感、意志、个性及其倾向性、能力、气质和性格。

本书可作为师范类院校学生生公共心理学的教材，也可以作为中小学教师培训及广大教育工作者的自学用书。

图书在版编目（CIP）数据

新编心理学教程 / 王黎华主编. -- 上海 : 上海交通大学出版社，2018（2023重印）
ISBN 978-7-313-20035-8

Ⅰ. ①新… Ⅱ. ①王… Ⅲ. ①心理学一教材 Ⅳ. ①B84

中国版本图书馆CIP数据核字(2018)第198777号

新编心理学教程
XINBIAN XINLIXUE JIAOCHENG

主　　编：王黎华
出版发行：上海交通大学出版社　　地　　址：上海市番禺路951号
邮政编码：200030　　电　　话：021-64071208
印　　制：三河市祥达印刷包装有限公司　　经　　销：全国新华书店
开　　本：787mm×1092mm　1/16　　印　　张：17
字　　数：338千字
版　　次：2018年9月第1版　　印　　次：2023年6月第6次印刷
书　　号：ISBN 978-7-313-20035-8
定　　价：45.00元

前言 PREFACE

本课程是高等师范院校小学教育专业根据人才培养目标、教育教学的实践和小学教师职业活动的需要而开设的一门专业必修课。开设这门课程，一是为了对未来教师进行职前培训，使他们比较系统而全面地掌握必要的心理学基础理论、基本知识、基本技能和研究方法，同时把握小学生心理发展的特点及心理发展规律，树立科学的心理教育观；二是为了培养和提高未来教师和教育工作者自身的素质，学会从心理学的角度分析和解决存在于小学教育教学中的常见问题，以便能尽快适应小学教学工作的需要及小学教育教学改革与课程改革的需要。

本书体系包括四个部分，共有十二章内容。第一部分为导论，包括第一章和第二章，主要探讨心理学的研究对象、任务、方法、发展及心理的本质；第二部分为认知部分，包括第三章到第七章，主要介绍感觉、知觉、记忆、思维、想象及相伴的意识和注意的原理与规律；第三部分为情意部分，包括第八章和第九章，主要探讨情感过程和意志过程的原理及其规律；第四部分为个性心理部分，包括第十章到第十二章，主要介绍个性心理中的需要、兴趣、能力、气质和性格等方面的理论。

本教材在编写过程中，力求突出以下特点：

- 注重结构的完整性和内容的基础性：本书是学习心理学的入门教材，在讲清普通心理学的基本概念、基本知识和基本规律的基础上，同时根据师范教育的实际对部分内容进行了适当的压缩和调整，突出基础性。
- 突出师范性和实用性：本书的编写从高等师范院校小学教育专业的培养目标出发，在内容上注重理论知识与教育实践的结合，针对小学教师的工作特点，选择了儿童心理学的知识及与教育教学活动有联系的应用心理学的知识和事例，提高学生学习心理学的兴趣，拓展学生的视野，同时提高学习者分析和解决教育教学实际问题的能力。
- 具有逻辑性和针对性：本书各章体例安排包括学习目标、案例导读、知识链接、本章小结、拓展阅读和思考练习，符合学生的学习认知规律，逻辑性强。同时思考与练习包括单选、填空、判断、简答和案例分析题等多种题型，适合学生参加教师资格证考试复习之用，具有很强的针对性。

❖ **数字资源，平台辅助：** 本书配备了丰富的数字资源（如微课视频、教学课件、课后习题答案等），为广大师生提供了一站式教学资源。读者可以登录文旌综合教育平台“文旌课堂”（www.wenjingketang.com）体验平台式教学及下载相关教学资源包。

此外，本书还提供了在线题库，支持“教学作业，一键发布”，教师只需通过微信或“文旌课堂”App 扫描二维码，即可迅速选题、一键发布、智能批改，并查看学生的作业分析报告，提高教学效率、提升教学体验。学生可在线完成作业，巩固所学知识，提高学习效率。

本书是由上饶幼儿师范高等专科学校的王黎华担任主编，张庆辞和余志芳担任副主编，其中王黎华负责编写第一、二、八、九、十、十一、十二章，张庆辞编写第三、四、五章，余志芳编写第六、七章，最后由王黎华对全书进行修改统稿。

本书在编写过程中，得到了作者所在单位以及各位同事的大力支持和帮助，参考了许多专家学者及同行的教材和研究成果，在此一并表示衷心的感谢！

为学习贯彻党的二十大精神，提升课程铸魂育人效果，本书专门在扉页“教•学资源”二维码中设计了相应栏目，以引导学生践行社会主义核心价值观，涵养学生奋斗精神、敬业精神、奉献精神、创新精神、工匠精神、法制精神、绿色环保意识等。

由于编者水平有限，书中的疏漏与不当之处在所难免，敬请广大读者批评指正，以便我们进一步完善修改。

CONTENTS
目录

第一章

绪论

学习目标

- 理解心理学研究的对象、基本任务和意义。
- 理解心理学研究的基本原则和方法。
- 了解现代心理学的发展历史，掌握各主要心理学流派的代表人物和主要观点。

本章导读

有人认为心理学家能够透视人的内心活动，知道别人在想什么，有人认为心理学家都会催眠和解梦，有人认为学习心理学就是学习做心理咨询，那么，什么是心理学？心理学的研究对象和研究方法是什么？心理学有哪些流派？让我们通过本章的学习来了解。

第一节　心理学研究的对象和任务

一、心理学研究的对象

（一）心理学的涵义

心理学，其英文为“psychology”，是由两个希腊文字：“psyche”和“logos”组成的。前者解释为“心灵”“灵魂”；后者是指讲述或者解说。两词合起来就是“对心灵或灵魂的解说”。这是早期人们对心理学的定义，具有浪漫主义色彩，但这个定义并不具有科学内涵。

1879 年，德国哲学家、心理学家冯特在德国莱比锡大学创建了世界上第一个心理学实验室，对人的心理现象进行了系统实验研究。从此，心理学从哲学中分离出来而成为一门独立的科学，冯特因此被誉为“科学心理学之父”。随着心理学研究的深入，心理学逐渐有了相对统一的定义，即心理学是研究人的心理现象及其发展规律的科学，具体来说是研究人的行为和心理活动规律的科学。

人的心理活动和行为之间相互作用、相互依存，两者之间遵循着一定规律。心理学通过探讨人的心理活动及其行为变化，分析、揭示、预测、调控人的心理活动与行为。因此，心理学要研究心理活动的神经生物学基础，尤其是心理活动的脑机制等，从这个意义上说心理学的研究目标和方法与自然科学一样，具有自然科学性质。但人生活在一定的社会环境中，心理的发生和发展不能离开社会环境的影响，而且心理学还研究社会心理和行为，这些心理现象和行为更是社会生活的产物，从这个意义上说，心理学又具有社会科学性质。因此，心理学是一门兼有自然科学和社会科学性质的边缘科学或中间科学。

（二）心理学的研究对象

心理学重点研究人的心理现象和行为，也研究动物的心理和行为，因为动物的行为在某些方面可以推及人类。但心理学是以研究人的心理活动和行为为主要对象的，研究动物心理和行为是为了能更好地解释、预测与调控人的行为。

在心理学研究中，通常把心理现象分为既有联系又有区别的两个部分：心理过程和个性心理，见图 1-1。

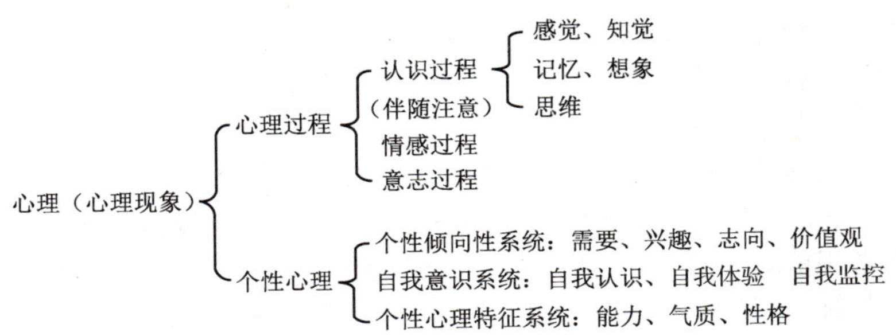

图 1-1 心理现象结构图

1. 心理过程

心理过程是指人脑对客观事物不同方面及其相互关系的反映过程，包括认识过程、情感过程和意志过程。相对于个性心理而言，心理过程具有可变性、暂时性的特点，是大多数人共同拥有的心理现象，而个性心理是相对稳定、持久的，是个体表现出来的与众不同的心理现象。

（1）认识过程

认识过程是指人对客观事物的认知过程，是人们获取知识和运用知识的过程，也是人的最基本的心理过程。认识过程包括感觉、知觉、记忆、思维、想象等。比如，我们看见各种各样的颜色，听到潺潺的流水声，尝到甘甜的滋味，闻到各种味道，摸到物体的软硬或冷热等，这都是感觉的过程。在感觉的基础上，加上知识经验的积累，我们能够辨认出是盛开的茉莉花或是歌唱的麻雀；是红色的玫瑰还是秋天的落叶等，这个是知觉。感觉和知觉反映的是客观事物外部联系和特征。

我们感知过的事物能够以经验的形式在头脑中留下痕迹，并储存在我们的大脑中，以后在一定条件下还可以再认或回忆起它的形象和特征，例如，我们游览过了万里长城，其美丽的景色会在大脑中留下深刻的印象，这就是记忆。人除了能直接地感知事物的表面特征，还能通过思维间接地、概括地反映事物的内在的、本质的特征，这就是思维。例如，中医可以根据病人的脉搏、体温、舌苔等变化，推断其体内的疾病。人们不仅可以对已经历过的事物在头脑中再现其形象，而且还能在这些已有形象的基础上创造新事物的形象，这是想象。例如，建筑师在头脑中创造出新楼房的形象，我们在头脑中对未来生活和工作情景的设想等。人们就是在实践中通过这些认识过程，去辨别、认识事物、思考问题，积累经验，展望未来。

（2）情感过程

情感过程是指人对客观事物是否满足自身需要而产生的态度体验。人对客观事物的认识，并不是冷漠无情的，而总是对它表现出鲜明的态度体验，渗透着某种感情色彩。如果客观事物满足人的需要，则产生积极的情绪体验；反之则产生消极的情绪体验。例如，我们对祖国的热爱，对本职工作的喜爱，为取得的成绩感到喜悦等，这些体验在心理学上被称为情感过程。情绪是在认识基础上产生的，我们在对客观事物接触、了解、思考的过程中，便会产生喜怒哀乐等的情绪体验，如果没有认识过程是不可能产生情绪体验的。情绪对我们来说有很多的功能，例如，我们可通过对情绪的解读了解到别人当时的情绪类型，

这就是情绪的信号功能。又如，情绪可激发人的心理活动，影响人的行为，这是指情绪的动机功能，这些都有助于我们在社会上具有更好的适应性。

（3）意志过程

意志过程是人自觉地确定目的，克服内部和外部困难，力求实现预定目的的心理过程。人们不仅能认识客观事物，对它产生一定的情感体验，而且还能够自觉地改造客观世界。意志过程是人意识能动性的集中体现，表现在发动和制止两方面，即发动实现目的的行动和制止与预定目标不相符的行为。人们凭借意志的力量，支持、保护自己所喜欢的事物，反对、摒弃自己所厌恶的事物，积极主动地创造人类的物质文明和精神文明。

人的认识过程、情感过程和意志过程之间是相互联系、相互作用而构成有机整体的心理活动过程。认识过程是情感过程和意志过程的基础；情感过程是认识过程和意志过程的动力，既有促进作用也有阻力作用；意志过程对认识过程和情感过程具有调控作用。没有人的认识过程，就不可能产生情感过程，也就不可能有意志过程的体现。如“知之深，爱之切”就说明认识过程对情绪情感过程的影响，“知识就是力量”说明认识过程对意志行动的重要影响。积极的情感体验和意志行动会促进认识过程的进行，消极的情感体验和意志力的缺乏会阻碍认识过程。积极的情绪过程可以促进意志行动，消极的情绪过程也可以阻碍意志行动，而人的意志可以控制情绪情感过程，使情绪情感过程服从理智。总之，人的认识过程、情感过程和意志过程是紧密联系、相互作用的。

2．个性心理

认识过程、情感过程和意志过程每个人都具有，但是在每个人身上都有不同的表现，人与人之间存在着个体差异，这种差异就是心理学所要研究的个性心理。个性心理也叫人格，是一个人在社会生活实践中形成的具有一定倾向的、比较稳定的各种心理特征的总和，反映人的心理现象的个别差异，主要包括个性倾向性、个性心理特征和自我意识三个方面。

个性倾向性是个性心理的动力结构，是个性心理中最活跃的因素，反映人对周围世界的趋向和追求，它主要包括需要、动机、兴趣、理想、信念和世界观等，其中需要是基础，对个性心理的其他成分起调节、支配作用；信念、世界观居于最高层，决定着一个人总的心理倾向。

个性心理特征是指人们在各种心理活动过程中，经常地、稳定地表现出来的心理特点。它是个性中的特征结构，主要包括能力、气质、性格等，不同的人有不同的个性心理特征。如有的人记得快，有的人记得慢；有的人善于想象，有的人擅长观察，这是表现在认知及活动效率方面的能力的差异。有的人性情急躁、易于激动；有的人温和，不易发脾气；有的人深沉，动作有力，这些表现在心理活动动力方面的不同特点就是气质的差异。有的人待人热情主动，有的人则被动不前；有的人谦虚认真，有的人骄傲浮躁，这些表现在态度和行为方式上的不同特点就是性格的差异。能力、气质、性格构成了个体独特的心理特点。

自我意识是个体对自己及与他人关系的认识和态度。它是个性心理的调控结构，体现着一个人的社会化水平。主要包括自我认知、自我评价、自我体验、自尊心、自我监督、自我调控等，是一个多维度、多层次的心理系统。

个性心理的三个方面是相互依存、相互制约、协调发展的。其中，个性倾向性制约着个性心理特征、自我意识形成和发展的方向；而个性心理特征的发展，又体现着人的个性

倾向性和自我意识的发展水平；自我意识反过来又对整个个性的发展起调控作用。

总之，心理过程与个性心理是非常密切的关系。人的个性是在心理过程的基础上形成和发展的；个性又总是通过各种心理过程表现出来的。反之，已形成的个性心理又积极地影响着心理过程，而使人的心理过程总带有个性的色彩。正是由于心理过程与个性心理相互渗透、相互制约，才形成一个人完整的心理面貌。

二、心理学研究的任务

心理学研究的主要任务是探索心理现象的本质、机制、规律和事实。具体来说，心理学研究的任务就是描述、解释、预测和控制行为，因此，心理学主要有以下四项基本任务。

1. 描述心理现象和行为

心理学通过精确、全面的观察分析，根据人的外部行为、动作反应获得大量信息，并对其进行准确的描述。对于人的外部信息要按照事实的本质去收集它们，而不是按照研究者的主观期待去收集，这是最重要的。

2. 解释心理现象和行为

人的心理活动和行为表现是世界上最复杂的现象，要解释清楚并不容易，因而，需要深入分析现象与行为背后的原因。例如，影响心理状态和人行为的因素很多，包括环境因素、机体因素和心理因素等，而心理学研究就是查明这些因素的变化与心理活动的确切关系，分析与说明其关系的形成及规律，说明包括：① 阐明已知事实；② 就事件之间的关系提出需要证明的假定。例如，有的小学儿童在上课期间注意力经常不集中，究其原因，并非是“多动症”或心理异常，而是符合其心理活动规律的。一般地，小学儿童的有意注意的稳定性最长不超过 20 分钟，否则就会开小差。因此，教师在一节课内应该有准备地对待学生的这种心理状态。

3. 预测心理现象和行为

心理学研究的目标之一是能够准确地预测人的心理和行为。人的心理现象尽管纷繁复杂，但是有规律可循，因此也是可以预测的，但必须在准确测量和正确描述的基础上，才能推知其心理发展或行为变化的可能性。例如，教师在教学过程中严密的逻辑思维和清晰的言语表述与学生学习成绩的优劣之间就具有显著的正相关，这样就可以预测，教师在以后的教学中可能获得的教学效果。又如，我们可以预测一个性格内向，容易害羞的人在被要求与陌生人交谈时会感到拘谨。

4. 调节与控制心理活动与行为

调节与控制的目的是引导或改变个体的心理和行为朝着目标规定的方向转变，或对异常心理和行为进行矫正。例如，根据学习心理学原理，在教学情境中，适当、合理地运用奖赏和惩罚手段，能够对学生某些不当行为进行调节与控制或矫正。

三、心理学研究的领域

心理学研究范围十分广泛，其研究内容也十分复杂。现代心理学已形成一个学科体系，

由众多的心理学分支组成，这些分支大致分为两大领域：基础研究领域和应用领域。

（一）基础研究领域

基础研究领域主要研究心理发生和发展的基本规律，包括普通心理学、实验心理学、生理心理学、发展心理学、人格心理学和社会心理学等。

1．普通心理学

普通心理学是研究心理现象一般规律的科学。它研究心理学的基础理论和基本方法，阐述正常成人心理的一般规律，同时也概括地阐述各个分支学科的研究成果，包括感知觉心理学、记忆心理学、思维心理学、言语心理学、动机心理学、情绪心理学、意志心理学和个性心理学等，普通心理学为各分支心理学提供了理论基础，也是学习心理学的入门学科。

2．实验心理学

实验心理学是以实验方法来研究心理和行为规律的科学，主要研究心理学领域中进行实验研究的原理、设计、方法、仪器、技术和资料处理等问题。实验心理学是进行基础心理学研究的一门十分重要的学科。

3．生理心理学

生理心理学是研究心理现象和生理机制的科学。主要研究感觉、学习和记忆、动机和情绪等各种心理现象的神经机制以及内分泌腺对行为的调节机制等。生理心理学在现代脑科学研究及现代技术的基础上，努力揭示心理现象与脑功能之间的相互关系。

4．发展心理学

发展心理学是研究个体从受精卵开始到出生、成熟直至衰老的生命全过程中心理发生、发展的规律。其中研究心理种系发展的心理学叫比较心理学，它通过将人的心理与动物的心理相比较来确定两者之间的联系和差别。研究个体心理发生、发展的心理学叫毕生发展心理学，分为婴幼儿心理学、儿童心理学、少年心理学、青年心理学、中年心理学和老年心理学。发展心理学是心理学理论体系的重要组成部分，也是对发展中的个体进行教育、培养、训练的心理学理论根据。

5．人格心理学

人格心理学是研究并揭示个体思想、感情、意向与行为整体性的心理学分支学科，涉及影响个体与环境交互作用的诸多维度和层次，主要从生物学、发展、认知、情绪、动机和社会交互作用等方面，对个体的心理与行为的原因进行探究，并对人性进行系统解释。

6．社会心理学

社会心理学研究在群体环境中个体心理发生、发展及其变化的规律，包括社会认知、社会动机、社会态度、团体心理及时尚风俗、舆论等社会心理现象的特点及其规律。例如，个体如何受群体的影响而改变其行为？个体如何受到别人的压力而出现顺从行为？

（二）应用领域

只要有人的活动，就会有心理学的应用。心理学的应用分支主要有教育心理学、医学心理学、工业心理学、军事心理学、司法心理学和运动心理学等。

1. 教育心理学

教育心理学研究教育过程中学与教的心理活动规律，揭示教育过程和人的心理活动发展之间的相互关系。教育心理学以教师与学生之间的相互作用为研究对象，包括受教育者知识和技能掌握的心理特点及规律、智力发展与智力测查方法、影响教学过程的心理因素、良好行为习惯和道德品质的形成规律、家庭学校社会等对受教育者的心理影响等。教育心理学的研究直接关系到教育改革、人才培养，因此具有重要的理论和实践意义。

2. 医学心理学

医学心理学研究疾病的诊断、治疗、护理、预防中的心理学问题，包括病理心理学、临床心理学、药理心理学、护士心理学、心理健康咨询学、心理治疗学等分支学科，当代医学心理学已经是医学行业从业者必须掌握的一门知识。

3. 工业心理学

工业心理学包括工程心理学和管理心理学。工程心理学研究现代工业中人与机器的关系，例如，设备如何适应人的活动特点，使人减少疲劳，增加安全与舒适度，使工作效率提高等。管理心理学主要研究领导与管理风格，以及在管理活动中如何进行人员选拔、提高与激励员工的工作积极性及潜能发挥、进行员工的在职培训、处理工作环境中的人际关系、提高工作效率、经济效益和社会效益等。

4. 军事心理学

军事心理学研究军事活动中人的心理活动规律，主要研究战斗时人的行动、指挥员与下属的相互关系、士气以及掌握军事技术等方面的心理学问题，为提高部队的战斗力服务。它包括指挥员心理学、战士心理学、军事工程心理学等分支学科。

5. 司法心理学

司法心理学也叫法制心理学，主要研究人在法制活动中的心理活动，即人在立法、刑事犯罪和诉讼活动、民事法律、社会治安管理、法制宣传及实现其他法律活动过程中的心理学问题。其分支学科包括刑事心理学、罪犯心理学、诉讼心理学、侦缉心理学和审判心理学等。

6. 运动心理学

运动心理学研究人在体育运动、训练、竞赛活动中的心理特点和规律，包括研究运动员心理、教练员心理、竞赛的心理状态、运动竞赛与心理训练、运动竞赛与心理治疗等。运动心理学对于提高运动成绩与训练效果有显著作用。

基础学科心理学各分支概括心理学的一般理论，为应用学科心理学各分支提供理论依据；而应用学科心理学各分支的发展又为基础学科心理学各分支的概括提供新的资料。这两个领域的心理学分支集合是相互联系、相互渗透的。

四、学习心理学的意义

（一）理论意义

100 多年前，德国生理学家杜布拉·雷蒙提出了“七个宇宙之谜”，即物质和力的本质、运动的来源、生命的起源、自然界合乎目的的安排、简单感觉与意识的起源、理性思维与语言的起源和意志自由的问题。其中后三个宇宙之谜，都和正确理解心理现象的本质和起源有密切的关系。

杜布拉认为这七大宇宙之谜是不能解决的。然而，现代科学已经解释了其中的众多谜团。心理学对于睡眠的研究就是一个很好的例子。现代科学不仅证明了睡眠和梦的本质，而且用科学的手段证明了睡梦的发展进程。从这角度看，心理学有助于破除迷信，批判唯心主义思想。

在当今理论界，关于遗传在个体心理发展中的作用，有着不同的观点。有人认为，人的心理活动主要是由遗传决定的，环境和教育在人的心理发展中不起重要作用；而另一些人认为，环境决定了人的心理发展，遗传作用不大。不同的解释在教育实践中将产生完全不同的影响。可见，科学地解释心理现象，对形成科学的世界观和人生观具有重要意义。

（二）实践意义

心理学不仅是一门基础理论学科，也是一门应用学科，其理论研究成果已经被广泛地应用于社会实践活动的各个领域，具有多方面的实践意义。

1. 心理学对做好管理和思想政治工作有重要意义

任何活动过程都是人的实践活动，是在人的心理调节下完成的，把心理学理论应用于管理和思想政治工作以及指导人们的实践活动，已经成为当今世界的一种趋势。

目前，管理心理学中的需要层次论、目标激励理论、期望理论、公平理论、双因素理论等，都对职工积极性的调动和提高具有很强的指导作用。

思想政治工作人员通过运用心理学原理，在了解人的心理特点和心理需要的基础上，遵循感化、正面教育和保护自尊心的原则，对员工进行思想政治教育，能充分调动员工的积极性和工作热情，进而提高劳动产生效率。因而，学习和研究心理学，掌握人的心理特点和规律，有助于做好管理和思想政治工作、提高人的劳动生产效率。

2. 心理学有助于提高人的健康水平和医疗效果

现代医学证明，人的心理状态、精神因素，同人的疾病和健康有着密切的关系。有些心理因素是某些疾病发生的直接或间接的原因，例如，人在愤怒情绪作用下，血压就会升高，长期下去就有可能引发血压调节机制的失常而形成功能性的高血压症。此外，像胃溃疡、出血、心肌梗死、脑溢血等，都可以由情绪过度紧张而促发。常见的失眠、头痛、焦虑强迫等症状等都可以找到心理方面的原因。而良好的心理状态，则可以调节治愈某些疾病，达到强身健体的作用。因而，掌握心理学的有关知识有益于人的身心健康，特别是对于医务工作人员来说，积极运用心理学理论对病人进行辅助治疗，可以提高医疗效果，使一些药物治疗不能见效的疾病得以治愈。因此，现代医学已从“生理模式”向“社会——心理——生理模式”转化。

3. 心理学能提高教育和教学质量、优化个人的综合素质

教育是在教师的引导下使学生掌握知识技能、发展智力、形成品德的过程，这些都必须通过认知过程才可能实现。提高教育教学质量的关键是教师针对学生的心理特点和年龄特征，采用最佳的教学手段，提高学生学习的积极性、优化学生的学习效果，而心理学研究所提供的一些原理，为教师进一步了解学生认知能力发展的特点及其心理活动的规律提

供了依据，对增强教学的科学性和艺术性，提高教育教学质量具有重要的指导意义。

学习心理学还有助于教师优化个人素质、提高教育科研能力。在教育理论的指导下，结合自身的教育实践，开展教育教学研究是当代教师应当具备的基本素质之一。而在运用教育理论进行教育科学研究过程中，心理学所提供的理论研究成果是基础，具有十分重要的作用。因此，各级各类学校的教师及师范院校的学生都应该学习和掌握心理学的基本知识和基本理论。

第二节　心理学的研究原则与研究方法

一、心理学研究的基本原则

1. 客观性原则

所谓客观性原则就是对任何心理现象必须按它的本来面貌加以研究和考察，不附加任何主观意愿的原则。人的心理虽是在头脑里进行的活动，但它是人脑对客观现实的反映，一切心理活动都是由内外刺激引起的，并通过一系列的生理变化在人的外部活动中表现出来。研究人的心理，就是要从这些可以观察到的、可以进行检查的活动中去研究。所以，在心理学的研究中切忌采取主观臆测和单纯内省的方法，而应根据客观事实来探讨人的心理活动规律。

客观性原则要求研究者注意以下几个方面：第一，搜集研究资料时，必须详尽地记录整个研究过程，包括作用于个体的外部刺激和个体的行为反应。第二，在对资料进行分析时，应尽可能客观。第三，在作结论时，应该根据客观的事实下判断，不要做过于主观的推论。

2. 系统性原则

系统性原则就是从系统论的观点出发，把各种心理现象放在整体性的、有等级结构的、动态的和相互联系的系统形式中加以研究，做到既对其进行多层次、多维度、多水平的系统分析，又对其进行动态、综合的考察，反对片面、孤立、静止的研究倾向。例如，对人的某种心理现象要从环境层面和遗传层面进行不同的分析。人生活在极其复杂的自然环境和社会环境之中，人的心理现象的产生都要受自然和社会诸多因素的影响和制约，人们对某种刺激的反应，在不同的时间、环境和主体状况下，往往不相同。

因此，在对人的某种心理现象进行研究时，要严格控制各种条件，不仅要考虑与之相联的其他因素的影响，而且要在其他关系中探讨心理活动的真正规律。

3. 发展性原则

发展性原则要求人们用发展变化的观点看待人的心理。世界上的万事万物都处在永恒运动和不断变化之中。人的心理，也是处在不断发展变化之中。因此，心理学研究必须贯彻发展性原则，不能割断历史，既要探索和揭示人类产生以前动物的心理特点和发展变化的规律，又要研究现代人类随着时代的变迁、社会生活条件和生活方式的变化，人类心理如何变化，尤其要研究现代生活中，现代化生产工具和便捷的信息交通工具的使用对人的心理发展产生的巨大影响。在进行个体心理研究时，既要充分重视人的心理现象的各种量的变化和质的表现，又要不断观察和了解心理发展变化的规律，不能以静止的、固定模式看待人的过去、现在和将来。不仅要研究已经形成的心理品质，还要善于发现和预测那些刚刚出现并大有发展前途的良好心理品质，以便创造条件使其成长。

4．教育性原则

教育性原则要求对人的心理现象进行研究时，必须符合教育的目的，保障个体的身心健康。不允许进行损害被试，尤其是儿童身心健康的研究，不允许向儿童出示跟教育目的、任务相矛盾的图片、问题或作业等。要考虑到课题本身的性质、方法的选择等是否有利于被试的身心健康及心理发展等。还要应注意研究方向上的教育取向，使心理学研究与教书育人的任务密切联系起来。

二、心理学研究的方法

心理学的研究方法很多，在此主要介绍比较常用的观察法、实验法、调查法、测验法、个案研究法和产品分析法。

1．观察法

观察法是在日常生活条件下，有目的、有计划地通过观察和记录被试的外部表现，以了解其心理活动特点和规律的方法。例如，观察学生课堂上的表现，可以了解学生注意力的稳定性、情绪状态和人格的某些特征。观察法是科学研究中最基本的方法，是收集第一手资料最直接的手段。

观察法有不同的种类。按照观察时间划分，可以分为长期观察和定期观察。长期观察是在较长的时间内连续进行系统观察，有计划地积累资料。例如，科学儿童心理学奠基人普莱尔（W. Preyer）在对其儿子三年里每天三次的长期观察后，写成《儿童心理》一书。定期观察是按一定时间间隔持续观察，到一定阶段再进行总结。如每周观察两次小学生的课业行为表现，待材料积累到一定数量的时候，进行分析整理得出结论。

知识链接

普莱尔的观察记录

以下是普莱尔观察自己的孩子（从出生第一天起）抓握动作发展的记录：

“第一至第三天：主要是手碰到脸的动作。

第五天：他的手指把我的一只手指握得很紧；他的脚趾不能。

第九天：小孩睡觉时并不握着人放在他手内的手指。

……

第十七星期（第117天）：我第一次看到我的小孩认真要用手抓住东西。

……”

按照观察范围划分，可以分为全面观察和重点观察。全面观察是观察被试在一定时期内全部的心理表现，如上述普莱尔的观察。重点观察是观察被试某一方面的心理表现，如观察教师和学生在上课时的情感交流情况。

按照观察者参与与否划分，可以分为参与性观察和非参与性观察。参与性观察是观察者主动参与被试活动，以被试身份进行观察。如研究人员以代课教师身份参与教学活动，从教师的角度观察学生表现。非参与性观察是观察者不参与被试活动，以参观者身份进行观察。需要指出的是，无论是参与性观察还是非参与性观察，原则上都不宜让被试发现自己被别人观察，以免影响观察的效果。如透过单向透光玻璃窗或闭路电视录像装置，观察学生在自修课上学习的自觉性和自制力情况。

观察法可以应用于多种心理现象的研究，尤其适用于教师了解、研究学生的心理特点和规律。观察法是在日常生活条件下使用的，因而简便易行，所得的材料也比较真实。但由于它不能严格控制条件，因此不易对观察的材料做出比较精确的量化分析和判断，只能有助于研究者了解事实现象，而不能解释其原因是什么。即只能回答“是什么”的问题，不能回答“为什么”的问题。这也是观察法的局限性。

为了保证观察的客观性，使用观察法时需要注意以下几点。第一，观察必须有明确的研究目的，对观察的行为特征要加以明确界定，做好计划，并按计划进行观察。第二，观察必须是系统的，而不是零散的，偶然的。第三，必须随时如实地做好记录，要把“传闻”与“事实”“描述”与“解释”区分开来，第四，应该在被观察者处于自然状态的情况下进行观察。

观察者偏见

2．实验法

实验法是在控制的情境下系统地操纵某种变量的变化，来研究这种变量的变化对其他变量所产生的影响。由实验者操纵变化的变量叫作自变量，或称实验变量。由自变量而引起的某种特定反应叫作因变量，实验需要在控制的条件下进行，其目的在于排除自变量以外的一切可能影响实验结果的变量，这些除自变量外可能会影响到实验结果的、需要严格控制的变量称为无关变量。

为了控制无关变量，实验者一般会设立实验组和控制组，并使两个组除了在自变量的变化上存在差异外，其他各个方面的条件大致相同。在实验中，实验者系统控制和变化自变量，客观地观测这两组的反应（即因变量）是否不同，以确定因变量受自变量影响的情况，从而探究自变量与因变量之间的因果关系。因此，实验法不仅有助于研究者揭示“是什么”的问题，而且能进一步探究问题的根源“为什么”。所以，通过实验法进行心理学研究可以全面实现心理学的一系列任务：描述、解释、预测及控制行为。实验法在心理学研究中被视为非常重要的一种研究方法。

实验法可分为自然实验法和实验室实验法。自然实验法是在学校或工厂等日常生活情境中对实验条件作适当控制所进行的实验。例如，要研究不同教学法对小学五年级学生数学成绩的影响，实验者在一个班进行发现法教学，在另一个对等的班进行常规教学，对两个班数学成绩进行比较分析，就可以找到教学法与学习效果之间的因果关系。自然实验法的优点是把心理学研究与平时的业务工作结合起来，研究的问题来自现实生活，具有直接

的实践意义。其缺点是容易受无关因素的影响，不容易严密控制实验条件。

实验室实验法是在严密控制实验条件下借助一定仪器所进行的实验。例如，为了研究人对视觉和听觉刺激的简单反应时间的差异，实验者在实验室中布置好电秒表、光、声刺激、电键等仪器，让被试将一只手放在电键上，要求他当看到或听到信号时立即按下电键，经过多次实验，实验者可以统计分析出人对视觉和听觉刺激的简单反应时间是否存在显著差异。实验室实验法的最大优点是对无关变量进行了严格控制，对自变量和因变量作了精确测定，精确度高，能够探究不同变量之间的因果关系。其主要缺点是研究情境是人为的，脱离实际情境，难以将结论推广到日常生活中去。

3．测验法

测验法是指用标准化的测验工具（量表或问卷）来测量某种心理品质的方法。测验法按内容可分为智力测验、成就测验、态度测验和人格测验；按形式可分为文字测验和非文字测验；按测验规模可分为个别测验和团体测验等。

测验法中有两个基本要素：测验的信度和效度。其中，信度是指一个测验得到的数据的一致性或可靠程度。如果一个测验的可靠程度高，那么，同一个人多次接受这个测验时，就应得到相同或大致相同的成绩。效度是指一个测验有效地测量了所需要的心理品质，它可以通过对行为的预测来表示。如果一个学生高考时得了高分，入学后成绩也好，而另一个学生得了低分，入学后成绩也较差，这说明高考试题有较好的行为预测作用，它的效度高；反之，它的效度就低。

测验法的最大优点是能数量化地反映人的心理发展水平和特点，它不仅能作为一种研究方法，使研究更趋精确、科学，而且能为因材施教、人才选拔、职业指导、心理诊断和咨询等提供客观资料。但测验法的有效性在很大程度上取决于测验量表的可靠性，而各种测验量表尚在完善之中，其结果有时不准确。同时，它要求主持者必须受过专门训练，对解释结果要谨慎、全面，不可偏颇、妄断。

4．调查法

调查法是指通过书面或口头回答问题的方式，了解被试心理活动的方法。根据研究的需要，可以向被调查者本人作调查，也可以向熟悉被调查者的人作调查。

调查法可采用两种不同方式进行，即书面调查和口头调查。书面调查又称为问卷调查，也称问卷法，这种调查是调查者事先拟好问卷，由被调查者在问卷上回答问题，发放问卷的方式可以是邮寄，也可以是个人发放或集体发放。根据所采用的问卷类型的不同，问卷可分为结构化问卷和非结构化问卷。前者是一种限制型的问卷，由封闭题构成，每个问题都有若干可供选择的答案，被试不能随意回答；后者由开放题构成，允许被试自由回答。

问卷法的优点是能够同时收集到大量的资料，使用方便，并且效率高，故而被广泛应用于教育心理学或社会心理学研究中。缺点是研究结果难以排除某些主、客观因素的干扰，如问卷回收率不高、被调查者不认真回答问题等会影响结果的准确性。

口头调查就是访谈调查，也称访谈法，这种调查是调查者根据拟好的提纲或详细的问题对被调查者进行面对面的提问，以一问一答的形式进行调查，然后随时记录被调查者的回答或反应。

访谈法的优点主要是可以直接向被试解释访谈的目的，以提高其回答的正确率，研究

者也可以控制整个过程，减少调查中的遗漏，也可以根据实际情况临时增减题目，使得研究获得更多更有价值的资料。缺点主要表现在一次访谈的对象有限，费时费力，此外，访谈法对研究者的要求比较高，例如，若研究者的行为对被调查者有暗示作用就会影响获得资料的真实性。

5．个案法

个案法是搜集单个被试各方面的资料来分析其心理特征的方法。通常搜集的资料包括个人的生活史、家庭关系、生活环境和人际关系等方面的资料，也可从被试的书信、日记、自传或他人为被试写的资料来进行分析。例如，通过个案分析，可以了解不同教学方法对儿童心理和行为的影响，也可以了解家庭破裂对儿童心理发展的影响等。

个案研究法的优点是能加深对特定个人的了解，有助于教育工作者因材施教，其缺点是所搜集到的资料往往缺乏可靠性，例如，个人写的日记、自传会因撰写者有自我防卫意识而缺乏真实性。此外，个案研究的结论不能简单推广到其他个人或团体。所以采用个案研究法要注意：个案研究对象的选择要有典型性，资料搜集要全面；要及时记录情况；资料的分析要科学；研究者与研究对象应建立良好的心理关系，经常接触，深入了解。个案法有时和其他方法（如观察法、测验法等）配合使用，以搜集更丰富的个人资料。

6．产品分析法

产品分析法又称活动产品分析或作品分析法，指通过对人们的活动产品的分析来揭示人的心理活动特点和规律的方法。例如，在学校教育中，教师可以通过分析学生的作文、试卷、图画、作业、日记等各种活动的结果（产品），来了解学生的智力、兴趣、想象等能力的发展情况。心理学家认为，研究人的心理特点，不仅要研究活动的结果，还要研究活动结果的制作过程，因为在制作过程中，人的心理特点表现得更加明显。但是，人的活动产品和心理活动之间并不是简单的一一对应关系，因此，活动产品分析法应该与其他方法结合使用，以便相互印证，得出科学的结论。

总之，心理学研究的方法很多，每一种方法都有其优点，也有一定的局限性。因此，在研究一个心理学课题时，不应该只使用一种方法，而应该以一种方法为主，其他方法配合使用。这样，各种方法可以取长补短、相得益彰，真正揭示人的心理活动的规律。

第三节　现代心理学产生的根源与主要流派

一、现代心理学的产生的根源

德国心理学家艾宾浩斯（H. Ebbinghaus，1850—1909）曾经说过，心理学有着漫长的过去，但只有短暂的历史。心理学是一门既古老又年轻的科学。说它古老，是因为心理学渊源于已有两千多年历史的哲学。说它年轻，是因为心理学从开始成为一门科学至今，只有一百多年的时间，是一门正在成长的年轻学科。

在心理学整个发展过程中，有人把哲学比喻为心理学的“父亲”，把生理学比喻为心

理学的“母亲”，把生物学比喻为心理学的“媒人”。

1．心理学的哲学根源

在哲学方面，对心理学发展影响最大的哲学家是古希腊的亚里士多德（Aristotle，前 384—前 322）、法国哲学家笛卡尔（R. Descartes，1596—1650）和英国哲学家洛克（J. Locke，1632—1704）。

亚里士多德（前 384—前 322）

笛卡尔（1596—1650）

洛克（1632—1704）

古希腊哲学家亚里士多德在著作中，讨论了人的本性、人类经验的由来，以及感知与记忆的功能等，其《论灵魂》是历史上第一本阐述心理现象的著作，他认为认识来源于感觉，而感觉是外部对象作用于感官引起的。他重视感觉经验的作用，认为离开感觉就不能获得任何真实的知识。在身心关系问题上，他认为灵魂和肉体是不可分割的，灵魂是生命的本质，身体是灵魂的工具。

笛卡儿是 17 世纪法国的哲学家、自然科学家，理性主义的代表人物。提出“我思故我在”，认为灵魂与身体有密切的关系，感知、想象及某些情绪活动都离不开身体，而身心关系中，人仿佛是一部自动机器，活动受力学规律的支配。他认为人的某些知识——道德、宗教、数学等，不是由经验得到的，是先天赋予的。

英国哲学家洛克反对笛卡尔的天赋观念论，认为人的心灵在出生时犹如一张白纸，人的一切知识都是从后天的经验得到，全部的知识都导源于经验，都建立在感觉经验的基础上。没有什么天赋的观念或天赋的原则。

2．心理学的生理学根源

德国生理学家缪勒（J. Muller，1801—1858）提出神经特殊能量说，认为大脑的功能是分区的，人类对外界刺激之所以能够感觉、辨别，就是因为不同的神经传导具有特殊的能量，大脑加工的是神经的冲动，不是外界物体的复制品。

德国生理学家赫尔姆霍兹（H. V. Helmholtz，1821—1894）用青蛙的运动神经测量了神经传导的速度，为实验心理学的发展奠定了方法论基础，认为在人类的视觉神经系统中，存在着感受红、绿、蓝三种不同光波的感受器，并用听觉共鸣原理解释人的听觉现象，至今它们仍是实验心理学中解释色觉和听觉现象的重要原理。

德国生理学家费希纳（G. T. Fechner，1801—1887）创立实验法，研究物理刺激的变化与心理感觉的关系，认为对人的每一种感觉来说，刺激的某种相对增加总是能导致感觉强度上可以观察到的变化。因此，感觉（心理品质）和刺激（身体或物质品质）是可以测量的。

3．心理学的生物学根源

19 世纪英国生物学家达尔文（Charles Darwin，1809—1882）发表《物种起源》，提出进化论，认为生物的特征是数百万年长期进化的结果，物种之间的差异在于不同的遗传，同一物种个体之间的差异是生存适应的结果，“物竞天择，适者生存”，使遗传、环境、个别差异和适应等问题成为心理学研究的主要课题。

达尔文（1809—1882）

二、现代心理学的主要流派

1879 年，生理学家冯特（W. Wundt，1832—1920）在德国莱比锡大学建立世界上第一个专门的心理学实验室，开始对心理现象进行系统的实验研究，心理学史上，人们把这个实验室的建立看成是心理学脱离哲学怀抱、走向独立发展道路的标志。

在心理学诞生以及发展过程中，产生了不同的思想和观点。心理学家们在建构理论体系时存在着尖锐分歧，从中可以看到人的心理现象的复杂性。

1．构造主义心理学

构造主义心理学是心理学成为一门独立科学以后的第一个心理学派别。其奠基人为冯特，代表人物为铁钦纳（E. B. Titchener，1867—1927）。该学派在 19 世纪产生于德国，以后在美国得到发展，20 世纪 30 年代以后渐趋衰落。构造主义心理学认为，心理学的研究对象是意识经验，主张心理学应该采用实验内省法研究意识经验的内容或构造。认为心理学就是对心理复合体进行元素分析，找出意识的组成部分及它们如何结合成各种复杂心理过程的规律。他们强调心理学是一门纯科学，其基本任务是理解正常成年人的一般心理规律，但不重视心理学的应用，不关心心理的个别差异、教育心理、儿童心理等心理领域或不能通过内省法研究的个体行为问题。

冯特（1832—1920）

铁钦纳（1867—1927）

2．机能主义心理学

机能主义的创始人是美国著名心理学家詹姆士（Willian James，1842—1910），其代表人物还有杜威（John Dewey，1859—1952）等人。机能主义心理学也主张研究意识，但是他们不把意识看成个别心理元素的集合，而是看成川流不息的过程。在他们看来，意识是个人的、永远变化的、连续的和有选择性的，意识的作用就是使有机体适应环境。

詹姆士（1842—1910）

杜威（1859—1952）

如果说构造主义强调意识的构成成分，那么机能主义则强调意识的作用和功能。以思维为例，构造主义关心什么是思维，而机能主义则关心思维在人类适应行为中的作用。机能主义的这一特点，推动了美国心理学面向实际生活的过程。20世纪以来，美国心理学一直比较重视心理学在教育领域和其他领域的应用，这和机能主义的思潮是分不开的。

3. 行为主义心理学

1913年，美国心理学家华生（John Watson，1878—1958）发表了《在行为主义者看来的心理学》，宣告了行为主义的诞生。

华生（1878—1958）

行为主义心理学强调心理学研究的对象是能够客观观察与测量的外显行为而不是意识经验；强调行为不是由遗传决定的，而是在环境因素的影响下，经被动学习后的结果，主张用实验法进行研究。

行为主义产生后，在世界各国心理学界产生了很大的反响。行为主义研究可以观察的行为，这对心理学走上客观研究的道路有积极的作用。但是由于它的主张过于极端，不研究心理的内部结构和过程，否定研究意识的重要性，因而限制了心理学的健康发展。

4. 格式塔心理学

在美国出现行为主义的同时，德国也涌现出另一个心理学派别——格式塔心理学。格式塔心理学的创始人有韦特海默（M. Wertheimer，1880—1943）、柯勒（W. Kohler，1887—1967）和考夫卡（K. Koffka，1886—1941）。

韦特海默（1880—1943）

柯勒（1887—1967）

考夫卡（1886—1941）

格式塔（Gestalt）在德文中意味着“整体”，它代表了这个学派的基本主张和宗旨。格式塔心理学反对把意识分析为元素，而强调心理作为一个整体。这是和构造主义和行为主义大相径庭的。格式塔心理学认为，整体不能还原为各个部分、各种元素的总和；部分相加不等于整体；整体先于部分而存在，并且制约着部分的性质和意义。例如，一首乐曲包含许多音符，但它不是各个音符的简单结合，因为一些相同的音符可以组成不同的乐曲，甚至可能成为噪音。因此，分析个别音符的性质，并不能了解整个乐曲的特点。格式塔心理学很重视心理学实验，在知觉、学习、思维等方面开展了大量的实验研究，这些研究资料至今仍是心理学的重要财富。

5．精神分析学派

精神分析学派是由奥地利维也纳精神病医生弗洛伊德（Sigmund Freud，1856—1939）创立的一个学派。它的理论主要来源于治疗精神病的临床实践经验。如果说构造主义、机能主义和格式塔心理学重视意识经验的研究，行为主义重视正常行为的分析，那么精神分析学派则重视异常行为的分析，并且强调心理学应该研究无意识现象。

弗洛伊德（1856—1939）

精神分析学派用潜意识、生本能、死本能和力必多（Libido）等观念来解释人的行为动力；用口腔期、肛门期、性器期、潜伏期、性征期以及恋父、恋母情结等来解释人格发展的不同阶段及其特征；用本我、自我、超我来解释人格结构，并以焦虑和心理防御机制解释在三个“我”之间的矛盾冲突。

精神分析学派不仅是当时心理学中影响最大的理论之一，而且也是 20 世纪影响人类文化最大的理论之一，精神分析学派对哲学、文学以及其他社会科学都产生了重要影响。

6．人本主义心理学

人本主义学派是美国心理学家马斯洛（A. Maslow，1908—1970）和罗杰斯（C. Rogers，1902—1987）在 20 世纪 50 年代创立的。在心理学的历史进程中，一般把行为主义和精神分析称为心理学发展的“第一势力”和“第二势力”，把人本主义心理学视为“第三势力”。

马斯洛（1908—1970）

罗杰斯（1902—1987）

人本主义心理学认为，心理学的研究应以正常人为对象，人是最重要的，其本性是善良的，并蕴藏着巨大、无限的潜力。心理学应在研究与了解人的本性的基础上，创设条件充分发展人的潜能，以满足人的自我选择和自我实现的需要。人本主义心理学的观点，强调人的社会性特点，并对人的心理本质作了新的诠释，对当今教育心理学、发展心理学、心理咨询和心理治疗等产生了很大影响。

7．认知心理学

认知心理学是探索人们如何获取知识和使用知识的学问，它自 20 世纪 50 年代中期以来，随着信息论和计算机科学与技术、语言学、神经科学等学科的迅速发展而兴起。1967 年，美国心理学家奈塞尔（U. Neisser，1928—2012）出版了著作《认知心理学》，标志着心理学发展到了一个新的阶段，他认为心理学不仅只是研究行为，也要研究作为行为基础的内部心理机制。

奈塞尔（1928—2012）

认知心理学作为新的心理学范式，以心理结构与心理过程为其研究对象，探讨人类认知的信息加工过程，把人视为一个主动的信息加工系统，揭示人如何通过对信息的获得、简约、存储、转换、提取而成为知识与经验的。近年来，认知心理学与神经科学结合产生了认知神经科学，通过探讨认知功能的脑机制，了解人的心理活动特点，促进了对人的心理活动过程的理解。

本章小结

心理学是研究人的心理现象及其发展规律的科学，是一门兼有自然科学和社会科学性质的边缘科学或中间科学。

心理现象分为心理过程和个性心理。心理过程包括认识过程、情感过程和意志过程。个性心理主要包括个性倾向性、个性心理特征和自我意识三个方面。

心理学研究的任务就是描述、解释、预测和控制行为。心理学的研究领域分为基础研究领域和应用领域。学习心理学具有重要的理论意义和实践意义。

心理学研究的基本原则有客观性原则、系统性原则、发展性原则和教育性原则。心理学常用的研究方法有观察法、实验法、调查法、测验法、个案法和产品分析法。

现代心理学的产生有哲学根源、生理学根源和生物学根源。现代心理学的主要流派有构造主义心理学、机能主义心理学、行为主义心理学、格式塔心理学、精神分析学派、人本主义心理学和认知心理学。

拓展阅读

1．格里格，津巴多．心理学与生活［M］．王垒，王甦，译．北京：人民邮电出版社，2003．

2．（美）达菲．心理学改变生活：第 8 版［M］．张莹，丁云峰，杨洋，译．北京：

世界图书出版公司北京分公司，2006：第1版.

3. 冯磊，黄伟. 积极心理学视域下的小学班级管理优化［J］. 教学与管理，2017（26）.

4. 王艳. 小学班级管理工作中心理学的渗透及意义探索［J］. 中国校外教育，2016（9）.

5. 周铁君. 巧用心理学知识 增效小学语文识字教学［J］. 小学科学（教师版），2016（9）.

6. 桂芝. 社会心理学原理在小学教学管理中的作用［J］. 吉林教育，2016（14）.

练习与思考

一、单项选择题

1. （　　）是指按研究目的控制或创设条件，以主动引起或改变被试的心理活动，从而进行研究的方法。

A. 观察法　　B. 实验法　　C. 测验法　　D. 调查法

2. （　　）的著作《论灵魂》是历史上第一部论述各种心理现象的著作。

A. 柏拉图　　B. 韦伯
C. 费尔纳　　D. 亚里士多德

3. 冯特是（　　）的奠基人。

A. 构造主义心理学　　B. 机能主义心理学
C. 行为主义心理学　　D. 精神分析心理学

4. 认为心理学的目的是研究有机体适应环境过程中心理的功能的心理学流派是（　　）。

A. 结构主义　　B. 精神分析
C. 机能主义　　D. 行为主义

5. 主张研究人的价值和潜能的发展，被称为心理学的第三势力的是（　　）学派。

A. 行为主义　　B. 人本主义
C. 精神分析　　D. 认知心理学

6. 由研究者直接观察记录研究对象的行为，从而了解事物的特征或规律性的方法是（　　）。

A. 观察法　　B. 调查法　　C. 个案法　　D. 相关法

7. 认为心理学的目的是揭示刺激和反应之间的确立关系的派别是（　　）。

A. 功能主义　　B. 行为主义　　C. 完形主义　　D. 人本主义

8. 研究者根据预先拟定好的问题向被研究者提出，在面对面的一问一答中搜集资料，然后对群体的心理特点及心理状态进行分析和推测，这种心理学研究方法属于（　　）。

A. 测量法　　B. 观察法　　C. 调查法　　D. 实验法

9．强调“整体不等于部分之和，而是大于部分之和”的心理学学派是（　　）。

A．格式塔心理学　　B．功能主义

C．建构主义　　D．构造主义

10．人本主义心理学派的创始人是（　　）。

A．詹姆斯　　B．斯金纳　　C．马斯洛　　D．弗洛伊德

11．在下列方法中，（　　）可以在短时间内调查很多人，同时获得大样本数据。

A．观察法　　B．实验法　　C．问卷法　　D．访谈法

12．一位教师说：他经常通过学生的作文、作业、日记、试卷等，来了解学生不同的心理特点。甚至从学生作业本的封机上的整洁程度、班级和姓名的书写方式以及封面装饰等方面，都可以了解到学生的兴趣、能力、气质和性格等特点的某些表现。这些研究方法属于（　　）。

A．产品分析法　　B．个案法　　C．实验法　　D．测验法

13．采用一种专门的测量工具，在较短的时间内，对被试的某些或某方面的心理品质作出测定、鉴别和分析的方法是（　　）。

A．观察法　　B．实验法　　C．心理测验法　　D．调查法

14．下列心理学派与其代表人物，正确匹配的是（　　）。

A．机能主义——冯特　　B．格式塔——铁钦纳

C．认知学派——奈赛尔　　D．构造主义——詹姆斯

15．心理学流派中，主张采用内省方法研究人们的意识经验的是（　　）。

A．构造主义　　B．机能主义　　C．行为主义　　D．格式塔心理学

二、填空题

1．________年________国心理学家________在莱比锡建立第一个实验室，标志着科学心理学的诞生。

2．心理现象划分为_______和_______，前者包括______、______和_______。

3．心理学的目标是描述、解释、________和________心理现象和行为。

4．调查法可分为________和________。

5．心理学研究应当遵循的原则有客观性原则、系统性原则、______和________。

6．心理实验法包括______和________两种基本形式。

7．按照观察范围划分，观察可以分为______和______；按照观察时间划分，可以分为________和________。

8．测验法按形式可分为______和______；按测验规模可分为______和______。

9．弗洛伊德认为人格是由本我、______和______构成的系统。

10．个性心理特征包括能力、______和______。

三、判断题

1．心理学只是研究人的行为的科学。（　　）

2．心理过程是在个性心理特征的基础上形成和发展起来的，反过来又影响着个性心理特征的进行与发展。（ ）

3．心理学研究通过揭示心理现象与客观世界的关系，为辩证唯物主义哲学提供依据，使人更自觉的树立科学的世界观和人生观。（ ）

4．用观察法研究心理现象时，不必借用仪器。（ ）

5．美国心理学家华生是行为主义学派的代表人。（ ）

6．实验法是控制无关变量，操纵自变量从而了解自变量与因变量之间的因果关系的方法。（ ）

7．通过有计划的观察被试活动，搜集资料，分析心理活动的研究方法是观察法。（ ）

8．20 世纪 50 年代，精神分析、行为主义和人本主义被称为心理学的三大势力。（ ）

9．在心理学研究中，调查法是指对某个人或某团体（一个家庭或一个班级）进行全面深入了解的方法。（ ）

10．在心理学研究方法之一的实验法中，由研究者所操纵的变量是无关变量；控制的变量是自变量；测量的变量是因变量。（ ）

四、简答题

1．认识过程、情感过程和意志过程之间有什么关系？
2．心理过程与个性心理之间有什么关系？
3．观察法有什么优缺点？
4．问卷法有什么优缺点？
5．访谈法有什么优缺点？
6．学习心理学具有什么实践意义？

五、案例分析题

有人认为：学了心理学未必能当一个好老师，不学心理学也照样可以当一个好老师。思考：上述说法正确吗？为什么？

第二章

心理的实质

学习目标

- 了解神经元的基本结构、功能和种类，理解神经系统的构造。
- 熟悉大脑的结构和机能定位，了解心理的反射机制。
- 理解心理的本质特点。

本章导读

菲尼亚斯·盖奇，1823 年生。25 岁在美国佛蒙特州铁路工地工作时发生意外，被铁棍穿透头颅，从颧骨下面进入，从眉骨上方出去，但在严重的脑损伤后奇迹般地存活了 13 年，成为世界上最著名的脑损伤患者之一。而更为引人注目的是，盖奇在经历了脑损伤以后，脾气、秉性、为人处事的风格等发生了巨大的转变，与以前判若两人。“盖奇事件”引起了生理心理学家对心理活动与脑的关系的浓厚兴趣，特别是脑与行为的关系引起了他们的关注。他们发现脑受损后，会导致行为的改变。那么，脑与人的行为有什么关系？行为受身体哪部分的指示？通过本章学习，我们将找到问题的答案。

第一节　心理是脑的机能

现代科学表明，脑是心理产生的器官，心理是脑的机能。人类进化体现人的心理活动能力跟脑的活动有密切关系，心理活动离不开人脑。人脑的活动跟神经活动有密切关系，认识人脑的结构和机能有助于揭示心理的产生规律。

一、神经系统的结构和功能

神经系统是由无数的神经元构成的神经组织结构的总称，由周围神经系统和中枢神经系统两部分组成，如图 2-1 所示。

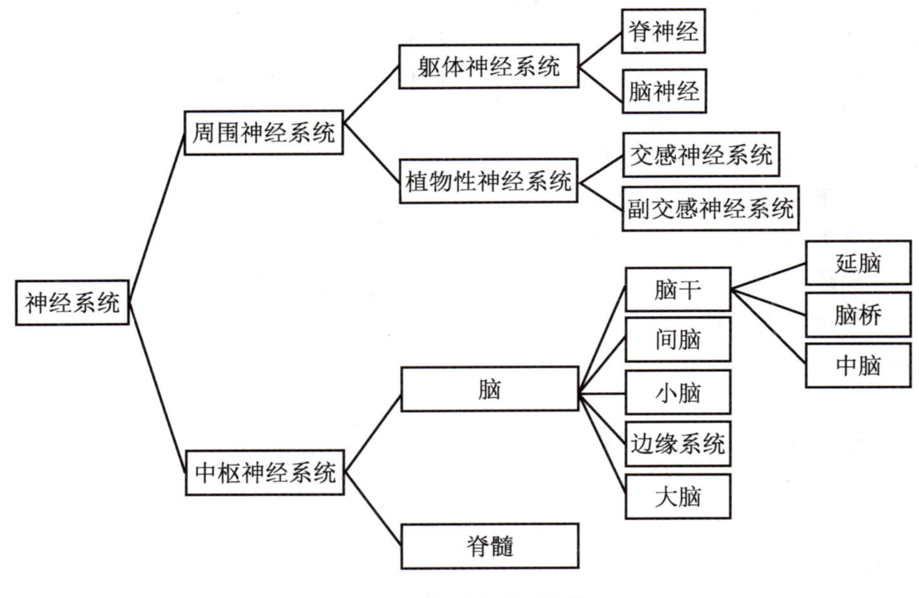

图 2-1　神经系统的结构

（一）神经元的结构和功能

人脑神经元的数量大概在 100 亿个以上，神经元的形状、大小各不相同。神经元又称神经细胞，是神经系统的结构和功能单位。一个典型的神经元主要由细胞体、轴突、树突三个部分组成，如图 2-2 所示，它具有接受刺激、传递信息和整合信息的功能。通常通过树突和细胞体接受传来的信息，细胞体对信息进行整合，然后通过轴突将信息传给另一个神经元或效应器。

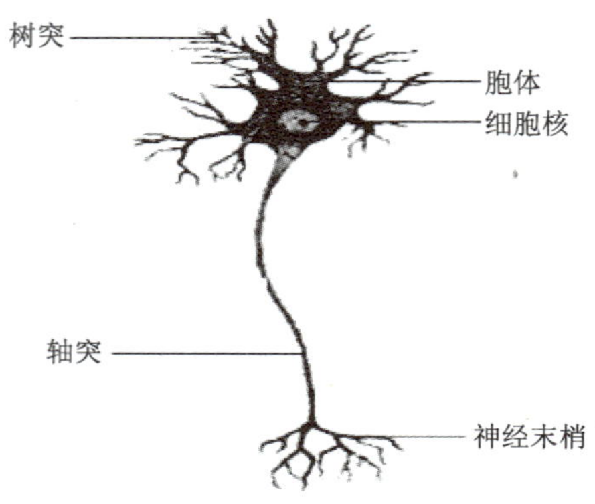

图 2-2　神经元的结构

神经元按其形态和功能，分为感觉神经元、运动神经元和联络神经元。感觉神经元的功能是将连接在皮肤、肌肉、关节等感觉器官和内脏器官上的感受器接受的刺激经神经冲动传到脊髓和大脑。运动神经元的功能是将脊髓和大脑发出的信息传至肌肉、关节、腺体等效应器。联络神经元又称为中间神经元，它们只存在于脑和脊髓之中，其主要功能是联结传入神经元和传出神经元的神经冲动。

神经元具有兴奋和传导的特性。当遇到外界的一定强度的刺激时，神经元会产生兴奋性，这种兴奋不仅会沿着自身的纤维传导，也会有轴突传给与它邻接的其他神经元，这种传导的兴奋称为神经冲动。神经冲动不会停留在原处，而是以 60～120 m/s 速度向其他神经元传递。神经元轴突与其他神经元的树突或轴突的接触点称为突触。神经元之间的联系与信息有选择地传递是通过突触进行的。

（二）周围神经系统的结构和功能

周围神经系统分布全身，与脑、脊髓和全身器官相连来接受刺激，由躯体神经系统和植物性神经系统组成。

躯体神经系统由脊神经和脑神经组成。脊神经共 31 对，发自脊髓，穿椎间孔外出，依脊柱走向，分为颈神经 8 对、胸神经 12 对、腰神经 5 对、骶神经 5 对、尾神经 1 对。脑神经由脑部发出，包括嗅神经、视神经、眼动神经、滑车神经、三叉神经、外展神经、面神经、听神经、舌咽神经、迷走神经、副神经、舌下神经，共 12 对。躯体神经系统具有整合和调谐身体的功能，主要接受来自皮肤、肌肉、关节等组织的神经冲动，将其传至中枢系统，产生各种感觉；再将在中枢神经分析、综合的神经冲动输送到运动器官和效应器，从而产生感官的、腺体的和肢体的运动反应，包括随意运动、调整姿势和平衡活动等。

植物性神经系统分布于内脏器官、心血管、腺体及其他平滑肌，传导和调节体内脏器的运动变化信息，感受机体内环境变化，维持机体内环境的相对平衡和有节律性的内脏活动，如呼吸、心跳、消化、排泄、分泌等，以调节机体的新陈代谢；当环境发生紧急变化时，促使机体发生应付紧急情况的一系列内脏活动，一般都不需要意识控制。

根据功能的不同可将植物性神经系统分为交感神经系统和副交感神经系统。交感神经

的功能主要表现为当机体应付紧急情况时产生兴奋以适应环境的变化，如出现心跳加快、血管血流量增加、血压增高、血糖升高、呼吸加深变快、瞳孔扩大、消化减慢等一系列反应。副交感神经的作用具有保持身体安静时的生理平衡，如协助营养消化的进行，保存身体的能量，协助生殖活动等。这两种系统在许多活动中具有拮抗作用，又是相辅相成的，交感神经系统和副交感神经系统协同活动以维持内部状态的稳定。

植物性神经系统过去也叫“自主神经”，意思是它们不受中枢神经系统的支配，人们不能随意地控制内脏活动，例如，不能自主让我们的血压升高、心跳加速等。但是最近的生物反馈的研究表明，人们通过特殊的训练，在一定程度上可以比较随意地控制内脏的活动，如调节体温的升降、血压的高低、心跳的快慢等。

（三）中枢神经系统的结构和功能

中枢神经系统是人体神经系统的主体部分，包括脑与脊髓，其主要功能是传递、储存和加工信息，产生各种心理活动，支配与控制人的全部行为。

1. 脑

脑是中枢神经系统中最重要的部分，所有复杂的心理活动都与脑密切相关。人脑含有人体中全部神经细胞的 90%，呈复杂的网状结构，在每 1 cm^3 的组织内含有约 4 000 万个突触，它们昼夜不停地活动。因此，占人体重量 2%的脑，要消耗身体供氧的 1/5 左右。人类的脑是由 140 亿个左右的神经元构成的海绵状神经组织，重约 1 400 克，主要包括脑干、间脑、小脑、边缘系统和大脑，如图 2-3 所示，它们分别具有不同的功能。

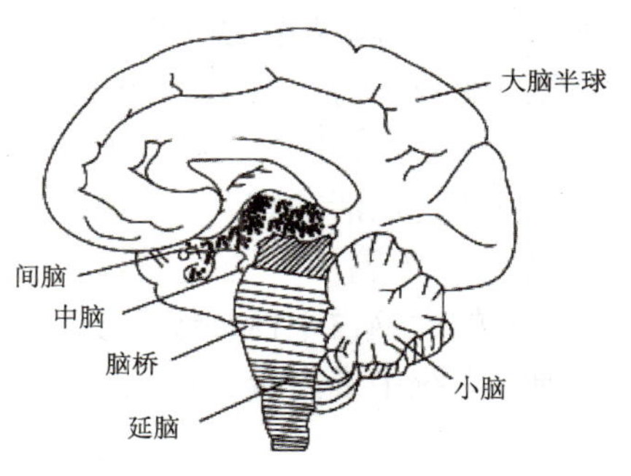

图 2-3 脑的结构

（1）脑干

脑干包括延脑、脑桥和中脑。延脑位于脊髓的上端，是一个狭长的结构。延脑与有机体的基本生命活动密切相关，它能控制呼吸、排泄、吞咽、肠胃等活动，因而又叫“生命中枢”。

脑桥，位于延脑之上，在延脑和中脑之间，是中枢神经与周围神经之间传递信息的必经之地，它对人的睡眠具有调节和控制作用，如果受损可能使睡眠失常。

中脑位于脑桥之上，恰好处在整个脑的中间。中脑是视觉与听觉的反射中枢。

在脑干的广大区域有灰、白质交织混杂的结构，叫网状结构系统，按功能可分为上行网状系统和下行网状系统。上行网状结构是上行激活系统，控制机体的觉醒或意识状态，维持注意状态。下行网状结构是下行激活系统，对肌肉紧张有易化和抑制两种作用。若网状结构大面积损伤则会导致昏迷。

（2）间脑

脑干的上部、大脑两半球下部的神经核团叫丘脑，其下方的更小组织是下丘脑，它们共同组成了间脑。

丘脑是感觉信息的交换站，除嗅觉外，丘脑接受几乎所有的感觉信息，并将其传送到视觉、听觉、嗅觉和触觉的中枢部位。丘脑也接受来自中枢的回复信息，并将其传递到小脑和延脑。

下丘脑是植物性神经系统的主要皮下中枢，可以维持身体平衡、控制内分泌腺的活动。下丘脑对情绪也起很重要的作用，如刺激下丘脑某些部位可以产生快感；刺激相邻近的区域，会产生痛苦的情绪。

（3）小脑

小脑位于脑干的背面，主要功能是协助大脑维持身体平衡与协调动作。研究表明，在运动技能的学习方面，小脑具有重要作用。如果小脑受损伤，运动失调，直立不稳，不能完成精巧动作。

（4）边缘系统

在大脑半球内侧面有一个穹隆形的脑回，因其位置在大脑与间脑交接处的边缘，又与相关组织构成一个统一的机能系统，称之为边缘系统，这些结构包括扣带回、海马回、海马沟等，如图 2-4 所示。其生理功能主要有个体保存（寻食、防御等）、种族保存、内脏功能、控制情绪的发生和表现、参与学习和记忆活动等。

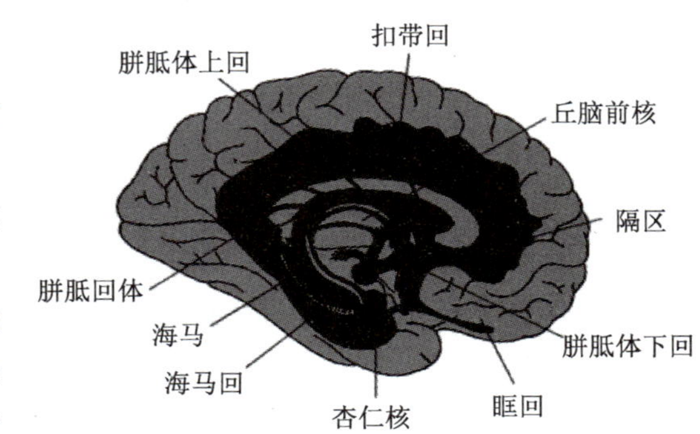

图 2-4　边缘系统

（5）大脑

人的大脑占中枢神经系统总体积的一半以上，重量约为脑的总重量的 80%左右，是中枢神经系统中最高级、最重要的部分，是各种心理活动的中枢。

2. 脊髓

脊髓是中枢神经系统的最低级部位，位于脊椎管内，上接延髓，下端变细为丝。脊髓的作用主要有两点：第一，脊髓是脑和周围神经的桥梁。来自躯干和四肢的各种刺激，只有经过脊髓才能传导到脑，受到脑的更高级的分析与综合；而由脑发出的指令也必须通过脊髓，才能支配效应器官的活动。第二，脊髓可以完成一些简单的反射活动，如膝跳反射和跟腱反射等。

二、大脑的结构和功能

（一）大脑的结构

人的大脑分为左右两半球。大脑半球的表面由大量神经细胞和无髓鞘神经纤维覆盖着，呈灰色，叫灰质，即大脑皮层，总面积约 2 200 cm²。皮层的厚薄不一，厚度在 1.3～4.5 mm。大脑皮层表面有凹进和突出，凹进的叫沟，突出的叫回。其中，凹进的有三条大沟裂，即中央沟、顶枕裂和外侧裂。这些沟裂将半球分成额叶、顶叶、枕叶和颞叶等区域，如图 2-5 所示。

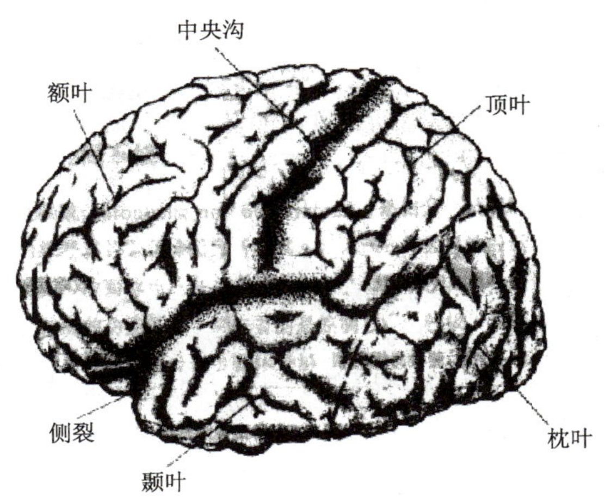

图 2-5　大脑的结构

大脑皮层内部是由大量神经纤维的髓质组成，叫白质，负责大脑回间、叶间、两半球之间以及皮层和皮层下组织的联系。主要的联系纤维结构有胼胝体，主要传递两半球之间的信息。

（二）大脑皮层的机能分区

1. 感觉区

感觉区包括视觉区、听觉区和机体感觉区，如图 2-6 所示。

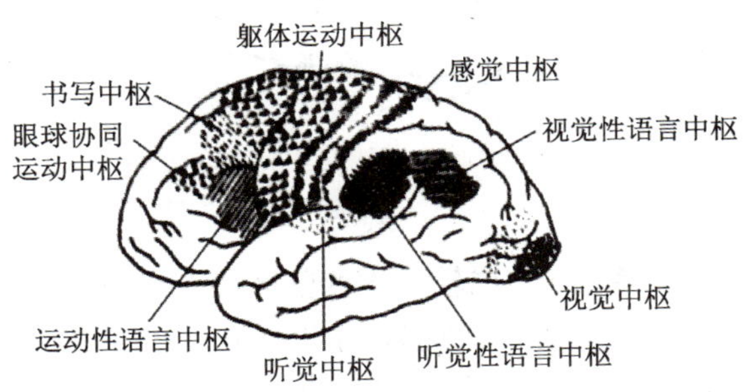

图 2-6　大脑皮层重要中枢

视觉区位于顶枕裂后面的枕叶，它们专门处理由视网膜传入的视觉信息，如对光的觉察。若大脑两半球的视觉区受损伤，即使眼睛的功能正常，也将完全失去视觉。

听觉区位于颞叶的颞横回处，它们专门处理由耳朵输入到颞叶的声音信息。当颞叶区部位受到损伤，即使双耳的功能正常，也会严重地影响到人的听觉和语言使用能力。

机体感觉区位于中央沟后面的中央后回，接受由皮肤、肌肉和内脏器官传入的感觉信号，产生触压觉、温度觉、痛觉、运动觉和内脏感觉等，躯干、四肢在机体感觉区的投射关系是左右交叉、上下倒置的，如图 2-7 所示。如以电流刺激该区的某一部位，将在对边身体的某部位产生某种感觉，而且管制身体下部感觉的中枢位于体觉区的最上方，即靠近

另外一个大脑半球的部位，管理口腔部位感觉的中枢，则位居最下方，但头部在体感区的投射是正直的，即鼻、脸部位投射在上方，唇舌部位投射在下方。身体各部位投射面积的大小取决于它们在机能感觉方面的精细程度，如手、舌、唇在人类生活中有重要作用且感觉精细，所以在体觉区的投射面积就大，而躯干、下肢的感觉不太精细，因而在体觉区的投射面积小。

2. 运动区

运动区位于中央前回，其主要功能是发出动作指令，支配和调节身体在空间的位置、姿势及身体各部分的运动。运动区与躯干、四肢运动的关系也是左右交叉、上下倒置的。同样，身体各部位在运动区的投射面积不取决于各部位的实际大小，而取决于它们在机能方面的重要程度，如图 2-7 所示。

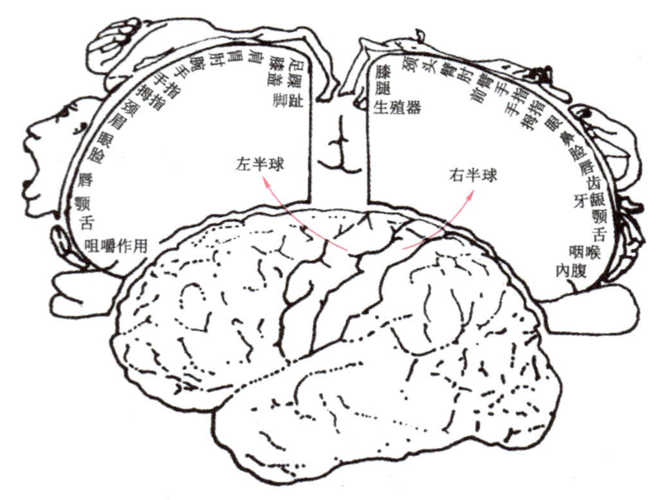

图 2-7　大脑皮层的感觉和运动中枢

3. 语言区

语言区主要位于大脑左半球，它由较广大的脑区组成。在左半球额叶的后下方，靠近外侧裂处，有一个运动性语言中枢，也称布洛卡区，它通过邻近的运动区控制说话时的舌头和颚的运动，这个区域受损，就会发生运动性失语症，病人说话不流利，常常遗漏词语，形成电报式语言，即“不会说”。

在额叶上方，靠近枕叶处，有一个听觉性语言中枢，它与理解口头语有关，称为威尔尼克区。这个区域受损，会引起听觉性失语症，即病人不理解口语单词，不能重复他刚刚听过的句子，也不能完成听写活动，即“听不懂”。在顶、枕叶交界处，还有言语视觉中枢，这个区域受损，将出现理解书面语言的障碍。

顶枕叶交界处有一个视觉性语言中枢，损伤这个区域将出现理解书面语言的障碍，病人看不懂文字材料，产生视觉失语症或失读症，即“不识字”。

语言书写中枢位于额中回后部，与运动中枢的某些部分配合来书写文字，如果这个区域受到损伤，将会产生失写症。

4．联合区

联合区是指在大脑皮层范围更广的具有整合或联合功能的一些区域。联合区不接受任何信息的直接输入，也很少直接支配身体的运动，其主要功能是信息的整合加工。联合区可分为感觉联合区、运动联合区和前额联合区。感觉联合区位于感觉区附近的广大区域，它从感觉区接收信息，并进行高水平的知觉组织，与记忆有关；运动联合区位于运动区前方，负责精细活动的协调；前额联合区位于运动区和运动联合区前方，它与注意、记忆、问题解决等有密切的联系。

（三）大脑两半球的机能优势分工

大脑的左右半球从表面上看非常相似，但实际上，左右两半球在结构和功能上都有明显的差异。从结构上看，右半球略大和重于左半球，但左半球的灰质多于右半球；左右半球的颞叶具有明显的不对称性，这和丘脑的不对称性有关。此外，各种神经递质在左右半球的分布也是不平衡的。

从功能上看，正常情况下，两半球协调活动，进入任何半球的信息会迅速地经过胼胝体传到另一侧，做出统一的反应。但近几十年的大量研究发现，左右半球的功能绝非完全一样，在言语功能、空间想象、思维类型等方面存在不对称性，这种不对称性使得一个半球在某些方面成为优势半球。

研究表明，大脑的左右两半球会形成不同功能的优势半球，如图 2-8 所示。大脑左半球是理性认识（言语）的优势半球，执行抽象概括思维的功能，如言语、阅读、书写、数字运算和逻辑分析推理等；而大脑右半球是感性认识优势半球，执行直观形象思维的功能，如形状知觉、空间知觉、情绪、音乐、节奏感和艺术等。

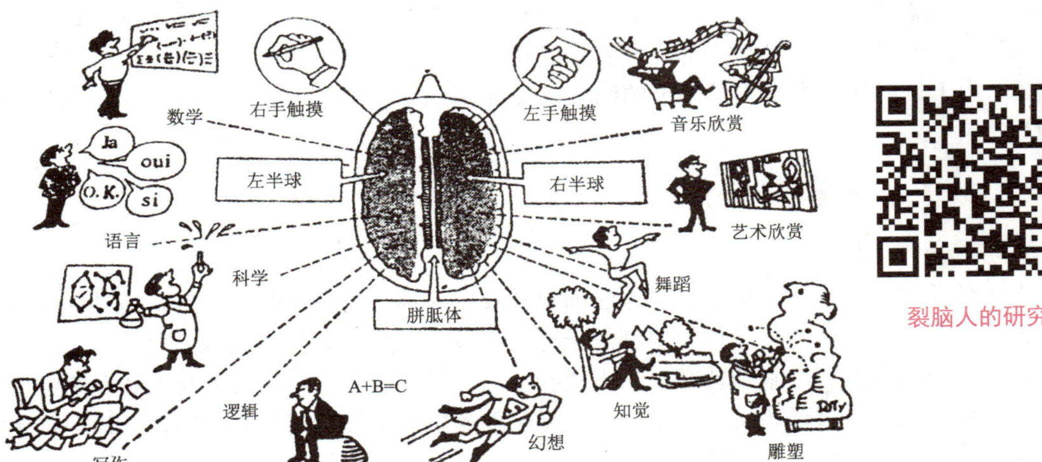

图 2-8　大脑两半球功能的一侧化优势

裂脑人的研究

三、神经系统的基本活动方式

神经系统活动的基本方式是反射。

（一）反射与反射弧

反射是有机体借助神经系统对内外刺激所做的规律性反应。例如，食物入口时的唾液分泌，蚊虫叮咬时的举手拍打，伤心悲痛时的痛哭流涕，路见不平时的见义勇为等都是反射。反射是人和动物适应环境的基本方式。

实现反射活动的神经通路叫反射弧，如图 2-9 所示。反射弧由感受器、传入神经、神经中枢、传出神经和效应器组成。其中的任何一个环节中断，反射活动都不能发生。反射发生的机理是，感受器接受一定的刺激之后产生神经冲动，冲动沿传入神经到达神经中枢，通过中枢的分析与综合，再由传出神经传向效应器，从而发生相应的反应。

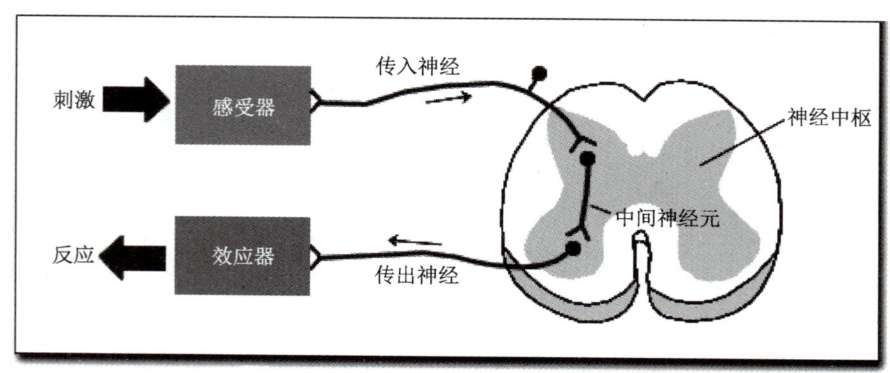

图 2-9　反射弧

近期研究表明，反射弧并不是单向的神经通路，其终末环节并不意味着终止。效应器的活动会作为新的刺激产生神经冲动，再传向神经中枢，中枢对效应活动的质量予以“评价”，这一返回传递过程称为反馈。正是反馈的作用，才使得人们对刺激的反应更完整、更精确。由于反射活动通常不是简单的刺激→反应，所以不少学者提出了“反射环”或“反射圈”。

（二）无条件反射和条件反射

1. 无条件反射

无条件反射是个体与生俱来的、不学而能的反射。其神经联系是固有的，是种族遗传的。食物反射、朝向反射、防御反射都属于无条件反射，例如，将食物放在婴儿的嘴里，就会分泌唾液，东西刺激眼睛就眨眼，火烫到手，手就缩回。无条件反射对人和动物维持生命、延续种族具有重要意义。但是，由于无条件反射的神经通路是固定的，因而凭借无条件反射，有机体仅能对固定的刺激产生固定的反射。这种刻板的、被动的反射难以保证有机体对复杂多变的环境的适应。因而，在长期的适应过程中，有机体就形成了更高一级的反射，即条件反射。

2. 条件反射

条件反射是人和动物在后天生活过程中经过学习获得的反射。如挨过棒打的狗，看见举棒就逃跑。“一朝被蛇咬，十年怕井绳”等，都是条件反射的表现。按照巴甫洛夫的观

点，条件反射是心理活动的生理基础。

条件反射的形成以无条件反射为基础，依赖于大脑皮层神经活动的基本规律，其形成的标志是大脑皮层暂时神经联系的建立。最早对条件反射进行研究的是巴甫洛夫。他以狗作为实验对象，通常情况下让狗产生分泌反射的是食物，铃声并不具备使狗分泌唾液的条件，所以铃声是无关刺激物。但在实验中，每次让狗进食前或进食时都给以铃声刺激，这样，狗的大脑皮层上就同时出现了两个兴奋点。由于每次重复、扩散的结果，就会使两点之间联系起来，也就是建立了暂时神经联系。暂时神经联系建立之后，铃声即使不伴随食物出现，狗也照样分泌唾液。这便标志着狗对铃声刺激的条件反射形成，铃声由无关刺激物变成了条件刺激物。

巴甫洛夫认为，条件反射形成的关键是无条件刺激物与无关刺激物在时间上的重合。强化的次数越多，形成的条件反射就越巩固。由于条件反射的神经通路是暂时的，所以，条件反射形成之后，如果不给以强化，就会逐步消退。

巴甫洛夫称条件反射为对信号的反射。因为在一定条件下，无关刺激物成了无条件刺激物的信号。有机体对这一信号的理解，是心理现象，但其神经机制是暂时神经联系的建立，又是生理现象。巴甫洛夫提出的条件反射被称为“经典性条件反射”。

美国心理学家斯金纳通过对白鼠的研究，又提出了“操作性条件反射”的概念。他在“斯金纳箱”中放一只白鼠，并不主动投食。箱内有食盘和连着食物容器的杠杆，饥饿的白鼠在箱内盲目地跑跳，偶然的机会，它压住了杠杆，于是就有食物落进食盘。经过这样多次盲目地压杆之后，白鼠终于理解了有食物吃是对它压杠杆的奖励。于是便学会了主动操作以获取食物。由于白鼠理解了操作杠杆可以获得食物，所以这种条件反射叫操作性条件反射，但在形成的方式上却有所区别。经典性条件反射是“刺激→反应”的过程，操作条件反射则是“反应→刺激”的过程。另外，经典性条件反射的形成比较被动，而操作性条件反射的形成则是在有机体主动活动的条件下形成的。因而，操作性条件反射在人类的活动中存在更广泛，意义也更大。

（三）两种信号系统

条件反射是一种信号活动，所以条件反射系统又称为信号系统。所谓信号，就是能使人或动物产生条件反射的刺激物及其属性。根据刺激物的性质，巴甫洛夫提出两种信号系统：第一信号系统和第二信号系统。

1. 第一信号系统

由具体事物及其属性作为条件刺激物引起的条件反射系统称为第一信号系统，如吃过酸梅的人看见酸梅就流口水。

2. 第二信号系统

由语词作为条件刺激物引起的条件反射系统叫第二信号系统，如吃过酸梅的人听到或看到“酸梅”一词也会流口水。

3. 两种信号系统的关系

（1）两种信号系统的区别

① 第一信号系统是人与动物共有的，而第二信号系统是人所特有的。

② 两种信号刺激的广度与丰富性不同。

③ 两种信号系统形成的基础不同。

（2）两种信号系统的联系

① 第一信号系统是第二信号系统的基础。

② 第二信号系统是第一信号系统活动的调节者。

在现实生活中，两种信号系统相互联系、协同活动，其中第二信号系统起主导作用。在教学过程中，教师在课堂上运用挂图、模型、标本等直观教具并结合言语讲解，使学生在实物刺激和语言刺激方面建立条件反射活动的联合，将极大地提高课堂教学效率，增强学生的学习效果。

（四）大脑皮层神经活动的基本过程和规律

1. 大脑皮层神经活动的基本过程

兴奋过程和抑制过程是大脑皮层神经活动的基本过程。

兴奋过程是引起或加强有机体的某些反应的过程，它所带来的是细胞能量的消耗。抑制过程是压抑或减弱有机体的某种活动，它表现为相对静止状态，它所带来的是细胞能量的恢复。兴奋和抑制是对立的，又是统一的，二者相互依存、相互作用。例如，听课时，视觉和听觉的感觉中枢兴奋占优势，躯体运动中枢则处于相对抑制状态，从而保证了有机体活动的正常进行。

高级神经活动的兴奋过程会随着环境条件的变化，使某些条件反射减弱或消退，即高级神经活动产生抑制的过程。

2. 大脑皮层神经活动的规律

大脑皮层神经活动的兴奋过程和抑制过程具有两个基本规律。

（1）扩散与集中

在刺激物的作用下，兴奋或抑制在大脑皮层一定区域产生后，并不会停滞原处，而是向邻近部位的神经细胞传播，使这些区域也出现同样的神经活动，这是兴奋或抑制的扩散。当扩散到一定限度，又逐渐向原来发生的部位聚集，这是兴奋或抑制的集中。

刺激物所引起的中枢神经过程的强度决定兴奋或抑制的扩散和集中。当兴奋或抑制的强度过强或过弱时，易于扩散；当兴奋或抑制的强度适中时，易于集中。兴奋和抑制过程，总是不断地以扩散或集中的方式相互制约而协同活动。

（2）相互诱导

一种神经过程的产生导致另一种神经活动的增强叫相互诱导。诱导有两种形式，由兴奋过程引起抑制过程的增强叫负诱导，如“发愤忘食，乐以忘忧”；由抑制过程引起兴奋过程的增强叫正诱导，如环境越静，思考时注意力就越集中。

扩散和集中与相互诱导在神经活动中是相辅相成、交替进行的，它们相互依存、相互制约，既显示了大脑皮层神经活动的复杂性，又保证了皮层神经活动的和谐与统一。

通过以上分析，我们可以归纳出：脑是心理的器官，是心理活动的物质基础；它的活动产生并制约着人的心理活动。

第二节　心理是对客观现实能动的反映

一、心理是客观现实的反映

脑是心理活动的器官，心理是脑的机能。但大脑不能凭空和单独产生心理活动，只有一定的对象作用于人脑时，心理活动才可能产生，这一对象就是客观现实。

1. 心理是物质发展到高级阶段的反映形式

反映是物质之间相互作用留下痕迹的过程，是认识的一种形式。由于物质形态和运动形式的不同，反映的形式有机械的、物理的、化学的、生物的、心理的反映，如粉笔在黑板上留下的痕迹等。反映是物质的特性，但并非一切反映都是心理。它包括两个含义：心理是客观世界的主观映象；心理是以特殊方式组织起来的物质-神经系统，特别是脑的反应机能与产物。前者是从心理的内容和来源说的，后者是就心理的生理基础而言的。

心理是生物发展到一定阶段才出现的一种反映形式，人的心理是反映的最高形式。人的心理的最高层次意识不仅能反映事物的现象，而且能反映事物的本质和规律，并且能指导人的行动。

心理是对客观世界的反映，反映的内容来源于物质世界。人的心理受到物质世界的刺激和作用，在内心当中就会留下某种感受，从而引起记忆、思维和情感体验，并通过调整行动适应新环境的变化。感觉、意识是物质世界发展到一定阶段才出现的产物或物质属性。心理的这种反映是更高级的，不仅反映事物的现状，也反映事物的本质和规律。

2. 客观现实是心理产生的源泉

所谓客观现实，是存在于主体意识以外的一切事物，包括自然现实、社会现实和主体自身的机体状况。人的一切心理活动，都是以客观现实中的事物为源泉的，没有客观现实，人的心理就会成为无源之水、无本之木。比如，自然界中存在着山川河流、花草树木，这些事物作用于人的感官时，才可能在人的头脑中产生相应的映像。感觉到不舒服，是对不太正常的机体状态的反映。有时，人的头脑中也会出现一些现实中并不存在的事物的映像，如离奇的梦境和神话，但构成这些映像的素材却存在于现实中，只不过是经过头脑的加工组合而已。就连表面看来在现实中找不到任何对应物的情感、态度等，也都反映着人的某种需要与客观事物之间的关系，实际上是人脑对客观现实的一种更复杂、更特殊的反映形式。

马克思主义认为人是一切社会关系的总和。在所有客观现实中，现实是人类心理反映的主要内容，因而，社会现实是影响人类心理的决定性条件。你的家中也许饲养着宠物，它们和你的家人可能同居一室，沐浴自然界同样的阳光，呼吸同样的空气，但它们终究是猫，或者是狗，但你和你的家人却永远是有着七情六欲的人类。人之所以为人，决定的因素是因为人生活在人类的社会现实中，即生活在一定的社会制度、社会文化、社会风尚以及各种各样的社会关系之中。具备人类生理解剖特点的个体，一旦脱离了人类社会，其心理的发展就无从谈起。人们曾经发现多例与野兽生活在一起的人类的后代，他们的心理活动方式与野兽无异，“狼孩”卡玛拉就是其中的一例。不仅幼年脱离人的社会现实不能形成正常人的心理，而且成年人长期脱离人类社会也会导致已经发展起来的心理水平下降。

狼孩卡玛拉

如1945年被日寇掳去日本做苦工的我国农民刘连仁，由于不堪忍受劳役之苦，只身逃往深山老林。1958年，人们发现他的时候，他的恐惧感极重，记忆力严重衰退，几乎不会讲话。“桃花源中人，不知有汉，何论魏晋”讲的就是这个道理。

二、人的心理是客观现实的主观映象

因为人脑对客观现实的反映，总是在具体的人身上发生的，每人存在着生理遗传、发展成熟、需要动机和个性特征、心理状态等方面的差异，因此，无论哪种客观事物的作用总是通过其内部特点折射出来的。不同的人，甚至同一个人在不同时期和不同条件下，因其内部特点的不同就会导致对同一事物的反映出现不同的结果。

在教育和教学的过程中，经常遇到这样的情况：一个班上所有学生都听同一个老师讲授同样的课，但学生们对教材的理解和掌握却各不相同。同一个教师对所有的学生都提出同样的要求，但学生们对这些要求的领会和执行情况也各不相同。在李丹等的一个实验中，让小学生和初一学生阅读一些寓言故事和比喻词，然后问他们，“这个故事告诉我们什么道理？”读了《刻舟求剑》的故事后，一个小学中年级学生说：“他不应该在船上画记号，应该在水中插一根竹竿做记号”，一个初中学生说：“这个人是笨蛋，不用脑子，因为他只看到剑是从船边落下去，没想到船是会走的。”而另一个初一学生则认为《刻舟求剑》故事告诉我们事情要马上做，不要迟。这说明心理反映的产生不单纯受客观现实影响的结果，而人的心理是通过人的内部特点在不同状态下折射出来的。由于主体内部条件的不同，同样的外部影响可以引起人们不同的心理反映，这都说明了人的心理反映具有主观性。

人的心理是客观事物在人脑中形成反映的过程，这种反映与客观事物本身是相像的，但不是事物本身。心理是主观的反映，以观念的形式存在于人脑中，而事物本身是客观的东西，以物质的形式存在于现实中，它们之间既有联系又有区别。心理是主观与客观的统一。心理反映的内容是不依赖于主体而存在的，是客观的；外界刺激引起的神经过程所表现的外部反映和行为，也是客观的。但对客观世界反映总是通过每个个体来实现的，而且人对客观世界的反映并不像照镜子那么机械，人的反映要受个人知识经验、实践领域和全部的个性特征制约，并通过完整的心理活动表现出来，这样心理活动总要带有个体的色彩，从而表现出人的心理的主观性。

总之，人的心理一方面受客观现实的制约，一方面又受人的主观条件的折射，因此心理是主观与客观相互作用的结果。

三、人的心理在社会实践中发生发展

客观现实是人类心理活动的物质内容，但客观现实不会自发地决定人的反映。人在现实中总是积极地活动着、实践着，只有在客观现实作为人的实践活动的条件和对象时，人的心理活动才有意义。人的心理在实践活动中发生和发展，并从不成熟走向成熟，幼儿在游戏活动中学会了交友，在学习活动中学会了书写，高年级的学习发展了抽象思维，个体社会化的活动过程形成了个性。成人的实践活动由于领域不同，所以心理发展方向就有明显的职业特色。比如，画家善于记忆具体形象，其形象思维的能力发展突出；数学的抽象逻辑思维水平又是常人所不及的；农民谈起种田头头是道，而公子王孙却“五谷不分”。人的心理之所以在实践活动中发生和发展，是因为实践活动是客观事物与主观反映联系的纽带。客观事物的发展总是不断地向个体提出发展的要求，而个体的主观反映要和客观事物相适应，就必须通过不断地积极活动来实现。

人的心理不仅在实践活动中发生和发展，而且还要受到实践活动的检验。人的认识是否正确，只有经过实践活动的检验才能站住脚。人的心理总是从实践中来，到实践中去并引起进一步的反映。正如毛泽东在《实践论》中所说：“判定认识或理论之是否真理不是依主观上觉得如何而定，而是以客观上社会实践的结果如何而定。真理的标准只能是社会实践。”

实践活动促进了人类心理的产生和发展，人的心理发展水平又影响着实践活动的质量，同时又使人们在现实生活中确定着实践的方向。可见，人的心理对实践活动又有明显的反作用。

综上所述，心理是人脑的机能，是人脑对客观现实的反映。健全的人脑为心理的产生发展提供了必要的基础，是心理形成的前提条件；而客观现实和人类必要的实践活动则制约着心理的丰富程度和完善程度，是心理形成和发展的决定因素。

本章小结

神经系统由周围神经系统和中枢神经系统两部分组成，周围神经系统由躯体神经系统和植物性神经系统组成。躯体神经系统由脊神经和脑神经组成，躯体神经系统具有整合和调谐身体的功能。

中枢神经系统包括脑与脊髓，其主要功能是传递、储存和加工信息，产生各种心理活动，支配与控制人的全部行为。脑主要包括大脑、小脑、间脑、脑干和边缘系统，脑干包括延脑、脑桥和中脑。延脑能控制呼吸、排泄、吞咽、肠胃等活动，又叫“生命中枢”。脑桥是中枢神经与周围神经之间传递信息的必经之地，它对人的睡眠具有调节和控制作用，中脑是视觉与听觉的反射中枢。

丘脑是感觉信息的交换站，除嗅觉外，丘脑接受几乎所有的感觉信息，并将其传送到视觉、听觉、嗅觉和触觉的中枢部位。下丘脑是植物性神经系统的主要皮下中枢，可以维持身体平衡、控制内分泌腺的活动。

小脑主要功能是协助大脑维持身体平衡与协调动作，边缘系统生理功能主要有个体保存（寻食、防御等）、种族保存、内脏功能、控制情绪的发生和表现、参与学习和记忆活动等。

人的大脑分为左右两半球。大脑皮层分为感觉区、运动区、语言区和联合区。感觉区包括视觉区、听觉区和机体感觉区，视觉区位于顶枕裂后面的枕叶，听觉区位于颞叶，机体感觉区位于中央沟后面的中央后回。运动区位于中央前回，其主要功能是发出动作指令。

左右两半球在结构和功能上都有明显的差异，左半球是理性认识（言语）的优势半球，执行抽象概括思维的功能，如言语、阅读、书写、数字运算和逻辑分析推理等；而大脑右半球是感性认识优势半球，执行直观形象思维的功能，如形状知觉、空间知觉、情绪、音乐、节奏感和艺术等。

神经系统活动的基本方式是反射。反射是有机体借助神经系统对内外刺激所做的规律性反应。实现反射活动的神经通路叫反射弧，由感受器、传入神经、神经中枢、传出神经和效应器组成。

反射分为无条件反射和条件反射。无条件反射是个体与生俱来的、不学而能的反射，其神经联系是固有的，是种族遗传的。条件反射是人和动物在后天生活过程中经过学习获得的反射。根据刺激物的性质，巴甫洛夫提出第一信号系统和第二信号系统。大脑皮层神经活动的基本过程是兴奋过程和抑制过程。大脑皮层神经活动的规律有扩散与集中和相互诱导。

心理是物质发展到高级阶段的反映形式，客观现实是心理产生的源泉。人的心理是客观现实的主观映象，也是在社会实践中发生发展的。

拓展阅读

1. （美）卡尔森. 生理心理学：第 6 版［M］. 苏彦捷等，译. 北京：中国轻工业出版社，2007.

2. （美）伯勒尔. 谁动了爱因斯坦的大脑［M］. 吴冰青，吴东，译. 上海：上海科技教育出版社，2009.

3. 沈德立. 脑功能开发的理论与实践［M］. 北京：教育科学出版社，2001.

4. 王枫. 探秘小学语文教学背后的脑科学［J］. 上海教育，2018（10）.

5. 汪璐璐. 基于脑科学的小学语文教学新思路［J］. 江苏教育研究，2017（Z2）.

6. 刘彬. 基于脑科学的小学低年级计算能力提升策略［J］. 小学教学研究，2018（1）.

练习与思考

一、单项选择题

1.（　　）是中枢神经与周围神经之间传递信息的必经之地，它对人的睡眠具有调节和控制作用。

A. 中脑　　B. 小脑　　C. 延脑　　D. 脑桥

2.（　　）的功能是协助大脑维持身体平衡与协调活动。

A. 脑干　　B. 间脑　　C. 小脑　　D. 边缘系统

3. 大脑皮层 4 个叶在人的心理活动中具有特殊作用、控制着人有目的、有意识的行为的是（　　）。

A. 额叶　　B. 顶叶　　C. 颞叶　　D. 枕叶

4. 病人不能理解口语单词，导致听觉性失语症，可能受损的是大脑左半球的（　　）。

A. 布洛卡区　　B. 威尔尼克区

C. 视觉性语言中枢　　D. 语言书写中枢

5. 有关大脑两半球功能单侧化的研究表明，大多数人的言语活动中枢在（　　）。

A. 中脑　　B. 小脑　　C. 大脑左半球　　D. 大脑右半球

6. 人的听觉中枢位于大脑皮层的（　　）。

A. 枕叶　　B. 颞叶　　C. 顶叶　　D. 额叶

7. “仁者见仁，智者见智”，这说明了心理的（　　）。

A. 对客观现实的主观能动反映　　B. 脑的机能

C. 在实践中发生发展　　D. 心理具有发展过程

8. “画饼充饥腹更饥”属于（　　）。

A. 无条件反射　　B. 第一信号系统

C. 第二信号系统　　D. 既是无条件反射又是有条件反射

9. 心理活动的最重要器官是（　　）。

A. 神经元　　B. 神经系统　　C. 中脑　　D. 大脑皮层

10. 脑属于（　　）。

A. 植物性神经　　B. 周围神经系统

C. 中枢神经系统　　D. 脑神经

11. 视觉中枢位于（　　）。

A. 枕叶　　B. 颞叶　　C. 额叶　　D. 顶叶

12. 躯体运动中枢位于（　　）。

A. 枕叶　　B. 颞叶　　C. 额叶　　D. 中央前回

13. 感觉中枢在（　　）。

A. 枕叶　　B. 颞叶　　C. 额叶　　D. 中央后回

14．当专注玩手机时，对周围的人和事“视而不见，听而不闻”的现象属于（　　）。

A．扩散　　B．集中　　C．正诱导　　D．负诱导

15．下列哪个选项属于第二信号系统的条件反射？（　　）

A．见风流泪　　B．谈梅生津　　C．望梅止渴　　D．吃梅生津

二、填空题

1．神经系统最基本的活动方式是______，实现其活动的神经通路叫______。

2．现代科学表明，脑是心理的______，是心理活动的______；心理是脑的______，是客观现实在人脑的______。

3．人脑是一个结构复杂的器官，它由______神经中枢和______神经中枢构成。前者指______；后者指延脑、脑桥、______、______和______；最发达的是______。

4．大脑半球皮质，可分为四个叶，分别是______、______、______和______。

5．反射按起源可分为两类______和______。

6．按照巴甫洛夫的观点，条件反射是心理活动的______，形成条件反射的信号有两大类：一类是______，另一类是______。

7．人的心理一方面受______的制约，一方面又受人的______的折射，是______的对立统一。

8．神经系统最基本的结构和功能单位是______。

9．神经元按其形态和功能，分为______、______和______。

10．神经系统由______和______两部分组成。

三、判断题

1．健全的人脑一定能产生正常的心理。（　　）

2．大脑皮层是控制整个机体活动的最高的管理者和调节者。（　　）

3．大脑额叶损伤会导致人的智力低下，这说明心理是由额叶产生的。（　　）

4．学生在学校的一切活动都属于条件反射。（　　）

5．形成条件反射的抽象信号是人类社会活动的产物。（　　）

6．条件反射是心理活动的生理基础。（　　）

7．心理是人脑的机能，是由人脑自发产生的。（　　）

8．人的心理就其反映的内容而言是客观的，从其反映的形式而言，又是主观的，是主客观的对立统一。（　　）

9．不同的人对同一事物会有不同的认识。（　　）

10．同一个人对同一事物也可能会有不同的认识。（　　）

11．大脑是产生心理活动的物质基础，因而大脑可以单独产生心理活动。（　　）

12．大脑皮层的机能定位区是各负其责，互不相干的。（　　）

四、简答题

1．为什么说人的心理是主客观相互作用的结果？

2. 人的大脑左右两半球有什么不同？

3. 两种信号系统有什么区别与联系？

4. 心理的本质是什么？

五、案例分析

1. 电影《青松岭》中有这样的情节：车夫钱广每次到下坡转弯处的一棵大树旁就使劲抽打辕马，马便疯狂奔跑起来。后来，车夫换成了万大叔，当他赶车行至大树旁时，并未抽打辕马，马却也狂奔起来，差点儿出了危险。

思考：辕马狂奔是什么心理现象？它是如何形成的？

2. 1828 年 5 月 26 日，德国纽隆贝尔克城的街头，市民发现一位穿着古怪的农民服装，神情疲倦且摇摇晃晃向前移动的青年，这位青年是谁呢？后来才知道他是在 1812 年德国出生的当时巴登大公国的王子——卡斯巴·豪瑟。他出生时被争夺王位的宫廷阴谋家同普通婴儿进行调换，然后被当作人质扣押了起来。三四岁以后他就被关入了地牢，每天由一个他看不见的人给他送面包和凉水，不能与任何人接触，不准做任何活动，直到 17 岁，他继承王位已经不可能时，才被放了出来。此时他身高只有 144 cm，智齿还未长出来，目光呆滞表情如同幼儿，膝盖变形，双腿似乎支撑不住身体的重量，因而走起路来摇摇晃晃如同刚学步的孩子，智力如同幼儿。例如，他看到镜子里自己的影像却以为镜子后面还有一个人；不能区别生物和非生物、自然的东西和人造的东西；语言能力很有限，只能讲 6 个词和几句简单的拉丁语，且只能使用第三人称。他放出来后过正常人的生活并经过学习，才逐渐恢复普通人的智力水平。

然而，卡斯巴·豪瑟最后还是没有逃脱阴谋家的魔掌。1833 年 12 月 14 日，他遭暗杀，死时 22 岁，死后对他进行尸检，发现他的整个脑袋比一般人的要小，脑的沟回呈萎缩状态然而大脑皮层的视觉区发展得比较充分。

思考：分析这位王子智力低下的原因。

第三章

意识与注意

学习目标

- 理解意识概念。
- 掌握意识的特征。
- 理解注意的概念与品质。
- 掌握小学儿童注意的发展特点。
- 学会把注意的规律运用到实际教学中去。

本章导读

你可能有过这样的经历：在课堂上，尽管老师讲得眉飞色舞，你却“心猿意马”，直到下课，也不知道老师讲了些什么；在你专心思考问题时，你根本没有听到或没有听懂别人对你说的话；你觉得一天中的某一段时间里，精神特别好，做事效率特别高，过了这段时间，精神状态就没有那么好……

“心猿意马”“白日梦”“两耳不闻窗外事”等是一种什么意识状态？如何才能在课堂教学中更好地维持学生的注意力？要回答这些问题，让我们进入本章的学习。

第一节　意识的概述

一、什么是意识

意识是人类所独有的一种高水平的心理活动，指个人运用感觉、知觉、思维、记忆等心理活动对自己内在的身心状态和外在的人、事、物变化的觉知。

理解这个定义可以从以下三个方面来把握：

1. 意识是一种觉知

人对于自身、周围事物以及自身与周围事物的关系是可以觉知到的，如自己的容貌、生活的幸福感、闪烁的灯光、臭豆腐的气味等都可以被觉知到。

2. 意识是一种心理状态

从广义上来看，意识是在一定时间内存在的对客观事物的反映。从反映的清晰、深刻程度来分析，它是一个从无意识到意识再到注意的连续体。从狭义上来看，意识可以理解为个体正在进行的心理活动，如觉醒、愤怒、惊奇等，与无意识状态相对应。

3. 意识是一种高级的心理机能

意识对个体的身心系统起着统合、管理和调节的作用。意识不只是对刺激的被动觉察和感知，同时它还具有能动性和调节作用。从这个意义上说，意识是人类所独有的心理现象。

二、意识的特征

1. 意识的可觉察性

有意识的人在与客观外界的作用之中，能知觉到客观事物的存在、自身的存在和两者关系的存在。动物的行为不管多复杂，仅受本能的驱遣，不可能有明确的自我意识。例如，马戏团的猴子虽然很聪明，但不会自己解绳子逃跑。意识的可觉察性，是人类心理与动物心理最基本的区别。

2. 意识的能动性

有意识的人在对客观世界的反映过程中总是积极、主动、有目的、有选择的，这就是意识的能动性。例如，运动员为国争光的刻苦锻炼、奋力拼搏行为，充分体现了意识的能动特点。

意识的能动性最充分地表现了主观对客观的反作用。它是人对客观现实反映的间接性、深刻性的表现，它仍然服从于物质第一性、意识第二性的规律，仍然要受客观事物运动变化规律的制约。

3．意识的社会制约性

意识一产生，就受到社会属性的制约。意识在劳动中产生，如果脱离人类的社会生活、人类劳动，就不能避免地产生所谓的“狼孩”。个体意识的发生与遗传、生理成熟有不可分割的关系，但更与个体的社会生活环境以及所经历的亲身实践密切相关。在不同的历史阶段，不同的社会层次中的人，其意识也是具有明显差别的。

三、意识水平

意识是一个心理系统，具有复杂的结构，可以分为不同的层次和水平。从无意识到意识再到注意，是一个密切相关的连续体。

所谓意识水平是指在某一时刻人对刺激能够觉知的程度。一般来说，可以把意识水平分为无意识水平、前意识水平及意识水平。

1．无意识水平

无意识是指个体不曾觉察到的心理活动和过程。弗洛伊德认为人们的大部分的心理活动是在无意识里进行的，大部分的日常行为也受无意识所驱动。人们在日常生活里的口误及笔误都是无意识心理活动的表现。人们日常出现的已经达到自动化程度的一些行为常常是无意识的；还有人在活动时会存在一些事件对其行为实际产生了或大或小的影响，而主体自身却没有察觉，这也是无意识现象。

2．前意识水平

前意识水平也称作“潜伏的无意识”，它是介于意识和无意识之间的一种意识水平，前意识里的心理活动是一个人出生后在成长发育过程中形成的。处于前意识里面的心理活动平时不能意识到，经努力回忆和提醒才能进入意识。其作用是保持对欲望和需求的控制，以及按照现实要求和个人的道德标准来调节心理活动。

3．意识水平

意识是与直接感知有关的心理部分，它包括个人现在意识到的和现在虽然没有意识到但可以想起来的部分。

四、意识状态

意识状态是指人的意识在不同时间、不同条件下所呈现的特征。它可以分为正常的意识状态与异常的意识状态两大类。

（一）正常的意识状态

正常的意识状态是指在人脑没有发生任何病变，也没有受到任何药物等非正常刺激影响下的意识状态。现代科学研究结果表明，在正常的情况下，意识具有不同的表现形态。

1．主动的意识状态

又称良好的意识状态，指个体主动地操纵自己的心智活动，观察问题、分析问题和解决问题的意识状态。在这个状态里，人的意识最清晰，最能集中注意，能够有意识地去做

成一件事情，也就是说在行为的过程中，你能够觉知到自己正在做这件事情，并可以对自己的行为进行调控。例如，学生在课堂中认真听课，做笔记，回答教师提出的问题。

主动的意识状态是保证人正常学习、工作、生活的必要条件。良好的意识状态体现在：第一，要有良好的生理、心理素质和身心健康；第二，活动的目的、任务明确，方向性强；第三，工作、学习时间不能超限；第四，避免单调、乏味的信息刺激；第五，养成良好的学习和生活习惯，避免注意分散。

2. 自动化的意识状态

自动化的意识状态是指不需要专门注意与意志努力而自动呈现的意识状态。这种意识状态是人们对自己的行为有所意识，但不太清晰。例如，你现在一边听课一边做笔记，你能意识到你在写字，但每个字怎么写，则又不很清楚了，你不需要费很大的努力，不用有意识地注意怎样一笔一画地写字。这和你在当小学生的时候完成听写任务有本质区别，听写的时候你要考虑每个字怎样写。自动化的意识状态本身要求很少的注意资源，但并不妨碍同时进行其他活动。自动化的意识状态一般多与人的生活与行为习惯相联系，是长期训练的结果。

3. 被动的意识状态

被动的意识状态是指消极地感受身体内外的刺激或头脑中自动出现的经验的意识状态。例如，做白日梦的人任凭思路游荡，被动地感受在脑中自动出现的表象、某些记忆片段和经历过的情感体验等。许多人都有过这样的经验，上课时，听着听着就走神了，思想不知到哪里去了，正当想入非非时，老师提问你，你马上站起来，虽然你意识到老师在叫你，但却不知道老师刚才提的是什么问题，这种被动的意识状态，亦称为白日梦状态。白日梦状态只具有很低的警觉水平，它介于主动意识状态和睡眠做梦两者之间，似乎一方面清醒，一方面做梦，通常发生在身心疲劳、刺激单调、喜欢幻想或不需要集中注意力的情况下，但不能认为白日梦是无意识的，因为在这个时候，人还是具有一定意识活动的。心理学的研究认为，白日梦在性质上属于我向思维，其内容与个人的生活具有一定联系，与其期望的未来活动有关，可以使人把将来可能发生的事情，在头脑中预先演练，或通过白日梦使欲念、冲动释放。

白日梦是自动产生的，其内容也并无好坏。因此不能把年轻人适度的白日梦意识状态视为心理失常。当然，若将白日梦完全取代日常生活或学习过程的有意义的行动，或把它作为逃避社会现实的手段或方式，则可能是心理变态的先兆。

4. 睡眠状态与梦

过去一般认为睡眠的时候意识是停止活动的，而大量研究结果表明，人在睡眠时意识并没有完全停止活动。关于睡眠的研究主要是通过脑电来进行的，由于脑内的神经细胞有电位差，用特定的仪器就可以测到这些电位的变化。当人进入睡眠状态时，脑内神经细胞的电位仍在变化着，只是出现了不同的波型。在做梦的时候，脑电波的变化更为明显，这些都证明人在睡眠的时候还是有意识活动的。当然，对此我们自身并没有意识到。

睡眠是日常生活中最为常见的一个活动，人的一生平均有三分之一的时间要花在这项活动上。但对睡眠展开科学的研究，还只是近几十年的事情。20 世纪 50 年代以后，随着科学的进步，特别是脑电研究的发展，人们逐渐揭开了睡眠的神秘面纱。

人的整个睡眠过程可以分为五个阶段，在不同的阶段脑电波有不同的形态变化。第一阶段为过渡期，个体感到困倦、意识进入朦胧状态，通常持续 1～7 分钟。在这一阶段，呼吸和心跳变慢，肌肉变松弛，体温下降。这个阶段脑电波为 α（alpha）波，其频率为 8～13 Hz，频率较慢，但振幅较大。第二阶段为轻睡期，大约持续 10～25 分钟，这个阶段脑电波为 θ（theta）波，频率更慢，为 3～7 Hz。第三、四阶段是沉睡期，以 δ（delta）波为主，它的频率慢到 3 Hz 以下，而振幅极大。人们通常要用半小时达到这一阶段，梦游、梦呓和尿床等现象多在此时出现。再停留约半个小时，然后到睡眠的最后一个阶段，称为“快速眼动睡眠”（简称 REM，为 rapid eye movement 的缩写）阶段，这个阶段之所以得名，是因为存在一个特殊的现象，即快速眼动，这时通过仪器可以观测到睡者的眼球有快速跳动现象，呼吸和心跳变得不规则，肌肉完全瘫痪，并且很难唤醒。

快速眼动睡眠结束后，再循环到 θ 波的轻睡期。如此循环往复，一般一个晚上要经过 4～6 次这样的循环。在第一次循环中，REM 大约持续 10 分钟左右，而在往后的循环中，REM 持续的时间逐渐延长，在最后的循环中，REM 可持续到一个小时。研究发现 REM 出现的时候，就是人在做梦的时候，若这时将被试唤醒，78%的人都说他正在做梦，并且能记得梦中内容，而那些在非快速眼动睡眠阶段被唤醒的被试，则只有 10%反映正在做梦。

随着年龄的不同，REM 在睡眠中所占的比例也有所不同，年龄越小，REM 所占的比例越高；即幼儿的 REM 占 50%，小学生占 30%，成人占 20%，老人占 10%。而且老人的 δ 波所占的时间越来越少，甚至没有，所以老人睡觉不沉。人的睡眠总时间大约占人一生的三分之一时间。

梦是睡眠中的一种奇异现象，做梦的经验是人所共有的。人们从古代就开始了对梦的研究。但那时对梦的解释主要是唯心主义的，认为做梦是神灵来传达意旨，汉语里所谓的“托梦”就是这个意思。尤其在我国，梦更带有一种神秘的色彩，什么“南柯一梦”“黄粱美梦”等。然而，现代心理学的研究抹掉了梦的神秘主义色彩。现在我们认识到，梦是人在睡眠中尤其是在快速眼动睡眠时期神经系统活动的结果，梦也是一种心理活动，是意识的一个层面活动的结果。

在梦的内容方面，霍尔（Calvin Hall，1966）的研究最具有代表性。经过对一万多个梦境的分析，霍尔发现，大多数的梦具有一般世俗性质，可能是将家庭、朋友和同事等某些特征加以联系组成，因此有一些梦相当普遍。人们的梦具有以下特征：

第一，梦境主要与自己有关，人们很少梦到公共事务。可以认为自我中心是梦境的第一个重要特征。霍尔认为梦境倾向于来自个体的内部冲突，例如，很多人都做过有关攻击性和不幸事件的梦。

第二，梦境受生活环境影响，与当前的生活事件有关是梦的第二个重要特征。如果你正经受着严重的经济困扰，或担心即将到来的考试，它们都会在梦中出现。同时，梦的内容具有一定的性别差异，这也是生活环境差异对梦境影响的具体表现。例如，陌生人常出现在男人的梦里，而女人的梦里常有儿童。男人对梦境的报告里常涉及汽车、武器和攻击性行为，而女人的报告里则会涉及服装、珠宝，并不时有被攻击的事件。

第三，睡眠中的外在或内在刺激可以影响梦的内容。例如，当一个人正处在快速眼动睡眠阶段时，轻轻地给他的手臂上洒一些水，过少许时间将他唤醒，并问他做了什么梦，

有42%的人的梦中有水，或下雨，或洗澡，或游泳，或洪水泛滥等。有人发现在家里当闹钟未能把他唤醒时，常会出现同样的梦，这可以解释为闹钟的响声被下意识地当作机器声或警报声而结合在无规则可循的梦境中了。

无论如何，梦总是由某种刺激引起一些神经细胞活动的结果，只不过它不被清醒地觉察、也不能控制而已。

睡眠中的警戒点

（二）异常的意识状态

异常的意识状态是指人脑发生病变，或受到药物等非正常刺激影响下的意识状态。例如，醉酒后迷迷糊糊的状态，服用某些精神致幻类药物产生的奇特意识等。

第二节　小学儿童的自我意识

一、自我意识的概念与成分

（一）自我意识的概念

自我意识是指自己对所有属于自己身心状况的意识，包括意识到自己的生理状况（如身高、体重、形态及健康程度等）、心理特征（如需要、兴趣、能力、性格等）以及自己与他人的关系（如自己与周围人们相处的关系、自己在班集体中的地位和作用等）。

人们常常这样说：“我认为我是一个诚实的人。”这里有两个对立部分的自我。句子里开头主语部分的“我”是主观的我，即对自己活动的意识者；句子里宾语部分的“我”是客观的我，即被主观的我意识到的自己的身心活动。因此，也可以认为自我意识就是作为主观的我对客观的我的意识。

自我意识的产生和发展是人和动物在心理上的根本分界线。动物没有意识，更没有自我意识。人有高度发达的大脑，人在劳动的过程中随着言语的产生，不但认识了自然界而且认识了自我，并将“我”与“非我”做出区分。

在个体的心理发展中，自我意识的发展是个性形成和发展的重要条件。如果一个人的自我意识不能获得发展，那么个性的发展就难以实现。同时，自我意识也是个性结构的重要组成部分，对个性的发展具有重要的调节作用。自我意识的充分发展，保证着个体正确地认识世界，并使自己成为一个能动的力量与周围环境发生相互作用。

阿姆斯特丹的点红实验

（二）自我意识的成分

自我意识是由自我认识、自我体验和自我监控三种心理成分构成的。这三种心理成分相互联系、相互制约，统一于个体的自我意识之中。

1．自我认识

自我意识的首要成分或基础是自我认识。自我认识包括自我观察、自我分析和自我评价。

（1）自我观察

人是观察的主体，同时又是被观察的客体，也就是将自己的心理活动作为被观察的对象。曾子说，“吾日三省吾身”，这里的“省”就有自我观察的意思。

（2）自我分析

人把从自身的思想与行为所观察到的情况加以分析、综合，在此基础上概括出自己个性品质中的本质特点，找出有别于他人的重要特点。

（3）自我评价

自我评价建立在自我观察和自我分析基础之上，是对自己的能力、品德及其他方面的社会价值的判断。自我评价能力是自我意识发展的主要成分和主要标志。自我评价有适当与不适当、正确与不正确之分。适当的、正确的自我评价使主体对自己采取分析的态度，并能将自己的力量与所面临的任务及周围人的要求加以恰当的比较。

自我评价研究

不适当的自我评价还可以分为自我评价过高和自我评价过低。过高的自我评价容易与别人的评价发生矛盾，引起交往的冲突；过低的评价会降低人的社会要求水平，产生对自己潜力的怀疑态度，引起严重的情感损伤和内心冲突。

一般来说，人们对自我正确的认知和恰如其分的评价是比较困难的。因为认识自己是比认识客观世界更复杂的过程，除了认知因素外，还会受到其需要、动机、能力等其他心理因素的影响，因此往往容易过高或过低地估计自己。

2．自我体验

自我体验是指自己对自己怀有一种情绪体验，也就是主观的我对客观的我所持有的一种情绪体验。例如，自尊、自信、自卑、内疚等都是属于自我体验。自我体验反映了主体的我的需要与客体的我现实之间的关系，如果客体的我满足了主体的我的需要就会产生肯定的自我体验，为自我满足；否则就会产生否定的自我体验，为自我责备。自我体验的内容很丰富，主要有以下几种。

（1）自尊感

自尊感也称自尊心。人们生活在一定的群体中，产生一种高级的自尊的需要，总希望在群体中占有一定的地位，享有一定的声誉，得到良好的评价。当社会评价满足个人自尊需要时，就产生自尊感。它促使自己更加奋发向上，追求实现更高的社会期望。如果社会评价不能满足个人的自尊需要，甚至产生矛盾时，可能会产生两种情况：一种是产生自我压力感，从而使自己加倍努力，迎头赶上；另一种是产生自卑心理，自暴自弃，一蹶不振。

（2）自信感

自信感也称自信心。自信感是对自己的能力是否适合所承担的任务而产生的自我体验。自信感是与自我评价紧密联系在一起的。良好的自信感是建立在适当、正确的自我评价的基础上，在完成任务的过程中既能看到自己的潜力，又能充分地估计到可能发生的困

难而产生的。而不适当、不正确的自我评价会导致自信感的转化。在自我评价过高的情况下，自信感转化为自高自大，而自我评价过低，自信感又会转化为自卑感，无论是盲目自大还是严重自卑，都对个性的正常发展极为不利。

（3）成功感与失败感

成功感是在实现目标过程中取得成就时产生的自我体验；而失败感则是在实现目标遭遇挫折时产生的自我体验。成功感与失败感的产生，不但取决于客体的我是否取得成就有关，还取决于主体的我对客体的我的要求即期望水平。例如，关于考试，甲只求成绩能说得过去，乙一心想拿高分，排名进入班级前五名。结果他俩成绩一样，都是 80 分，可各自产生了不同的自我体验，甲产生了成功感，而乙则产生了失败感。

3. 自我监控

自我意识在意志和活动方面表现为自我检查、自我监督和自我控制。

（1）自我检查

自我检查是主体在头脑中将自己的活动结果与活动目的加以比较、对照的过程，以保证活动的预定目的与计划逐步得以实现。

（2）自我监督

自我监督是一个人以其良心或内在的行为准则对自己的言论和行为实行监督，有人把它比之为一个人内心的“道德法庭”。无须任何外在形式的监督，而听命于内心自我监督的行为才是真正自觉的意志行为表现。

（3）自我控制

自我控制是主体对自身心理与行为的主动掌握。自我控制表现为两个方面：一是发动作用，例如，坚持做完功课后再玩，坚持利用假日参加一些社会公益活动等，都是自我发动与支配自己行为的结果。二是制止作用，即抑制不正确或在当时情境中不应有的言论和行为，例如，不随地吐痰、不乱抛纸屑、公共场所不抽烟等，都是自我控制的结果。

自我控制有时能掩盖自己的真实情况，这叫作“自我掩饰”。自我掩饰不能一概说好，也不能一概说坏，要具体情况具体分析，有时出于公心和礼貌，也要掩饰自己的真实感受。例如，当别人不当心把墨水溅到你身上而向你道歉时，你尽管心里恼火也会表示：“喔，不要紧。”

二、自我意识的作用

1. 对态度和行为的调节、控制作用

人们在日常的学习和工作中，在和别人的交往和团体活动中，由于意识到自己在别人心目中的位置和在集体中的地位、作用，意识到自己负有某种责任或义务，从而自觉地调节情绪，调整和控制自己的态度和行为，以尽可能地与周围环境保持良好的适应。

2. 对自我教育的推动作用

人的自我意识发展水平集中体现在对自我的认识和对自己优、缺点所抱的态度上。一个人意识到自己的长处和不足，就有助于他发扬优点，克服缺点，取得自我教育的积极效果。反之，如果不能正确意识到自己的优点和缺点，只看到自己的优点或只看到自己的缺

点，都可能导致自己落后和失败。因此，增强主体的自我意识，如通过自我认知看到自己的力量，通过情绪体验保持健康的情感生活，通过自我监控形成良好的行为习惯，才能更好地促进自我教育和自我完善，从而使自己的个性获得健康发展。

三、小学儿童自我意识的发展

（一）小学生自我意识发展概况

自我意识的发展是个体不断社会化的过程，也是个体特征形成的过程。自我意识的成熟往往标志着个性的基本形成。婴儿最初是没有自我意识的，他们将自己与客观事物混为一谈，他们玩弄自己的手、脚，就像玩弄一件玩具一样。将近 1 岁时，儿童开始把自己的动作和动作对象区分开来，初步认识到自己是动作的主体，这是自我意识的最初表现。在 1 岁以后，儿童开始认识自己的身体以及身体的各个部位，意识到身体的感觉，开始以自己的名字当作自己的信号。约在 2 岁以后，逐渐学会使用代词“我”，这是自我意识发展的标志。

小学生自我意识的发展水平也是由低到高的。其中，小学一年级到小学三年级发展的速度较快，尤其是一、二年级之间发展尤为迅速。这是因为学校的学习活动进一步加强了儿童对自己的认识，如考试成绩的好坏，教师对自己的评定，同学对自己的接纳程度等，都使儿童从不同的角度对自己有了新的认识，而学习活动对儿童的自我监督、自我调节和自我控制等能力有了更进一步的要求，从而促使小学生的自我意识有了更大的发展。三年级至五年级期间，自我意识的发展相对平稳；而小学五、六年级内，自我意识的发展又出现加速的现象（见图 3-1）。这种发展趋势具有一定的普遍性。这是因为从小学中年级开始，儿童的抽象逻辑思维逐渐发展起来，其辩证思维也开始发展，这就使儿童的自我意识更加深刻。他们不仅摆脱对外部控制的依赖，逐渐发展了内化的行为准则来监督、调节、控制自己内部品质的更深入的评价，这就使小学生自我意识的发展上升到一个新的水平。

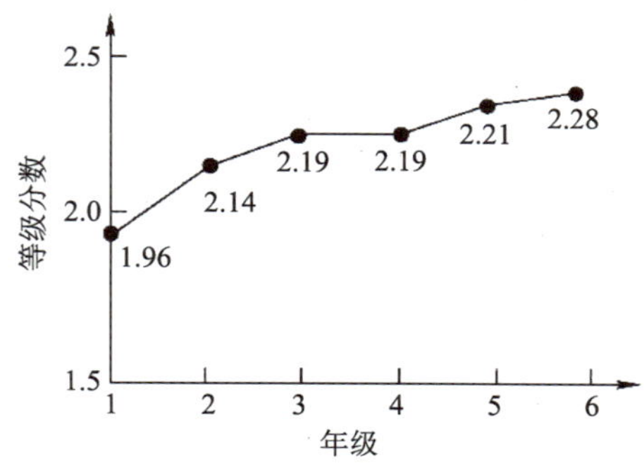

图 3-1　小学生自我意识的发展趋势

从自我意识的各成分来看，它们之间的发展并不同步。其中，自我认知是自我意识的主要成分，它的发展水平是自我意识发展水平的主要标志。学校的文化教育对小学生的自

我认知的发展具有最直接的促进作用。自我体验与自我认知密切相关，因此，小学生的自我体验发展与自我意识发展的总趋势比较一致。自我监控的发展趋势比较奇特，表现为低年级儿童的自我控制分数比高年级儿童高。造成这种现象的原因是低年级儿童比较容易接受权威人物（教师或家长）的控制。他们的自我控制分数较高是由外部因素造成的，实际上是“外部控制”的结果。小学高年级儿童的独立性增强了，因而表现为自我控制分数下降，究其实质，这是自我意识发展的表现。

（二）小学生自我评价能力的发展

苏联心理学家恰马塔认为，学生的自我评价的发展经历了两个阶段：第一个阶段儿童在评价自己时，主要局限于评价自己的行动和行为；第二个阶段儿童把个性的内部状态和道德品质包括在自我评价的范畴内，这是自我评价发展的高级阶段。自我评价伴随着个体社会经验的积累和智力的进一步发展而延续到人的整个一生。

自我评价能力在学前期就已经产生了。学前儿童在各种活动中经常听到成人对别人或自己进行的评价，并从这些评价中获得积极或消极的情绪体验，他们从模仿成人对行为的评价开始，逐渐形成自我评价能力。进入小学期以后，小学生能进行评价的对象、内容和范围都进一步扩大，这也使小学生的自我评价能力进一步发展起来。

1. 小学生自我评价的几种表现

虽然小学生，尤其是低年级儿童的自我评价基本上还是成人评价的重复，其独立性评价的能力还相当差，而且不够稳定易于变化，但已具备自我评价的基本形式，即过高的评价、过低的评价和适当的评价。

（1）过高的评价

自我评价过高的儿童，过高地估计了自己的可能性、活动的成果以及某些个性品质。他们通常在选题和做作业时很自信，而且喜欢选择那些显然是力不胜任的任务。在遇到挫折后，他们或是继续固执己见，或是把失败的责任推向客观的原因，如说“这题是怎么回事，太难了！”或出于威望的动机，立即转而承担最轻松的任务。他们有时不一定自吹自擂，但却喜欢挑剔别人的所作所为，批评别人。如果让他们比较和自己在质量上相同的作业或其他活动成果时，他们常常给自己打上“优”等，而给别人打上“良”或者更差的等级，并会在别人的作业里找出大量缺点，如“这里字写歪了”“那个字迹潦草”等。自我评价过高的儿童很容易形成过分自信、高傲、势利眼、不讲策略和难于相处等性格特征。

（2）过低的评价

自我评价过低的儿童对自己的能力及今后的发展缺乏信心。他们在选题和做作业时，不相信自己的能力，一般选做容易的题目。当问他们为什么这样做时，他们的回答是：“我数学就是不行，我只能做这样的题目，难题我是做不出来的。”如果问这些儿童要不要检查自己的作业和找出错误时，他们会默默地把作业从头至尾看一遍，什么也不改或者根本就不愿做自我检查。他们的理由是，反正发现不了什么。自我评价过低的儿童很容易形成自卑、退缩、不合群等性格特征。

（3）适当的评价

自我评价适当的儿童是积极、富有朝气、机智、好与人交往的。他们通常兴趣广泛，能在教师的指导下发现自己在学习或其他方面的错误，选择适当的或稍加困难的任务，在遭到失败后则进行自我检查，承担困难较小的任务。

2．小学生自我评价发展的特点

（1）从顺从别人的评价发展到有一定独立见解的评价

小学低年级儿童的自我评价在很大程度上，仍然依附于教师和父母的评价，随着年级的升高，小学生自我评价的独立性增强。比如，当教师及父母的评价不公正时，往往会引起他们的反感甚至“抗议”。大约从小学三四年级开始，儿童自我评价的自觉性和独立性有了明显的发展，他们逐步学会将自己的行为和别人的行为加以对照，从而对自己的行为进行独立评价。国内有学者曾用“你的爸爸妈妈说的话都对吗？”“同学们对你的批评都对吗？”“你认为班主任老师对你的看法（印象）都对吗？”“你常和同学争论问题吗？”“你做事拿不定主意吗？”等问题对小学生自我评价的独立性进行调查，发现儿童独立进行自我评价的能力随着年龄的增长而不断提高，呈现出一条非常理想的上升曲线。当然，小学生自我评价的独立性只是初步的，总的来说，小学生的自我评价仍然是受教师的态度和评价调节的。

（2）从比较笼统的评价发展到对自己个别方面或多方面行为优缺点的评价

小学低年级儿童的自我评价常常是片面的和表面的。他们往往善于评价别人，不善于评价自己。在评价自己的行为时，他们容易更多地看到自己的优点，不大容易看到自己的缺点，而且这种评价也往往局限于一些具体行为的评价上。例如，他们说“今天我上课能认真听课，是个好学生。”中、高年级儿童自我评价的全面性有了一定程度的发展。随着抽象逻辑思维和道德认识的进一步发展，他们开始学会较全面地评价别人和自己的行为，列举自己的优点和缺点，以后进一步能抓住主要的优缺点，并且逐步过渡到对自己的个性进行综合性的评价。

（3）自我评价的稳定性逐渐加强

自我评价的稳定性指评价持续时间的长短。小学生自我评价的稳定性随着年龄的增长而提高。低年级儿童自我评价的稳定性差，高年级儿童自我评价的稳定性有所提高。低年级儿童由于自我评价的原则性尚未形成，也就是尚未学会根据一定的道德观点和社会行为准则对自己的行为做出评价，所以他们的评价不但只能停留在对自己个别行为的评价上，而且这种评价又是易变的。从中、高年级开始，由于认识能力的发展和儿童社会交往范围的扩展，儿童一方面通过对自己活动结果的认识，另一方面通过周围的人对自我评价的影响，越来越全面而深刻地认识和评价自己，从而使主观评价和客观实际统一起来，提高了自我评价的稳定性。不过，总的来说，儿童自我评价的稳定程度，整个小学阶段仍然是低的，到了初中三年级以后才趋于稳定。

（4）小学生已具备一定的道德评价能力

对某一种道德现象采用好、坏、善、恶、正义、非正义等词语做出分析、判断和鉴别的过程是道德评价。道德评价能力高低，往往是表示人的道德认识、道德情感发展水平的重要指标。从小学三年级开始，决大多数学生已能根据行为原因或从行为的因果关系上作出自己的判断。已有半数以上的儿童能把行为原因和后果联系起来进行比较。

四、小学儿童自我意识的培养

南开大学心理学教授乐国安主持的“中小学生自我意识培养与潜能开发问题研究”中，提出中小学生自我意识发展中的“五自”目标：一是自知，即帮助学生提高自我评价的水平，能够客观地看待自己的优点与缺点，形成积极的自我观念；二是自信，即帮助学生提高自信心水平，确立积极的自我形象。尤其是那些有缺点和学习成绩不理想的学生的自信心，更要特别注意保护。三是自强，即指导学生为自己设置合理的发展目标，学会进行有效的自我激励，增强自我完善的愿望和进取精神。四是自主，即为学生提供更多的自我管理的机会，增强他们做事情的自觉性、自主性与主动性。五是自制，即帮助学生提高自我调控的水平，增强他们自我监控的意识和能力，增强克服困难的勇气和毅力。

根据小学生自我意识的发展情况，教师可以从以下几方面培养小学生的自我意识。

（一）正确的自我认知

“人贵有自知之明”，全面而正确的自我认知是培养健全的自我意识的基础。自我认知是从多方位建立的，既有自己的认识与评价，也有他人的评价。教师要引导学生正确认识自己，引导学生通过他人的评价和自我的学习活动成果全面客观地评价自己。鼓励学生积极参与各种活动，多与同班同学、教师交往。在与他人的交往过程中，学生要学会换位思考，站在他人角度思考问题，关心理解他人的心情；让学生学会全面评价自己，提高正确认识自己的能力。

例如，可以告诉小学生不妨自己认真仔细地想一想，用尽量多的形容词描述自己，要忠实于自己的内心。在此基础上，进行第二步，站在他人角度对自己描述，描述父母眼中的我、同学眼中的我、老师眼中的我、同伴眼中的我，再寻找这些描述中共同的品质，将其归类。描述的维度越多，越会找到比较正确的自我。

（二）客观的自我评价

1. 关注教师的态度和评价

入学以后，教师的态度和评价对儿童自我评价的形成起着主导作用。教师在评价儿童的学习活动及其成果时，把他们评定为勤奋的或懒惰的，聪明的或愚笨的，讨人喜欢的或令人厌恶的，成绩优等、中等或是差等的。这实质上是对儿童的个性、个性发展的可能性以及在班集体中地位的评价。小学生，特别是低年级儿童通常是信服地接受教师的这种评定，并在理解教师的评价时把自己划归为相应的等级。而事实上，儿童在实际活动中表现出来的能力和教师给予的评定并不一定相符。因此，有经验的教师特别注意对儿童评价要实事求是、恰如其分，让每个儿童都看到自己既有优点，也有缺点，明确今后的努力方向。同时对儿童的自我评价要进行及时的引导和调控，尤其是对自己评价过高或过低的儿童，要采取切实措施，让前者看到自己尚有不足之处，让后者看到自己还有某些优势，使他们对自己的评价变得比较客观、全面，从而在各自的起点上都能得到提高和发展。

2．在学习活动中提高小学生的自我评价能力

有经验的教师都知道，学习成绩差的儿童通常自我评价过低，这是造成他们成绩不好的普遍原因。这类儿童对学习没有兴趣，对成绩的提高缺少信心，在许多情况下，他们对自己的评价甚至比教师对他们各个方面和能力的估计还要低。教师可以利用学生原有的信心和成功的经验逐步提高他们的自信心，在自我评价偏低的儿童中倡导“自我竞赛”，鼓励儿童与那些在学习上具有相同能力的人进行“平等竞争”。

3．在交往活动中提高小学生的自我评价能力

儿童的自我评价是在与同龄人的交往活动中形成与校正的。和同龄人的交往活动对于儿童自我评价能力的发展起着决定作用。交往活动是自我认知、自我评价产生和发展的基础。儿童只有在交往中，才有可能被他人所观察和了解，从而产生评价，而儿童则在交往中获取他人评价的信息，借助于想象、推理等复杂的认知过程，内化他人关于自己的评价，从而形成自我评价。而自我认知、自我评价又是儿童进行社会交往的前提条件，恰当的自我认知和自我评价使儿童顺利地进行交往成为可能。

在交往中，儿童总是对自我、交往对象以及双方的关系有所估计，并产生自我与他人的相应情感，进而采取相应的行为反应。对自我社会形象估计的模糊和自我评价的不准确，则会给交往带来困难甚至产生人际冲突。

要实现成功的交往就必须转换社会视角，从“别人怎么看我”的角度，重新估计自我社会形象，修正自我评价从而调整自己的社会行为，使自己的社会适应性水平得到提高。可见，自我认知、自我评价的准确程度与表现出来的社会交往行为的适应程度是一致的。提高自我认知和自我评价水平，使社会交往具有自觉调节性质，可以避免交往上的失败；而改善社会交往行为，使交往取得成功，也可提高自尊心和自我评价能力，并且增强了进一步交往的动机。

（三）积极的自我调控

培养小学生积极的自我调控能力，引导学生进行自律，通过活动训练提升自我管理能力。自我调控能力是衡量自我意识水平高低的主要标尺。如何调整情绪，如何合理把握某一项活动的进程，并有意识地对活动结果的偏差进行自我矫正等，都需要教师重点指导。指导学生学会自我控制，宽容忍让、重新认识评价自己，通过活动训练来提高自律能力和自我管理能力。

第三节　注意的概述

一、注意的概念与功能

（一）注意的概念

注意既不同于意识，也不同于对某一事物反映的感知、思维等认知过程。注意是心理

活动或意识在某一时刻所处状态，表现为对一定对象的指向与集中。在大多数时候人们可以有意识地控制自己的注意方向。所以，注意是心理活动对一定对象的指向和集中。

指向性和集中性是注意的两个基本特点。

注意的指向性是指人在每一瞬间的心理活动或意识选择了某个对象，而忽略了其余对象。人在同一时间内不能感知一切对象，而只能感知其中少数对象。例如，学生在听课时，他的心理活动不是指向教室里的一切事物，而是把教师的讲述从许多事物中挑选出来，且比较长久地把心理活动保持在教师的讲述上。

注意的集中性是指心理活动或意识在一定方向上活动的强度或紧张程度。当心理活动或意识指向某个对象的时候，它们会在这个对象上集中起来，即精神贯注，兴奋性提高。人在高度集中自己的注意时，注意指向的范围就缩小，指向的范围广泛而不集中时，则整个强度就降低。人在注意力高度集中时，除了对目标事物之外，对自己周围的其他事物就都会变得视而不见听而不闻。如听课时不仅是指离开一切与听课无关的事物，而且也是对与听课活动无关的甚至有碍的活动的抑制，这样，对教师的讲课就得到鲜明而清晰的印象。

由于心理活动对一定对象的指向和集中，少数对象就被清晰地认识出来，而同时作用的其他对象就没有意识或意识得比较模糊。所以一个人注意到某一些对象，他同时便离开了其他对象，集中注意的对象是注意的中心，其余的对象有的处于“注意的边缘”，多数处于注意范围之外。

（二）注意与意识的关系

注意和意识既有联系又有区别。

首先，注意不等同于意识。注意是一种心理活动或“心理动作”，而意识主要是一种心理内容或体验。注意提供了一种机制，决定什么东西可以成为意识的内容。只有被注意到的内外刺激，才能被个体所觉察，进而产生意识。

其次，注意又和意识密不可分。在可控制的意识状态下，人的注意集中在当前有意义的内容上，得到比较清晰和深刻的认识。自动化的意识状态要求很少的注意，意识的参与成分也相对较少。在白日梦状态，人的意识内容不断地变化，实际在这些内容上所分配到的注意极少。睡眠状态，人们处于一种无意识状态下，注意基本停止了活动。

（三）注意的功能

1. 选择功能

注意具有选择功能，即注意选择有意义的、符合人的需要以及与当前活动相一致的有关刺激，避开与当前活动无关的刺激并抑制对它们的反应。周围环境充满了丰富多彩的刺激，这些刺激中包含的信息有的对人很重要，有的对人比较重要，有的毫无意义，甚至会干扰当前正在进行的活动。因此，区分出那些重要的信息，同时排除那些无关信息的干扰就十分重要。人脑这种选择信息、排除干扰的功能就是注意的选择功能。注意能使人在某一特定时间内选择具有意义的、符合当前活动需要的特定刺激，同时避开或抑制那些无关刺激的干扰，即注意将有关信息线索区分出来，使心理活动具有一定的指向性。选择功能是注意的首要功能，注意的其他功能都是在它的前提下发生作用的。

2．保持功能

注意具有保持的功能，即注意可以使人在一段时间内保持一定的紧张状态，将注意对象的映象或内容维持在意识中，得到清晰、准确地反映，直至完成任务，达到预定目的为止。注意能使人的心理活动较长时间地保持在被选择的对象上，从而使个体维持一种比较紧张的状态，进而保证活动的顺利进行。例如，学生在上课时，必须跟随老师讲课的进程、思路，经过相应的思维操作，才能达到学习的目的。

3．调节和监督功能

注意能对人所从事的活动进行有目的的控制，根据活动的目的和需要，做到注意的适当分配和适时转移，必要时可对错误行为进行纠正。注意能够对心理活动的全过程进行监督，使其保持在一定对象或目标上。一旦心理活动偏离了预定的目标或方向，人们就会发现，并予以调整，从而保证心理活动的顺利完成。日常工作和学习中的失误和事故一般都是在注意分散或注意没有及时转移的情况下发生的。

二、注意的外部表现

1．适应性的动作

人在注意状态时，常伴有一些适应性的行为。例如，人在注意听一个声音时，耳朵就会转向声源的方向，所谓“侧耳倾听”；人在注意看一个物体时，就会把视线集中在该物体上，所谓“举目凝视”；当沉浸于思考或想象时，就会出现眼睛朝着某一方向“呆视”着，好像看着远方一样，周围的一切变得模糊起来。

2．无关动作的停止

当注意力集中时，人会自动地停止与注意无关的动作。例如，教学过程中，学生高度注意时，他们往往会不由自主地停止做小动作或交头接耳，身体处于紧张状态，教室会呈现出一片寂静。

3．呼吸运动的变化

当人处于注意状态时，呼吸运动会发生适应性变化。人在注意时，呼吸变得轻微而缓慢，呼与吸的时间比例也改变了，一般吸得更短促，呼得时间愈加延长了。在紧张注意时，甚至会出现呼吸暂时停止的情况，即所谓“屏息”现象。

注意的外部表现，有时与内部状态不相一致，例如，貌似注意一件事而实际上心理活动却指向和集中于另一件事上。在课堂教学中，有时学生貌似在注意听讲，实则已陷入白日梦或注意其他事物。但通过认真的观察，还是能观察出学生的真实状态，例如，学生的外部表现不是随教学的进展或教学方法的改变而做出相应的调整，或者与教学进度的变化不合拍，或者面无表情地坐着。

三、注意与心理过程的关系

注意不是一种独立的心理过程。因为心理过程是对特定客观现象进行反映的过程，而注意本身并不反映事物及其属性，它没有独立的对象。通常心理学家把注意看作是心理活

动的一种积极状态。当人在注意什么时，它表现在感觉、知觉、记忆、思维、想象等心理过程当中，成为这些过程的一种共同的特性而与这些过程分不开。无论在什么情况下，注意都不能离开心理过程而单独起作用。平时我们常说“请注意黑板”“请注意我下面的问题”，这并不是说注意是一个独立的心理过程，可以离开认识过程，实际上只是说“请注意看黑板”“请注意听我下面的问题”，只是在口语中把“看”字和“听”字省略掉了。

注意是整个心理活动的引导者和组织者，它使心理活动处于积极状态，也就是说注意贯穿于各个心理过程的始终。一旦注意中止，心理过程将偏离目标，甚至终止。

总之，注意不是独立的心理过程，任何一个心理过程自始至终都离不开注意。

四、注意的种类

根据注意有无目的以及是否需要意志努力，可以将注意分成无意注意、有意注意和有意后注意三种。

（一）无意注意

无意注意，又叫作不随意注意，是指事先没有目的、也不需要意志努力的注意。无意注意一般是在外部刺激物的直接刺激作用下，个体不由自主地给予关注。例如，一个人沿着街道走的时候，突然听到救护车尖锐的笛声，他就会不由自主地注意这一情况。无意注意是人和动物都具有的注意的初级形式。

无意注意的引起不是依靠意志的努力，而是由刺激物本身的特点决定的。引起无意注意的原因包括刺激物本身的特点以及人自身的状态。

1. 客观刺激物的特点

无意注意主要是由周围环境的变化引起的。当周围环境中出现了某种新异的刺激物，人就自然地把注意指向这种刺激物，并试图认识它。

（1）刺激物的强度

刺激物的强度对于引起无意注意具有重大作用。强烈的刺激物，如强烈的光线、巨大的声响、浓郁的气味都容易引起无意注意。刺激物的强度分为两种，即：绝对强度和相对强度。实际上，对于引起无意注意的刺激物的强度方面的特性，相对强度具有更为重要的意义。一个强烈的刺激物如果在其他强烈刺激物构成的背景上出现，就可能不引起注意；相反，一个不甚强烈的刺激物，如果在没有其他刺激物的背景上出现，也可能引起注意。例如，在喧嚣的工地，甚至很大的声音也不会引起人的注意，而在寂静的环境里，即使很小的声音，也会引起人的注意。

（2）刺激物之间的对比关系

客观刺激物之间的任何一种显著的差别——形状、大小、颜色，或持续时间等方面的差别，都会引起无意注意。如“鹤立鸡群”“万绿丛中一点红”。在一些小物体中间，很容易把一个大物体区分出来；在一片黑白背景中，很容易把一个彩色的物体区分出来；在夜里街上的霓虹灯会特别引人注意。

（3）刺激物的新异性

当周围环境发生某种变化，在环境中出现了某种新异刺激物的时候，人很容易以各种方式去探寻这种刺激物。一般而言，越是新奇独特的刺激物，越容易引起人的无意注意；越是刻板的、多次重复的、千篇一律的刺激物越不容易引起人的无意注意。

刺激物的新异性是因人而异的。所谓新异事物是对于一个人的经验从未有过或曾经历但还不熟悉的刺激物。我们可以把刺激物的新异性分为两种：绝对新异性（该刺激物在经验中从未有过）和相对新异性（该刺激物在我们经验中有些熟悉但又感到新奇）。一般而言，绝对新异的刺激物往往更能引起人的无意注意，但如果人对其毫不理解，往往难以维持长久的注意。而对于相对新异的刺激物，由于人对其有一些了解，为求进一步的认知，往往更能使人维持长久的注意。

（4）刺激物的运动和变化

在相对静止的背景下，事物的运动和变化很容易引起人的无意注意。例如，熟悉的人或事物的外貌突然有了显著的变化，光线、声音的加强或减弱，以及物体的运动等，都会发生这样的作用。

2. 人的主观状态

无意注意主要是由事物的特点引起，但也跟人当时的主观状态有密切的关系。同样的一个刺激物可能引起这个人的无意注意，而不会引起另一个人的无意注意。引起无意注意产生的主观状态主要有以下几个方面：

（1）需要和兴趣

一切事物，如果它们跟满足需要（不论是机体的、物质的需要或者是精神、文化的需要）有关，如果它们跟人的兴趣相符合，如果人对它们抱有积极的、特别是富有感情的态度，那么，它们就很容易成为无意注意的对象。

兴趣是无意注意的重要源泉。有兴趣的事情吸引着一个人的注意。越是与人的生活活动、当前的任务、所从事的工作密切联系着的刺激物，越容易使人感兴趣，也就越能引起人的无意注意。例如，一个饥饿的人，对餐馆、食物就很容易引起无意注意，而一个饱食的人可能对同样的事物并不会关注；一个足球迷，对著名球赛、足球新闻很容易引起无意注意，而一个对足球不感兴趣的人则可能视而不见，充耳不闻。

（2）情绪和知识经验

人的情绪状态对无意注意也起着很大的作用，它在很大程度上决定着什么事物容易引起注意。当人处于愉悦心境中时，更容易对周围事物引起无意注意，注意也更容易持久。

过去经验也影响着无意注意的指向，例如，人们在看报时所选择的内容的区别，往往与人们过去经验不同有很大关系。

（二）有意注意

有意注意，也叫随意注意，是指有预定目的、需要一定意志努力的注意。有意注意有两个明显的特征，即目的性和意志成分的参与较多。当人在记忆英文单词的时候，由于认识到单词记忆对英语学习的重要性，人就会自觉、主动地将心理过程指向这些英文单词，并积极地在经验中去搜寻相关知识对新单词进行组织。当学习过程中遇到困难或出现干扰

时，由于学习的目的性，人常常会需要作出意志努力，克服困难，使注意始终保持在学习目标上。

有意注意是注意中的一种积极、主动的形式，也是人所独有的、高级的、需要作出意志努力的注意形式。在人的心理成熟过程中，出现相对较晚，要保持有意注意需要依赖于一定的条件：

1．对活动目的任务的了解

由于有意注意是一种有预定目的的注意，所以活动主体明确活动的目的和任务就显得尤为重要。对活动任务的意义理解得越清楚、越深刻，完成任务实现目的的愿望就会更强烈，有意注意也越容易维持。

2．把智力活动与实际操作结合起来

在智力活动中进行实际操作，是维持有意注意的重要手段。实际操作包括具体的肢体动作，也包括记笔记、写提纲、做摘要和实际运算等行为。实际操作体现着智力活动的进行，维持着智力活动的方向，使注意保持在解决问题的过程中。

3．培养间接兴趣

兴趣是引起和保持有意注意的重要条件，是人的认识需要的心理表现，它使人对某些事物优先予以注意，并带有积极的情绪色彩。根据兴趣的起因不同，可以把兴趣分为直接兴趣和间接兴趣。而在保持有意注意中，最初起作用的更多是间接兴趣，即不是对活动本身感兴趣，而是对活动的意义感兴趣。随着活动的进行和主体对活动的了解的深入，间接兴趣有可能转化成直接兴趣。例如，考试对于应试者来说可能没有兴趣，但对于考试结果应试者非常感兴趣，从而在考试的过程中，应试者始终能较好地保持其有意注意。

4．用坚强的意志排除干扰

人在进行活动时，容易受到来自外界其他因素以及主体自身的某些主观状态的干扰，使有意注意不能很好地维持，甚至出现注意的分散等现象。为了更好地保持有意注意，应设法采取相应措施排除与当前活动任务无关的干扰因素，最重要的是发挥意志的力量，把注意保持在要完成的任务上。

（三）有意后注意

无意注意和有意注意是两种最基本的注意形式。虽然两者存在区别，发生的原因也不同，但在人从事活动的时候，往往不能把两者截然分开。如果只凭无意注意来进行活动，那么活动就会显得缺乏计划和目的，很难顺利地完成任务，而且无意注意也极易分散。但如只凭有意注意来进行活动，虽然是围绕预定目的进行活动，但由于有意注意需要人更多的意志成分的参与，因而很容易使人疲劳，而不利于注意的维持及活动的完成。所以，在一项活动中，往往需要两者的参与。

同时，有意注意和无意注意在一定条件下可以相互转化。如有时刚刚从事一项不感兴趣的工作时，往往需要一定的努力才能将自己的注意力保持在这项工作上，经过一段时间后，当他对这项工作发生兴趣或熟练后，不需要意志努力就可以保持注意了，这个现象也称为有意后注意。

有意后注意是有预定目的，但不需要付出意志努力的一种注意形式。它同时具有无意注意和有意注意的某些特征。它和自觉的目的、任务联系在一起，这方面它类似于有意注意；但它不需要意志的努力，在这方面它又类似于无意注意。

有意后注意既服从当前的任务要求，又可以节省意志的努力，因此有利于完成长期的、持续性的任务。多增加对任务的了解，试着让自己真心喜爱上这些活动，从中发掘出成就感，这样才能保持我们对任务的长期而稳定的注意。

第四节　注意的品质

注意的品质包括注意的广度、注意的稳定性、注意的分配和注意的转移四种。

一、注意的广度

（一）什么是注意的广度

注意的广度也叫作注意的范围，是指人在同一时间内所能清楚觉察到的对象的数量多少的特性。数量越大，广度越大。注意广度通常是指视觉注意的广度。在人们的生活实践中，注意广度的扩大有着重要的价值，它有利于人们扩展感知范围和提高反应速度。

（二）影响注意广度的因素

1. 知觉对象的特点

注意广度的大小是随着被知觉对象的特点而改变的。例如，对同样颜色的字母所能注意的范围，一般比对颜色不同的字母的注意范围要大一些；对排列成一行的字母，比对分散在各个角落上的字母的注意数目要多一些；对大小相同的字母所能感知的数量，要比对大小不同的字母感知的数量大得多。由此可知，被注意的对象越集中，排列得越有规律，越能成为相互联系的整体，注意的范围就越大。

2. 知觉者的活动任务与目的

知觉对象相同，人的活动任务不同，这时注意的范围大小也会发生变化。例如，呈现一定数量的掺杂大小写的字母，要求受试者指出字母的大小写，这时，他能知觉到的字母的数量，比单纯要求他说出有些什么字母时的数量少得多。在这种情况下，注意范围的缩小是因为指出大小写的任务比辨认字母的任务更难。同时，在活动中，主体的目的任务越明确，注意的范围就会越大。反之，注意的范围就会越小。

3. 知觉者的知识经验

知觉主体所特有的知识经验使注意的范围会发生变化。知觉对象与主体经验越相关，知觉主体的注意范围就会越大。同时，知识经验越丰富，越善于把知觉对象组成一个整体来感知，注意的范围就会越大。如根据个人的知识经验去感知一些有意义的字或词句，要比知觉一些彼此不相联系的孤立的字母或单字的范围大得多。

二、注意的稳定性

（一）什么是注意的稳定性

注意的稳定性是指注意保持在某一对象或某一活动上的时间的长短特性。人的注意保持在某种事物或某种活动上的时间越长，注意的稳定性越高。注意的稳定性不仅是指能长时间地把注意指向某一事物的能力，还表现为对疲劳和精神涣散的抵抗力。注意的稳定性并不意味着注意总是指向一个对象，而是说行动所接触的对象和行动本身可以变化，但是活动的总方向始终不变。例如，学生在学习英语单词的过程中，需要对英语单词进行拼读、拼写，还可能要进行造句，和其他练习，虽然注意会指向不同的对象，但始终是保持在学习英语单词的这一项活动上。从广义的角度，他的注意是保持稳定的。

同注意稳定相反的状态是注意的分散，也叫分心。注意的分散是指注意不自觉地离开当前应该完成的任务而被无关刺激所吸引的现象。注意的分散与无关刺激的干扰、单调刺激长时间作用或主体自身的状态有关。

（二）影响注意稳定性的因素

1. 注意对象的特征

如果注意的对象内容丰富、特征复杂、富有变化、不断活动，注意就容易保持稳定。如果注意的对象是单调的、简单的、静止的，注意就难以稳定。注意对象的刺激强度和持续时间对注意的稳定性也有显著影响。

2. 主体的身心状态

活动者的积极态度和对注意事物的兴趣，是保持个体注意稳定的有利条件。因为兴趣常会使人废寝忘食，刻苦钻研，从枯燥无味的、单调的活动中得到无穷的乐趣。另外，良好的身体状态，对保持注意的稳定性也很重要。当身体健康、精力充沛、心情愉快时，人的注意容易保持稳定。相反，当人在失眠、生病、疲劳或情绪低落时，注意的稳定性就不容易保持。

3. 活动的目的任务

如果人能深刻理解所从事活动的意义，对活动有浓厚的兴趣，抱着积极的态度，进行积极的思维活动，就容易保持注意稳定。注意的稳定性对我们的工作和学习具有重要意义。驾驶员工作、外科手术、科学研究等都要求有高度的、稳定的注意。注意不稳定，这些工作无法进行，在工作过程中甚至短时间的注意分散，也会严重影响工作质量乃至造成重大事故。注意的稳定性对学生的学习起着重要的作用。有研究表明，学生的注意稳定性与学业成绩有明显的关系。在学习过程中必须培养学生注意的稳定性，以提高学生学习的效率。教师应使教学内容丰富、新颖、难易适度，教学方法恰当、充满变化，从而帮助学生注意稳定。同时，也应当使学生明确学习的重要性。在无法避免和消除无关刺激的干扰下，应保持平和的心态，因为对噪音的干扰所产生的烦恼与愤怒的情绪比噪音本身更能分散我们的注意。

三、注意的分配

（一）什么是注意的分配

注意的分配是指在同一时间内把注意指向两种或两种以上的对象或活动。学生在听报告时一边听讲，一边记笔记；表演的时候，一边跳舞，一边唱歌等，都是注意的分配现象。在进行复杂活动的时候常常需要进行注意的分配。

（二）影响注意分配的条件

1. 主体对进行的几项活动的熟悉程度

人们在同时进行几项活动时，往往需要进行注意的分配，但并不是在任何情况下都可以实现分配。当活动主体对同时进行的几项活动都较为熟悉，甚至有些已经达到自动化的程度时，注意的分配就较为容易实现；反之，如果主体对活动都比较陌生，则难于进行注意分配。例如，在学习新技能的时候，注意分配往往较难。但有时在进行几项活动时，其中有一项较为陌生，但其他几项都很熟悉的情况下，也可以实现注意的分配。

2. 同时进行的几项活动的性质及其关系

一般说来，在几种动作技能上实现注意的分配较为容易，如边唱歌边跳舞；而在几种智力活动上分配注意则较为困难，如边演讲边进行复杂的心算。为了能够很好地分配注意，必须在同时进行的几种活动之间建立一定的联系。这需要通过练习把复杂的活动形成一定的联系系统，使其达到“自动化”的程度，在需要的时候就很容易把整个活动系统实现出来。例如，汽车司机驾驶汽车的复杂动作，通过训练以后，能够形成一定的动作系统，他差不多不需要特别的努力，就可以很好地完成驾驶动作，并且他的注意还可以分配在其他与驾驶有关的事情上。

四、注意的转移

（一）什么是注意的转移

注意的转移是指人有意地把注意从一个对象转移到另一个对象上，或从一种活动转移到另一种活动上。例如，在活动中，从一个任务转向进行新的任务，往往就会需要进行注意的转移。

（二）影响注意转移的因素

1. 原有注意的强度

注意转移的快慢与难易往往与原有注意的紧张度有密切的相关。原有注意的强度越大，紧张度越高，就越难进行注意的转移；反之，则较为容易。

2. 新的注意对象的特点

新的注意对象在特征上与注意主体的兴趣和需要越符合，越容易实现注意的转移；反之，则较为困难。

3．注意主体的神经过程的特点

主体的神经活动的灵活性往往会直接影响注意转移的难易。神经过程灵活性较强的人，注意的转移也容易发生；神经过程缺乏灵活性的人，注意转移则较为困难。

第五节　小学儿童的注意特点及注意规律在教学中的应用

一、小学儿童的注意特点

经过婴儿期和幼儿期的发展，小学儿童的注意已达相当水平。在小学教育的影响下，其发展主要表现在以下两大方面。

（一）小学儿童注意有意性的发展

1．有意注意在认识中的地位、作用逐渐提高

在个体发展中，无意注意的发生先于有意注意。小学低年级儿童的无意注意已相当成熟，一切能引起成人无意注意的对象也能引起小学低年级儿童的无意注意，因此他们的认识活动常依赖于无意注意。例如，在教学中，初入学儿童的注意状态取决于教学内容的直观性和形象性，刺激物只要是生动的、新异的，就能引起他们的注意。同时，运用无意注意的效果也要比运用有意注意的效果好。

到了小学中、高年级，儿童的有意注意迅速发展，在日常活动中更多地依靠有意注意，而且有意注意的效果明显高于无意注意。例如，对某事物估计的正确率，无意注意时只有22%，有意注意时则达56%。在小学高年级学生的认知活动中，有意注意的作用超过了无意注意，占据主导地位。

2．注意的有意性由被动到主动

小学低年级儿童的有意注意缺乏自觉性，表现为自己不会主动确立目的，需要教师或其他成人给定目的；在注意进程中不会组织自己的注意，需要他人不断提醒和关照。一旦没有外在的帮助，儿童常常会不清楚或忘掉由他人给定的目的，使注意终止或分散。随着儿童心理活动目的性、有意性、自控性的逐渐增强，小学高年级儿童逐渐能自行确立目的，并根据一定的目的独立地组织自己的注意。

（二）小学儿童注意品质的发展

在良好的教育影响下，小学儿童的注意品质在有意注意的过程中不断发展，并表现出不同的特点。

1. 小学儿童注意广度的发展

小学儿童的注意广度较小，但随着年龄的增长、知识经验的丰富而扩大。研究表明，用速示器在1/10秒时间内呈现圆点图，二年级儿童能清楚地知觉的圆点数一般少于4个，五年级儿童为4～5个，成人能达到8个或9个。如果呈现的是有意义的语句，则小学儿童的注意更低于成人。

此外，小学儿童的注意广度存在着性别差异，无论低年级或高年级，女生的注意广度均高于男生。

2. 小学儿童注意稳定性的发展

小学儿童注意的稳定性随年级的升高而逐步发展。研究表明，小学一年级学生和三年级学生的注意稳定性有显著差异。在一般情况下，小学低年级学生可以连续集中注意 20分钟左右，中年级学生可达25分钟左右，高年级学生可保持30分钟左右。另外，注意稳定性在小学儿童中也有性别差异，女生的注意稳定性高于男生。

3. 小学儿童注意分配的发展

小学儿童的注意分配能力较幼儿有了明显的发展，尤其是小学二年级儿童发展迅速。一般初入小学儿童写字时往往注意写字的笔画而忽略了字的结构，注意了写字就不能保持正确的握笔方法和坐姿。到了二年级就有了很大进步，以后发展就比较缓慢了，小学二年级和五年级学生的注意分配能力基本处于同一水平。要使小学儿童在日常生活和学习活动中把注意分配到较多的方面并顺利完成复杂的工作，需要让他们进行适当的练习。

4. 小学儿童注意转移的发展

小学儿童正值有意注意迅速发展的阶段，注意的转移能力表现出迅速发展的趋势。小学五年级儿童的注意转移速度较小学二年级儿童有明显增长，尤其是男生发展更快。因此，小学低年级教师针对学生还不善于主动转移注意这一特点，在上课之初，要重视组织教学的作用，把学生的注意引导到本课程的学习上来，并使学生养成迅速转移注意的习惯。

二、注意规律在教学中的应用

（一）无意注意规律在教学中的运用

无意注意是一种较为轻松的注意形式，如果在教学中能很好地利用无意注意，将使教学收到意想不到的效果。但是，由于有诸多因素可能引起人的无意注意，如果被与教学无关的干扰因素所吸引，则会对教学活动产生阻碍。引起无意注意的因素主要来自刺激的特点以及人自身的状态。针对这些因素，扬长避短，在教学中充分地利用它。

1. 凡需要学生注意的对象和活动，尽量赋予它们无意注意的特性

教学内容的选择和处理上应丰富，具有一定新异性；在教学目标上应适当在学生原有水平上有所提高；在教学手段的选择上应符合学生身心发展的特点，同时形式上要富于变化，从而不断引起和保持学生的无意注意。

2. 尽量减少与教学无关的对象或活动的刺激干扰

校舍的选择应远离喧嚣的场所，适当进行绿化，各项设施布局合理；教室布置应光线充足、空气清新，活动中心应处在所有学生注意的最佳位置；教师形象大方，举止得体。

（二）有意注意规律在教学中的运用

引起和维持人的有意注意需要一定的条件， 所以， 在教学中应采取积极措施引起和保持学生的有意注意。

1. 提高活动的目的性

在教学中，使学生设立一个明确且适当的学习目标对于学生有意注意的维持是非常必要的。当在教学中所确立的目标清楚、具体且难度适宜时，这样才能使学生的有意注意得到保持。

2. 激发学生的学习动机

要让小学儿童体验到自身学习的成功，以此来激发他们的学习动机。这是使他们把注意力集中在学习上的最有效的手段。教学中，教师可以通过巧妙的设疑和恰当的实例把学习内容和生活实际联系起来，与学生强烈的求知欲联系起来，激发学生学习的内在动机。同时，教师还可以通过各种方式使学生体验到成功的喜悦。肯定的评价、赞许的目光和恰当的鼓励都能让学生从成功的体验中激发学习的间接兴趣，从而产生强烈的学习动机，加强自己的有意注意。

3. 形成良好的注意习惯

良好的注意习惯表现在注意的稳定性和注意的转移两个方面，即根据学习任务长时间地保持注意而不分心，学习任务变化时又可以迅速转移注意。这既可以在教学中培养，又可以专门训练。例如，教师可以选择一些有一定难度、需要集中注意才能完成的任务让学生做，也可以将不同的问题随机呈现，训练学生注意稳定性和注意转移的能力。当然，注意习惯的培养要与意志品质的培养结合起来，随时随地与来自内外主客观各种因素的干扰做斗争，这样才能顺利完成学习任务。

（三）无意注意与有意注意转换的规律在教学中的适用

无意注意和有意注意两者具有的特点，决定了在一项复杂活动中，过分强调其中任何一方都不利于活动的完成。在教学活动中，只强调无意注意，则会使教学活动容易无序，缺乏计划性与目的性，学生的注意也容易被无关干扰因素所吸引，从而不利于教学活动的进行。若只强调有意注意的作用，则易使学生陷入疲劳，同样不利于教学活动的顺利实施。所以，在教学中，常常需要将两者交替进行。例如，在活动之初，通过组织活动，引起学生的有意注意，使师生顺利完成角色定位；在教学活动中，合理组织各个教学要素，尽可能较多引起学生无意注意；在处理重点难点时，则有必要提醒学生，引起学生的有意注意。这样两种注意交替进行，张弛有度，使学生的注意始终能保持在教学活动上，使活动达到最好的效果。

本章小结

意识指个人运用感觉、知觉、思维、记忆等心理活动对自己内在的身心状态和环境中外在的人、事、物变化的觉知。意识具有可觉察性、能动性和社会制约性等特征。一般来说，可以把意识水平分为无意识水平、潜意识水平及意识水平。意识状态是指人在不同时间、不同条件下意识所呈现的特征。意识状态可以分为正常的意识状态与异常的意识状态两大类。其中，正常的意识状态分为主动的意识状态、自动化的意识状态、被动的意识状态及睡眠状态与梦。

自我意识是指自己对所有属于自己身心状况的意识，由自我认识、自我体验和自我监控三种心理成分构成的。自我意识的首要成分或基础是自我认识。

小学生自我意识的发展水平也是由低到高的。小学生自我评价发展的特点是：从顺从别人的评价发展到有一定独立见解的评价；从比较笼统的评价发展到对自己个别方面或多方面行为优缺点的评价；自我评价的稳定性逐渐加强；小学生已具备一定的道德评价能力。小学儿童自我意识的培养包括正确的自我认识、客观的自我评价和积极的自我调控。

注意是心理活动对一定对象的指向和集中。指向性和集中性是注意的两个基本特点。注意有选择、保持、调节和监督的功能。注意的外部表现有适应性的动作、无关动作的停止和呼吸运动的变化。

根据注意有无目的以及是否需要意志努力，可以将注意分成无意注意、有意注意和有意后注意三种。注意的品质主要体现为广度、稳定性、分配、转移。

小学儿童注意有意性的发展表现在有意注意在认识中的地位、作用逐渐提高以及注意的有意性由被动到主动。

正确利用无意注意的规律组织教学，要做到：凡需要学生注意的对象和活动，尽量赋予它们无意注意的特性和尽量减少与教学无关的对象或活动的刺激干扰；有意注意规律在教学中的运用，要做到：提高活动的目的性、激发学生的学习动机和形成良好的注意习惯。运用无意注意与有意注意转换的规律，让学生在有目的的学习活动中，快乐地学习。

拓展阅读

1．朱宁．小学生注意缺陷多动障碍案例及启示［J］．辽宁教育，2017（10）．

2．栗毅．如何提高小学生在课堂上的注意力［J］．新课程，2016（4）．

3．马秋平．小学四年级学生课堂注意力的现状调查研究［D］，南京：南京师范大学，2016．

4．朱晓艳．叙事取向的小学生自我意识辅导——以“我爱我自己”教学为例［J］．江苏教育，2017（16）．

5．苗丽羽．家庭教育在小学生自我意识发展中的作用探究［J］．教育现代化，2017（29）．

练习与思考

一、单项选择题

1. 学生在听老师讲课时，听着听着就走神了，只知道老师在讲课，但是不知道老师在讲什么，这种意识状态属于（　　）。

A. 主动的意识状态　　B. 自动化的意识状态

C. 被动的意识状态　　D. 睡眠状态

2. 个体自动地压抑或抑制一些痛苦的记忆以及性和攻击的冲动，并将它们拒绝于意识之外，弗洛伊德认为这被压抑到（　　）中。

A. 无意识　　B. 前意识

C. 边缘意识　　D. 焦点意识

3. 注意有两个明显的特点：指向性与（　　）。

A. 选择性　　B. 集中性

C. 兴奋性　　D. 无意性

4. 学生在课堂上能根据老师的要求思考问题，并能够克服干扰完成老师布置的任务，这种注意状态属于（　　）。

A. 有意注意　　B. 无意注意

C. 有意后注意　　D. 不随意注意

5. 有预定目的，但又不需要意志努力的注意是（　　）。

A. 有意注意　　B. 无意注意

C. 有意后注意　　D. 不随意注意

6. 自我感觉、自我观察、自我观念、自我分析和自我评价都属于（　　）。

A. 自我认识　　B. 自我体验

C. 自我调控　　D. 自我感觉

7. 个体由于自身人际关系紧张而产生焦虑不安的体验，这属于（　　）。

A. 自我认知　　B. 自我体验

C. 自我监控　　D. 自我觉知

8. 科学家研究发现，被动物抚养长大的人类诸如狼孩、熊孩等没有自我意识，其根本原因在于（　　）。

A. 他们存在生理缺陷

B. 他们没有参与社会生活、与他人相互作用

C. 他们并没有出现物—我感觉分化

D. 他们的生理发展不成熟

9. “老师说我是好孩子”，这说明幼儿对自己的评价具有（　　）。

A. 独立性　　B. 个别性　　C. 全面性　　D. 依从性

10．哪项是儿童自我意识萌芽的最重要的标志（　　）。

A．自我描述的语言逐渐增多　　B．两岁以后掌握代名词“我”

C．会描述内部的心理特征　　D．觉得自己是有能力的人

11．“一目十行”“眼观六路，耳听八方”指的是注意的（　　）。

A．广度　　B．稳定性

C．选择　　D．分配

12．3～6岁儿童注意发展的特征是（　　）。

A．无意注意占优势　　B．有意注意占优势

C．注意的发展不受语言支配　　D．有意注意和无意注意均衡发展

13．儿童不受窗外其他孩子玩耍的笑声吸引，努力控制自己，专心做功课，这是（　　）。

A．有意注意　　B．无意注意

C．有意注意和无意注意两者均有　　D．选择性注意

14．儿童从事一项活动能够善始善终，说明他的注意具有很好的（　　）。

A．广度　　B．稳定性

C．分配能力　　D．范围

15．儿童在绘画时常常顾此失彼，说明儿童注意的（　　）较差。

A．广度　　B．稳定性　　C．分配能力　　D．范围

二、填空题

1．有意识的人在对客观世界的反映过程中总是积极、主动、有目的、有选择的，这就是意识的________。

2．________是自我意识的主要成分，它的发展水平是自我意识发展水平的主要标志。

3．乐国安提出中小学生自我意识发展中的“五自”目标：自知、______、______、自主及自信。

4．入学以后，________对儿童自我评价的形成起着主导作用。

5．注意的两个基本特征是______和_______。

6．注意的集中性指心理活动或意识在一定方向上活动的______或______。

7．人在高度集中自己的注意时，注意______就缩小。

8．无论在什么情况下，注意都不能离开______而单独起作用。

9．人处于注意状态时，行为上的变化主要包括______、______和______。

10．引起无意注意的刺激物的特点主要表现在四个方面，即刺激物的______、______、______和______。

11．意识的内容包括对______、______及______的觉知。

12．一般来说，意识水平可以分为______、______以及______。

13．弗洛伊德认为人们的大部分心理活动是在______里进行的。

14．人在整夜睡眠过程中会周期性地出现脑波显著变化的____个阶段。前四个阶段被称为______，第五阶段会出现脑的电活动增加，这个阶段会经历______，这时人就会______。

15. 根据注意产生和保持时有无预定目的和意志努力程度的不同，可以把注意分为______、______和______三种。

16. ______是人和动物都具有的注意的初级形式。

三、判断题

1. 注意是一种心理活动，是无法通过肉眼观察的。（ ）
2. 意识的内容应该是主体能清楚觉察到的。（ ）
3. 意识是人所独有的一种心理现象。（ ）
4. 无意注意就是基本上没有注意。（ ）
5. 有意后注意是由有意注意向无意注意转化而产生的。（ ）
6. 注意的分散和注意的分配其实并没有太大的区别。（ ）
7. 注意的稳定性是指注意始终指向和集中于某一个对象。（ ）
8. 与注意稳定性相反的品质是注意的转移。（ ）
9. 相对新异的刺激比绝对新异的刺激在引起无意注意的过程中具有更普遍、更重要的意义。（ ）
10. 睡眠和做梦是同步的。（ ）
11. 无意注意不如有意注意好。（ ）
12. 人在清醒时所有的活动都必须有注意的参与。（ ）
13. 注意的转移即注意的分散。（ ）
14. 老师在班上用眼一扫，便知道哪些学生在，哪些学生不在。这说明这位老师注意分配的能力较强。（ ）
15. 教学活动中，若只强调无意注意的作用，则易使学生陷入疲劳，不利于教学活动的顺利实施。（ ）

四、简答题

1. 什么是意识？意识可以分为几种水平？
2. 简述人类意识的基本特点。
3. 简述引起无意注意的原因。
4. 如何利用无意注意的规律组织教学？
5. 有意注意规律在教学中如何运用？

五、案例分析题

1. 小李被通知听一个报告会。一看课题，很失望，但他是一个很懂得尊重别人的人，所以，便集中精力认真听。听着听着，竟越来越感兴趣，甚至入迷了。试运用注意的有关知识，分析小李的心理变化过程。

2. 音乐教师王爱琴发现上小学的儿子王乐群一边听音乐，一边看书。当即批评儿子说：“一心不能二用，你这样做，啥事都干不好！”王乐群不服气地说：“你也不是一边弹琴，一边唱歌吗，怎么就不能一心二用呢？”究竟能不能一心二用。

思考：请结合此例谈谈你的看法。

3．今天是李老师第一次上公开课，她穿着漂亮的新衣服提前来到教室，用彩色粉笔把黑板边缘装饰得格外醒目。开始上课了，王老师显得镇定自若，先宣布了上次考试的成绩，接着开始讲课。她语言平静、流畅，由于准备的内容十分充分，她便加快了速度，对讲课内容也不重复。正当王老师专心致志地讲课时，偶尔发现有个别学生开小差，她立即点名批评，制止了这种不良行为，然后继续上课。就这样，一节课很快就过去了，王老师从容地走出了教室。

思考：请问李老师的公开课是否成功？为什么？

第四章

感觉与知觉

学习目标

- 了解感觉的概念和主要的几种感觉，掌握感觉的主要规律。
- 理解知觉的概念及其特性。
- 理解感觉和知觉之间的联系与区别。
- 掌握小学儿童观察力的培养。

本章导读

你可能经常会思考：一个人如果长期在封闭环境中生活，会出现感觉迟钝、思维混乱、情感淡漠等异常反应，为什么感觉对我们如此重要？为什么吃了苦药之后接着喝口白开水也觉得有点甜？为什么一个人站在距离我们3米、5米、15米的地方，我们还是知道他是同一个人？为什么我们不容易回答“日初出大如车盖，及日中则如盘盂”的问题？要回答这些问题，让我们一起进入本章感觉和知觉的学习。

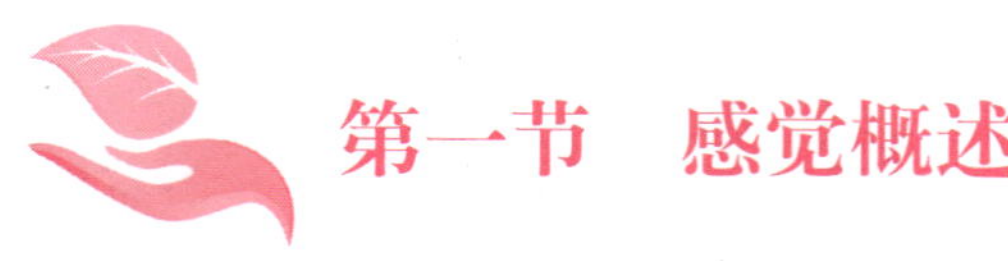

第一节　感觉概述

一、感觉的概念及其分类

（一）感觉的概念

感觉是人脑对直接作用于感觉器官的客观事物的个别属性的反映。客观事物具有一定的属性，如颜色、声音、味道、软硬等，当事物的这些个别属性作用于人的感觉器官，大脑就产生对它的反映，这个过程就是感觉。感觉是脑反映现实的最简单的心理过程。

感觉反映具有以下特点：第一，感觉反映的是当前直接接触到的客观事物，而不是过去的或间接的事物。第二，感觉反映的是客观事物的个别属性，而不是事物的整体。通过感觉，人们只知道事物的声、形、色等个别属性，还不能把这些属性整合起来整体地反映客观事物。

感觉是一种最简单的心理现象，但是它在人的心理活动中却起着十分重要的作用。只有通过感觉，我们才能分辨事物的个别属性，了解自身的运动、姿势以及内部器官的工作情况。感觉是我们认识客观世界的第一步，是我们关于世界一切知识的最初源泉。一切较高级、较复杂的心理现象，如知觉、思维、情绪、意志等，都是在感觉的基础上产生的。同时，感觉也是人们从周围环境中获得必要信息、维护机体与环境信息平衡的通道，是保证机体正常生活的需要。信息超载或不足都会破坏信息的平衡，给机体带来严重的不良影响。

感觉剥夺实验

（二）感觉的分类

根据刺激的来源不同，我们可以把感觉分为外部感觉和内部感觉。外部感觉是由机体以外的客观刺激引起、反映外界事物个别属性的感觉，包括视觉、听觉、嗅觉、味觉和肤觉。内部感觉是由机体内部的客观刺激引起、反映机体自身状态的感觉，包括运动觉、平衡觉和机体觉。

1. 视觉

视觉的适宜刺激是波长为 380～780 纳米的电磁波，即可见光。接受光波刺激的感受器是眼睛视网膜上的感光细胞。视网膜上的感光细胞有两种：视锥细胞和视杆细胞。视锥细胞大多集中于视网膜的中央窝及其附近，大约有六百万个，能分辨颜色和物体的细节。视杆细胞主要分布在视网膜的边缘，大约有 1.2 亿个，主要感受物体的明暗，但不能分辨颜色和物体的细节。当适宜的光刺激透过眼睛到达视网膜，引起视网膜中的感光细胞产生神经冲动，神经冲动沿视神经传导到大脑皮质的视觉中枢时，视觉就产生了。光波的基本特性表现在三个方面，即强度、波长、纯度。与物理属性相对应，人对光波的感知也有三

种特性：明度、色调与饱和度。

与光的强度对应的视觉现象是明度。明度指由光线强弱决定的视觉经验，是对光源和物体表面的明暗程度的感觉。如果我们看到的光线来源于光源，那么明度决定于光源的强度。如果我们看到的是来源于物体表面反射的光线，那么明度决定于照明的光源的强度和物体表面的反射系数。与光的波长对应的视觉现象是色调。色调指物体的不同色彩。不同波长的光作用于人眼引起不同的色调感觉，如 700 纳米的光波引起的色调感觉是红色，620 纳米的光波引起的色调感觉是橙色，470 纳米的光波引起的色调感觉是蓝色，如图 4-1 所示。饱和度反映的是光的成分的纯度。例如，浅绿色、墨绿色等是饱和度较小的颜色，而鲜绿色是饱和度较大的颜色。

色盲症

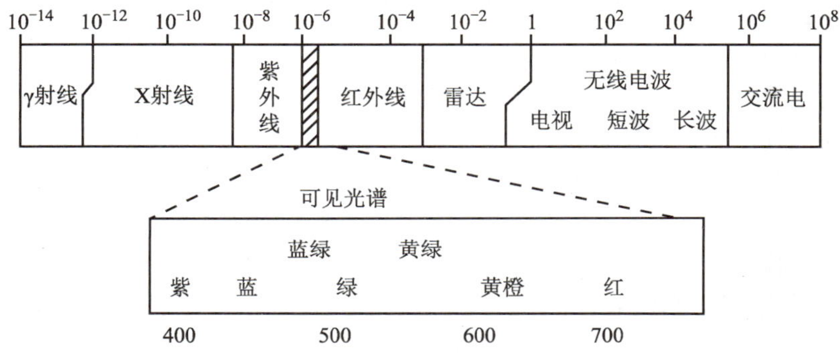

图 4-1　可见光谱的色调光波

2. 听觉

引起听觉的适宜刺激是频率（发声物体每秒钟振动的次数）为 16～20 000 Hz 的声波。低于 16 Hz 的振动是次声波，高于 20 000 Hz 的振动是超声波，都是人耳不能接受的。接受声波刺激的感受器是内耳的柯蒂氏器官内的毛细胞。当声音刺激经过耳朵传达到内耳的柯蒂氏器官内的毛细胞时，引起毛细胞兴奋，毛细胞的兴奋沿听神经传达到脑的听觉中枢，这就产生了听觉。

听觉器官对声波的反映表现为音高、响度和音色。

音高指听起来声音的高低。音高主要决定于声音的频率。一般地，声波振动频率越大，听起来音调越高；反之，音调越低。通常成年男性说话的音调要低于成年女性的音调。言语的音高一般在 85～1 100 Hz。音高还受声音的持续时间等因素的影响。声音刺激都至少要持续一定的时间（低频声音的持续的时间要比高频声音的持续时间要长），才能让人体验到音高。疾病、年龄等因素也会使人对音高的感觉产生影响。

响度指声音的强弱程度，主要由声波的振幅决定。振幅越大，声音的响度也就越大；振幅越小，响度越小。测量响度的单位是分贝。生活中，耳语声的响度是 20 分贝，普通谈话的响度是 60 分贝，繁忙的街道的响度是 80 分贝，响雷的响度是 120 分贝。长时间处于 85 分贝以上环境中的人会产生听力损失。

音色指声音的特色，由声波的波形决定。例如，即使胡琴和小提琴发出音高和响度相同的声音，听起来还是两种不同的声音，这种差别就是音色的差别。由于声音具有各种不同的特色，我们才可能辨别不同的发声体。

3．嗅觉

引起嗅觉的适宜刺激是有气味的挥发性物质，接受嗅觉刺激的感受器是鼻腔黏膜的嗅细胞。有气味的气体物质作用于嗅细胞，细胞产生兴奋，经嗅束传至嗅觉的皮层部位（位于颞叶区），因而产生嗅觉。

嗅觉的秘密

许多动物要借助嗅觉来寻找食物、躲避危险、寻求异性。人的嗅觉已退居较次要的地位。例如，德国牧羊犬的嗅觉比人类的嗅觉敏锐一百万倍。但即使这样，人的嗅觉仍为我们的生存提供重要的信息。例如，有毒的、腐烂的物质常伴有难闻的气味，这对于想食用它们的人来说是一种警告。人的嗅觉受多种因素的影响，如刺激物的作用时间、机体生理状态、空气的温度和湿度等。温度太高、太低，空气湿度太小，机体感冒等，都会降低嗅觉的敏感性。

研究表明，嗅觉刺激可以唤起人们的记忆和情绪。做词汇练习时闻着巧克力香味的学生，第二天回忆词汇时，再次提供巧克力香味比不提供回忆的词汇要多。芳香的气味可以使人心情好，增强自信，提高工作效率。

4．味觉

可溶性物质作用于味蕾产生的感觉叫作味觉。如果用干净的手帕将舌头擦干，然后将冰糖或盐块在舌头上摩擦，这时你感觉不到任何味道，甚至可以把奎宁撒在干舌头上，只要唾液不溶解它，就不会感觉到苦味。引起味觉的适宜刺激是可溶于水或液体的物质，接受味觉刺激的感受器是位于舌表面、咽后部和腭上的味蕾。

味蕾的再生能力很强，所以即使因吃热的食物烫伤了舌头，也不会对味觉产生太大影响。但是，随着年龄的增长，味蕾的数量会逐渐减少，因此人的味觉敏感性会逐渐降低。吸烟、喝酒会加速味蕾的减少，因而会加速味觉敏感性的降低。基本的味觉有酸、甜、苦、咸四种，其他味觉都是由这四种味觉混合而来。舌尖对甜味最敏感，舌中对咸味最敏感，舌的两侧对酸味最敏感，舌后对苦味最敏感。食物的温度对味觉敏感性有影响。一般来说，食物的温度在20℃～30℃时，味觉敏感性最高。机体状态也会影响味觉敏感性。饥饿的人对甜、咸较敏感，对酸、苦不太敏感。

5．肤觉

刺激作用于皮肤引起的各种各样的感觉叫作肤觉。

引起肤觉的适宜刺激是物体机械的、温度的作用或伤害性刺激，接受肤觉刺激均感受器位于皮肤、口腔黏膜、鼻黏膜和眼角膜上（如皮肤内的游离神经末梢、触觉小体、触盘、环层小体、棱形末梢等），呈点状分布。

肤觉的基本形态包括触压觉、温度觉、痛觉。其他各种肤觉是由这几种基本形态构成的复合体。

由非均匀的压力在皮肤上引起的感觉叫作触压觉。触压觉包括触觉和压觉。当机械刺激作用于皮肤表面而未引起皮肤变形时产生的感觉是触觉；当机械刺激使皮肤表面变形但未达到疼痛时产生的感觉是压觉。相同的机械刺激在皮肤的不同部位引起的触压觉的敏感性是不同的，额头、眼皮、舌尖、指尖较敏感，手臂、腿次之，胸腹部、躯干的敏感性较低。

温度觉指皮肤对冷、温刺激的感觉。温度觉包括冷觉和温觉两种。冷觉和温觉的划分以生理零度为界限。生理零度指皮肤的温度，随外部温度的变化而变化。温度刺激高于生理零度，引起温觉；温度刺激低于生理零度，引起冷觉；温度刺激与生理零度相同，则不能引起冷觉和温觉。人体不同部位的生理零度不同，面部为 33℃，舌下为 37℃，前额为 35℃。当温度刺激超过 45℃时，会使人产生热甚至烫的感觉。这种感觉是温觉和痛觉的复合。

痛觉是对伤害有机体的刺激所产生的感觉。引起痛觉的刺激很多，包括机械的、物理的、化学的、温度的以及电的刺激。痛觉对有机体具有保护作用。天生无痛觉的人常常寿命不长，因为他们体会不到因机体受伤或不适而产生的痛觉，因而不会主动去为医治自己的身体而努力。不仅仅是皮肤，全身各处的损伤或不适都会产生痛觉。因此，痛觉既可以是外部感觉，也可以是内部感觉。痛觉常伴有生理变化和情绪反应。皮肤痛定位准确；肌肉、关节痛定位不准确；内脏痛定位不准且具有弥散的特点。影响痛觉的因素很多，我们可以通过药物、电刺激、按摩、催眠、放松训练、分散注意力等方法减轻痛觉。我国学者研究表明，人体皮肤对痛觉的敏感性一年中经历两次周期性的变化，春、秋两季比夏、冬两季要迟钝，其原因尚不明了。

6．运动觉

反映身体各部分运动和位置的感觉叫运动觉。引起运动觉的适宜刺激是身体运动和姿势的变化，接受运动觉刺激的感受器位于肌肉、韧带、关节等的神经末梢。凭借运动觉，我们可以行走、劳动，还可以进行各种体育活动，完成各种复杂的运动技能；凭借运动觉与触觉、压觉等的结合，我们可以认识物体的软硬、弹性、远近、大小、滑涩等特性。

7．平衡觉

反映头部位置和身体平衡状态的感觉叫平衡觉。引起平衡觉的适宜刺激是身体运动时速度和方向的变化，以及旋转、震颤等，接受平衡觉刺激的感受器位于内耳的前庭器官。平衡觉的作用在于调节机体运动、维持身体的平衡。平衡觉与视觉、机体觉有联系，当前庭器官受到刺激时，视野中的物体仿佛在移动，我们会产生眩晕、恶心、呕吐等。

8．机体觉

机体内部器官受到刺激时产生的感觉叫机体觉。引起机体觉的适宜刺激是机体内部器官的活动和变化，接受机体觉刺激的感受器分布于人体各脏器的内壁。机体觉在调节内部器官的活动中具有重要作用，它能及时地反映机体内部环境的变化和内部器官的工作状态。当人体的内部器官处于健康、正常的工作状态时，一般不会产生机体觉。机体觉的表现形式有饥、渴、气闷、恶心、窒息、便意、性、胀、痛等。

二、感觉现象

1．感觉适应

感觉适应是由于刺激物对感觉器官的持续作用，从而使感受性提高或降低的现象。通常，强刺激可以引起感受性降低，弱刺激可以引起感受性提高。感觉适应在不同的感觉中，其表现和速度各不相同。视觉适应有暗适应和明适应两种。例如，人从亮处进入暗室，最

初漆黑一片，什么也看不到，过一会儿就能看到一些东西，这是暗适应，暗适应使得视觉感受性提高。暗室适应半小时后，人的视觉感受性可提高 20 万倍；反之，若在暗室里待久了，突然到强光照射的地方，最初很耀眼，看不清外界的东西，稍后才能逐步看清东西，这是明适应，明适应表明视觉感受性的降低。触压觉、温觉、嗅觉适应现象也很明显，如棉大衣久穿在身上而不觉其重、入芝兰之室久而不闻其香，都属于感觉适应现象。

适应现象具有很重要的生物学意义，使人能在变化万千的环境中，与环境保持平衡，做出精确的反应。

2. 感觉对比

感觉对比是指同一感受器接受不同刺激而使感受性发生变化的现象。感觉对比有同时对比和先后对比两类。同时对比是指几个刺激物同时作用于同一感受器时产生的感觉对比现象。如灰色纸片放在白色背景上显得暗些，放在黑色背景上则显得亮些，如图 4-2 所示。感觉对比的突出例子是马赫带现象。它是指人们在明暗交界处感到明处更亮而暗处更暗的现象，如图 4-3 所示。

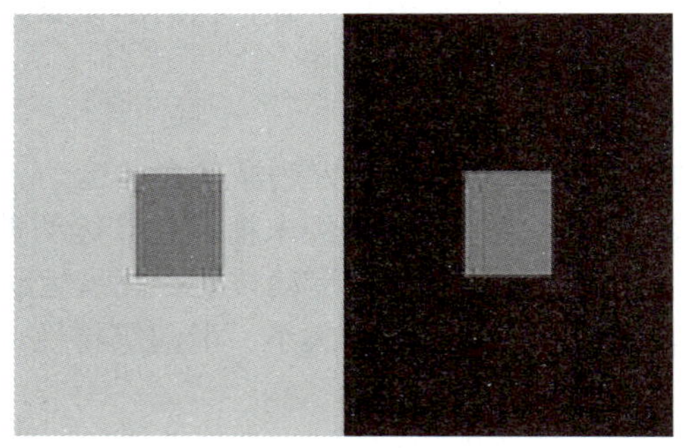

图 4-2　明暗同时对比

图 4-3　马赫带

刺激物先后作用于同一感受器时会产生先后对比现象。例如，吃糖后再吃橘子，会觉得橘子很酸；吃了苦药之后，喝杯白开水也觉得甘甜；手浸在冰水中一会儿，再用自来水洗手也会觉得温暖。

工业生产中的机器设备、工艺管道的色彩设计等，都要考虑到感觉的对比现象。教师在使用直观教具时，应充分考虑感觉的对比规律以提高教学效果。例如，浅色的教具可放在黑板前演示，深色的教具可放在白墙前演示。要使学生区分出地图上的不同部位，就可以着上红绿或黄蓝等对比色。

3. 感觉后像

对感受器的刺激作用停止后，感觉并不立即消失，还能保持一个极短的时间，这种暂时保留下来的感觉印象称为后像。我们看电影、电视就是依靠视觉后像的作用。后像在视觉中表现得特别明显，如夜晚将火把以一定速度做划圈动作，就出现一个火圈；电扇转动时，几个叶片看上去像一个圆盘，这些就是视觉后像作用的结果。

后像有正、负之分，正后像在性质上与原感觉的性质相同，负后像的性质则与原感觉的性质相反。例如，注视台灯一段时间后，关上灯，仍有一种灯亮着的感觉印象，这是正后像；如果目不转睛地盯着一盏白色荧光灯，然后把视线转向一堵白墙，会感到有一个黑

色的灯的形象，这是负后像。

后像的持续时间与原刺激作用的时间有关。刺激作用的时间越长，产生的后像持续越长，这是因为刺激的持续作用有时间上的积累效应。

4. 感觉联觉

当某种感官受到刺激时出现另一种感官的感觉和表象的现象称为联觉。彩色感觉最容易引起联觉，红、橙、黄等色引起人温暖的感觉，因而被称为暖色；蓝、青、绿等色往往引起寒冷、凉快的感觉，被称为冷色。

在建筑设计、环境布置上要考虑色觉的联觉作用。一些人听节奏鲜明的音乐的时候觉得灯光也和音乐节奏一样在闪动，这是听觉与视觉的联觉。视听联觉是人在声音的作用下产生某种视觉形象，如形容某人有“甜蜜的嗓音”“绚丽的乐曲”等。

在某些特别的案例中，个体还会因为声音刺激而有规律的产生颜色视觉。还有很多人在听到尖锐刺耳的金属或者玻璃刮擦声之后，会产生如蚁走感的皮肤觉。

5. 感觉补偿

某种感觉系统的机能丧失后会由其他感觉系统的机能来弥补的现象称感觉补偿。例如，盲人推动了视觉机能，能学会通过声音来辨别附近的建筑物、地形等，通过触摸觉来阅读盲文；聋哑人能“以目代耳”，学会“看话”甚至学会“讲话”等。需要说明的是，感觉补偿并不神秘，而是由于感觉器官的经常使用提高了该感觉的感受性而已。

第二节　知觉概述

一、知觉的概念及其分类

（一）知觉的概念

客观事物具有各种属性并由各个部分组成。当它们直接作用于人的感觉器官时，人对其各种属性或各组成部分的认识，一般不是把单个属性或某个部分孤立地加以反映，而是把各种属性或各个部分综合起来，对事物形成一个整体的认识。事实上，人首先通过感觉来反映作用于感觉器官的客观事物的个别属性和人所处的某种活动状态的信息。生活中，由于物体的个别属性并不是脱离具体事物而独立存在的，因此，人对事物的个别属性的反映是作为事物的一个方面而与整个事物同时被反映的。例如，一朵玫瑰花放在眼前，人们不仅看到花的颜色，还嗅到花香；不仅看到花瓣，还看到花蕊、花托。花的颜色、气味及各部分在人脑中产生的是关于这朵玫瑰花的整体形象，这就是知觉。

知觉是人脑对直接作用于感觉器官的客观事物整体的反映。知觉作为事物的综合、整体反映，不是指对事物各种感觉刺激的简单总和，而是一方面由于事物的各种属性与各组成部分在客观上就是相互联系着作用于感觉器官的，另一方面在很大程度上依赖于人的知识经验。人的实践使人认识到某些刺激是连带发生、连带运动变化或连带消失的，因而就把这些连带着的刺激组织起来，把无连带关系的刺激区别开来。

（二）知觉的分类

知觉分类的标准有多种。根据知觉中占主导地位的分析器活动，可以把它分为视知觉、听知觉、嗅知觉、视听知觉及触摸知觉等。根据知觉是否与客观事物符合，可以把它分为正确的知觉与错觉。根据知觉反映客观事物特性的不同，知觉可分为空间知觉、时间知觉和运动知觉。由于最后一种分类方法较为常用，故作重点阐述。

1. 空间知觉

空间知觉是个体对物体空间特性即形状、大小、距离、立体、方位等的知觉。它包括形状知觉、大小知觉、深度知觉和方位知觉等。

① 形状知觉。形状知觉是个体对物体各部分排列组合的反映，主要是靠视觉、触觉和动觉的协同活动而实现的。

② 深度知觉。深度知觉又称距离知觉或立体知觉，是个体对同一物体的凹凸或对不同物体的远近的反映。

③ 大小知觉。大小知觉是个体对物体的空间尺寸的反映。

④ 方位知觉。方位知觉是个体对自身或物体所处的位置和方向的反映。方位知觉有上下、左右、前后三维。

2. 时间知觉

时间知觉是个体对客观现象的延续性和顺序性的反映。时间知觉必须依赖一些媒介，即人总是通过某种衡量时间的媒介来反映时间的。

（1）时间知觉的依据

时间知觉的依据主要有：

① 自然界的周期性现象，如太阳的升落、昼夜的交替、四季的变化、月亮的盈亏等。

② 有机体各种节律性的活动，如心跳和脉搏，每分钟 60 次～70 次；从进食到饥饿，每个周期为 4 小时～6 小时；觉醒与睡眠，每个周期为 24 小时。

③ 计时工具，如日历、时钟、手表等。

（2）影响时间知觉的因素

时间知觉一般会受以下因素影响：

① 一定时间内事件发生的数量和性质。在一定时间内，若事件发生的数量越多，性质越复杂，人们倾向于把时间估计得较短；若事件发生的数量少、性质简单，人们反而倾向于把时间估计得较长。如逛街、等人。回忆往事时，情况相反：同样一段时间，经历越丰富，就会觉得时间长；经历越简单，就会觉得时间短。

② 兴趣、期待、情绪。人们对自己感兴趣的东西，会觉得时间过得快，出现对时间的低估计。在期待某种事物的时候，会觉得时间过得很慢。相反，对不愿出现的事物，会觉得时间过得快。如“欢乐嫌时短，寂寞恨更长”朋友见面聊天光阴似箭，尴尬时度日如年。

3. 运动知觉

运动知觉是个体对物体在空间位移的反映。它是通过视觉、动觉、平衡觉等多种感觉

器官的协同活动而实现的。运动知觉的产生依赖于许多主客观条件。运动知觉包括真动知觉和似动知觉。

（1）真动知觉

真动知觉是指物体按特定速度或加速度从一处向另一处作连续性位移而引起的知觉，即真动知觉是对物体本身真正的空间位移和移动速度的知觉。人的运动知觉直接依赖于物体运动的速度。物体运动速度太慢或太快都不能使人产生运动知觉。

（2）似动知觉

似动，是指在一定的时间和空间条件下，人们把客观上静止的物体看成是运动的，或者把客观上不连续的移动看成是连续运动的心理现象，即“似乎在动”。

似动知觉主要有下列几种形式：

① 动景运动（PHI 现象）：是实际上没有动的刺激物相继呈现时，在适当条件下却感知到它在运动的知觉现象。这是由于视觉后像的作用使我们把断续的刺激知觉为一个整体刺激。电影放映正是运用这一现象来使观众产生连续运动知觉。

② 自主运动，也称“游动效应”。我们把眼睛静止不动地盯着屏幕上的一个固定光点，不一会儿会发现刺激点似乎移动起来。这种固定光点的似动现象称为自主运动。

由于人总认为看客体时眼睛是固定不动的。但眼睛却是不随意地运动着，即使在注视时仍有微弱的颤动；眼动的信息的输入反而使人觉得亮点在运动。另一种观点认为，自主运动是视野中缺乏参照物之故，因为一旦视野里有某个参照物，自主运动即随之消失。这两方面的原因都可能起作用。

③ 诱导运动，由于一个物体的运动而使其相邻的一个静止物体产生运动的印象，人们倾向于把较大的客体当作静止背景，较小的客体在其中移动。因此较大物体的运动，会诱导出我们认为较小的不动物体在运动的知觉。夜晚一片云彩飘过月亮时，由于云彩看上去较大，易被当作背景，所以我们常是觉得月亮在云中穿行。

二、错觉

1. 错觉的概念

错觉是知觉的一种特殊形式，它是人在特定的条件下对客观事物必然会产生的扭曲的知觉，也就是把实际存在的事物被扭曲地感知为与实际事物完全不相符的事物。错觉可以发生在视觉方面，也可以发生在其他知觉方面。如当你掂量一公斤棉花和一公斤铁块时，你会感到铁块重，这是形重错觉；当你坐在正在开着的火车上，看车窗外的树木时，会以为树木在移动，这是运动错觉等。在众多的错觉中，以视错觉最为普遍，它常发生在对几何图形的认知上，图 4-4 列举了几种常见的几何图形错觉。其中，① 是垂直线和水平线错觉，两条线段的长度实际相等，但垂直线显得长一些；② 是等长线错觉，两条直线长度相等，因加上不同方向的箭头，看起来右边一根显得长；③ 是透视错觉，两条横线长度相等，因旁边两条斜线，使懂得透视原理的人造成远近知觉，离得远的那条显得长；④ 是平行线错觉，几条平行斜线由于附加在上面的线段横竖方向不同，看起来不平行了；⑤ 是对比错觉，中间两个圆的大小实际相等，因各被不同大小的圆所包围，看起来右边中间的圆比左边的大；⑥ 是圆环错觉，一个圆与几组不同方向的斜线相交，看起来不再是圆形了。

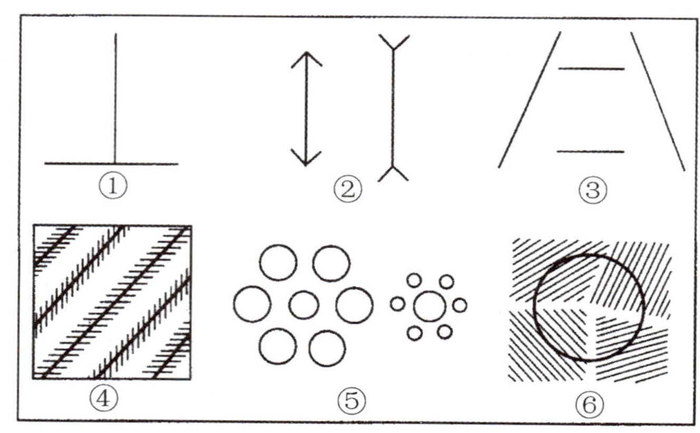

图 4-4　常见的几何图形错觉

2．错觉产生的原因

关于错觉产生的原因虽有多种解释，但迄今都不能完全令人满意。这是一个相当复杂的问题。

客观上，错觉的产生大多是在知觉对象所处的客观环境有了某种变化的情况下发生的，有的是对象结构处于某种背景之中（如大小恒常错觉），知觉的情景已经发生了变化，但人却以原先的知觉模式进行。

主观上，错觉的产生可能与过去经验、情绪等因素有关。人对当前事物的感知总是受着过去经验的影响。我们生活在地球上，习惯地把小的对象看成在大的静止背景中运动，如人、车辆在静止的大地上运动。情绪态度也会使人产生错觉。例如，时间错觉：焦急地期待、通宵地失眠、百无聊赖、无事可干等都会“一日三秋”之感。全神贯注于自己的事业或欢乐的活动，使人感到时间过得很快，有所谓“光阴似箭，岁月如梭”的错觉等。

错觉也可能是各种感觉相互作用的结果。例如，形重错觉的产生很可能是大脑接受视觉信息多于肌肉动觉的信息而引起，因为正常人从外界所接受的信息绝大多数来自视觉。在提同样重量的物体时，根据视觉提供的信息，人便准备用大力气提大物，总觉得较小的物体轻些。

总之，在实践活动中，我们完全可以采取适当措施来识别错觉和利用错觉。识别错觉最有效的办法是实践检验，尤其在某些重要场合，错觉可能造成危险，此时就应该相信客观的检测而非个人的知觉。例如，飞行员驾驶飞机在海面上飞行，就有可能产生海天错觉，把海面看作天空，产生飞机坠海的事故，此时飞行员就应该更多地依赖仪表而非个人的感知觉。错觉也有其应用价值，利用错觉最突出的事例是军事上的伪装和隐蔽，使敌人分辨不清我方情况，借以消灭敌人和保存自己。艺术上利用错觉可使观众产生逼真的印象，从而产生应有的艺术效果，如舞台美术、化妆、影视中的特技等。

三、知觉的特性

1．知觉的选择性

知觉的选择性是指人根据需要和兴趣，有目的地把刺激信息或刺激的某些方面作为知觉对象，而把其他事物作为背景进行组织加工的过程。从客观上来说，许多刺激同时作用于感官，它们彼此之间无轻重之分，而在主观上却有轻重之别。人们总是把所接触到的刺激分为对象和背景这两类，当人们同时面临着很多刺激时，对这些刺激如何区别，要取决于如何对待它们。一般来说，人们总是把自己要对待的那些刺激作为对象，把暂时或当时不打算对待的刺激作为背景。例如，图 4-5 中，若以黑色部分作为知觉对象，看到的是两个人脸的侧面影像；若以白色部分作为知觉对象，看到的是一个花瓶。

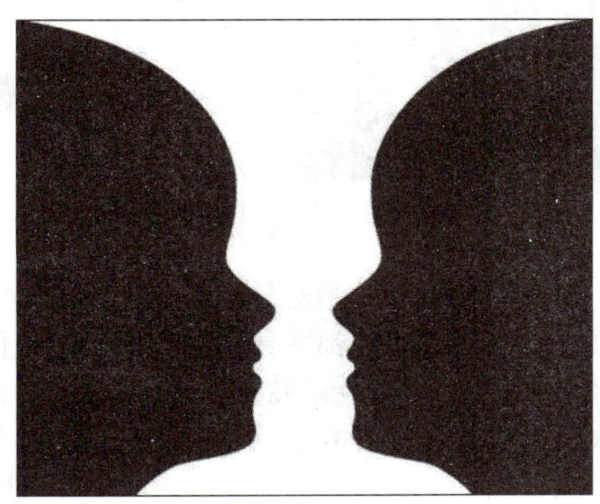

图 4-5　知觉对象与背景的相对关系

什么样的事物容易被人们选择为知觉对象呢？凡是能引起注意的对象，包括无意注意和有意注意，都易于成为知觉对象。在小学的日常课堂教学中，由于学生自觉寻找恰当的知觉对象的能力有限，教师要根据教学的目的形成全班学生共同的知觉对象。如在运用直观教具时，突出知觉对象，淡化背景。凡属两可图式的图片和教具应避免使用，如图 4-6 所示。在讲述中，教师的形象化语言应集中使用在对象部分，对背景部分要尽量淡化。

图 4-6　鸭兔两可图

2．知觉的整体性

知觉的整体性是指人根据自己的知识经验，把直接作用于感官的客观事物的多重属性整合为统一整体的组织加工过程。客观事物是由许多属性、部分组成的整体。它作为刺激物作用于我们的感官时却往往是不完备的，只有部分或个别属性起作用，但是人对它的知觉却是完整的整体，如图 4-7 所示。

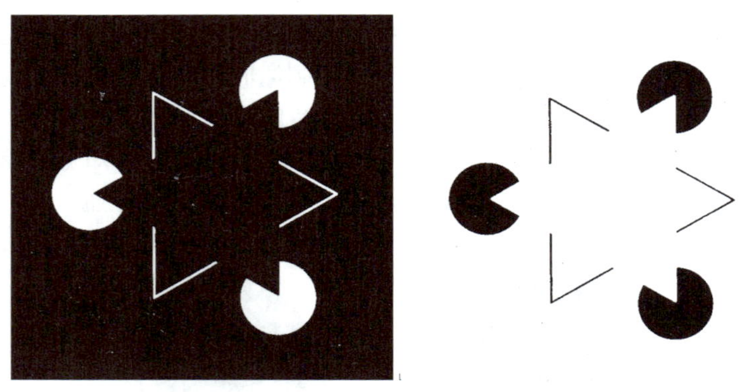

图 4-7　知觉的整体性

当知觉对象在空间、时间上接近时，当对象的颜色、大小、形状等物理属性相似时，当对象具有连续、对称及闭合等特点时，都容易被知觉为一个整体。

知觉之所以具有整体性，是因为客观事物对人而言是一个复合的刺激物。人在知觉时有过去经验的参与，大脑在对来自各感官的信息进行加工时，就会利用已有经验补充当前的感觉，从而把客观事物知觉为一个整体。因此，人们的知识经验越丰富，越容易对事物形成完整的知觉映象，知觉也就越准确、越有效。

此外，组成事物整体的各部分和属性对整体知觉的作用并不都是一样的，其关键性成分对知觉的整体性起决定作用。如一首歌，无论是男高音唱，还是女高音唱，是童声唱，还是老人唱，人们都会把它知觉为同一首歌；一旦改变其旋律或歌词，就会成为另一首歌。这是因为歌曲的旋律和歌词是决定一首歌的根本因素。

3．知觉的理解性

知觉的理解性是指人用过去所获得的有关知识经验对感知对象进行加工理解，并以概念的形式标示出来。其实质是旧经验与新刺激建立多维度、多层次的联系，以保证理解的全面和深刻。在理解过程中，知识经验是关键。例如，面对一张 X 光片，不懂医学的人很难知觉到有用的信息，而放射科的医师却能获知病变与否。

小学生既缺乏知识经验，又不会自觉地运用原有的知识经验。要使小学生对知觉对象有较好的、新的理解，教师就要用言语启发、指导学生提取出已有的知识经验；或提供线索，帮助学生重新组织知觉到的信息，形成新的知觉模式。例如，当学生第一次遇到要他计算一个不规则的几何图形的面积时，往往束手无策。若此时教师在图形上添几根辅助线，学生会有新的知觉模式的建立，使学生有关求几何图形面积的原有知识派上了用场。人们在知觉图 4-8 所示的内容时，人们不是消极观看这些斑点，而是力求对这些斑点进行理解，提出假设并作出合理的解释。

图 4-8　隐匿图形

4. 知觉的恒常性

知觉的恒常性是指知觉的条件在一定范围内改变时，知觉的映像仍然保持相对不变。恒常性使人在不同的条件下，仍然产生近似实际的正确认识，这对正常的生活与工作是必要的。

知觉的恒常性包括形状恒常性、大小恒常性、明度恒常性、颜色恒常性等。从不同的角度看同一扇门，视网膜上的投影形状并不相同，但人们仍然把它知觉为同一扇门，这是形状恒常性，如图 4-9 所示。

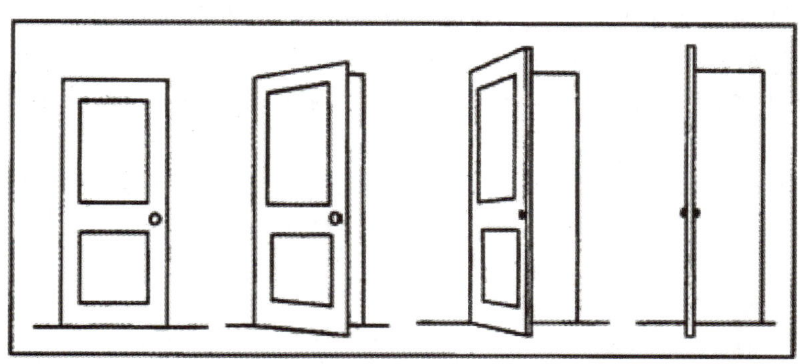

图 4-9　形状恒常性

一个人由近及远而去，在视网膜上的成像是越来越小的，但是人们并不会认为这个人在慢慢变小，这是大小恒常性。煤块在日光下反射的光量是白墙在月色下反射的光量的 5 万倍，但看上去我们仍然认为煤是黑的、墙是白的，这是明度恒常性。家具在不同灯光的照明下颜色发生了变化，但人对其颜色的知觉保持不变，这是颜色恒常性。

知觉的恒常性依赖于我们的经验。客观事物具有相对稳定的结构和特征，经过我们的感知后，其关键特征会储存在我们的大脑中，当它们再次出现时，虽然外界条件发生了变化，但无数次的经验矫正了来自每个感受器的不完全的甚至歪曲的信息，大脑会将当前事物与大脑中已有的事物形象进行匹配，从而确认为感知过的事物。

知觉的恒常性在我们日常生活、工作和学习中有很重要的意义，它有利于人们正确地认识和精确地适应环境。恒常性消失，人对事物的认识就会失真。

四、知觉和感觉的关系

知觉和感觉在日常生活中是密不可分的，人们一般都是以知觉的形式直接反映客观事物的，感觉只是作为知觉的组成成分而存在于知觉中，很少会孤立的存在，二者经常被统称为感知觉，它们是紧密联系的心理活动过程，但是相互又有本质的区别。

1．共同点

知觉和感觉都是对当前直接作用于感觉器官的客观事物的反映，同属于认识过程的感性阶段，是人对客观世界认识的初级阶段，是人们认识世界的开端，也是人们其他心理活动的基础。知觉和感觉是一个人正常心理活动发生发展的必要条件。

2．不同点

第一，知觉是纯粹的心理活动，而感觉具有生理的特性。知觉是以生理机制为基础的纯粹的心理活动，它的产生是在感觉的基础上对物体的各种属性加以整合的心理活动过程。而感觉是介于心理和生理之间的活动，它产生于感觉器官的生理活动和客观刺激的物理特性，相同的客观刺激会引起相同的感觉。

第二，知觉是对客观事物多种属性及其相互关系的综合的、整体的反映，而感觉是人脑对客观事物的个别属性的反映。

第三，从知觉和感觉的生理机制来看。感觉是单一分析器活动的结果，而知觉则比感觉复杂得多，它是多种分析器协同活动对复杂刺激物或刺激物之间的关系进行分析综合的结果。在多种分析器的参与下，通过反映事物多种属性并整合后才形成了知觉。

3．联系

感觉是知觉过程的重要组成部分，是知觉的前提和基础。知觉是感觉的深入和发展，人对客观事物的个别属性的反映越丰富越精确，对事物的知觉也就越完整，越正确。

第三节　小学儿童的感觉和知觉

一、小学儿童感觉的发展

（一）视觉的发展

小学儿童的视觉发展在整个感觉的发展中占主导地位，主要表现在视敏度和颜色视觉两个方面。

1. 小学儿童视敏度的发展

视敏度俗称视觉，是指在一定距离上感知和辨别细小物体的视觉能力。小学儿童的视敏度发展趋势如下：10 岁前视敏度不断提高；10 岁时儿童的视觉调节能力的范围最大，远近物体都能看清楚；10 岁以后，随着年龄增长，视力逐渐下降。这种变化与眼睛的生理机能变化有关，更与儿童的用眼习惯有关。近年来，小学儿童近视的人数不断增加，有的儿童不注意用眼卫生，如经常在暗淡的光线下长时间地注视，造成眼睛过度疲劳；眼睛离书本的距离太近；写字时执笔的姿势不正确；长时间玩平板电脑、手机等。

视觉对于小学儿童从事学习活动非常重要，为此，教师应特别注意小学儿童正确用眼，防止眼睛过度疲劳继而出现的频繁眨眼、弱视、近视等。教室的光线要明亮，座椅要高低适当；学生在教室内的位置应每隔一定的时间进行调换，防止斜视；教学过程中所使用的挂图的高度要适合，以保证学生视力的正常发展。

2. 小学儿童颜色视觉的发展

小学儿童的颜色视觉随年龄的增长而不断发展。小学一年级儿童已能正确辨认和匹配各种颜色，对于经常见到的颜色也能叫出名称。至于颜色的精确命名，即不同饱和度及混合色的命名，如大红、紫红、桃红、玫红等，与小学教育教学的训练有直接关系。

有人曾做过这样的实验：用红、蓝两种深浅各不相同的 20 个毛线团对 20 个孩子进行训练，每天训练 20 次，每次按颜色深浅顺序排列 5 遍，如果出现错误就纠正。经过 4 天训练，结果为：红色由原来能辨别 3 种提高到能辨别 12 种，黄色由原来能辨别 2 种提高到能辨别 10 种。因此，教师要充分利用美术课及其他教学活动，让学生感知多种色彩，并教会儿童对各种颜色的正确命名和正确使用，以引起儿童关心和注意周围五颜六色的世界，从而提高儿童对颜色的辨别能力。

（二）听觉的发展

小学儿童听觉的发展表现在纯音听觉和语音听觉两个方面。

1. 小学儿童纯音听觉的发展

小学儿童听觉的敏感度随年龄增长而逐渐提高。以儿童辨别声音高低的听觉能力为例，假设 6 岁入学儿童的听觉能力为 1 个单位，经过训练后，到 7 岁就可发展到 1.4，8 岁可达 1.6，9 岁可达 2.6，10 岁可达 3.9。但儿童在整个小学阶段的听觉敏感度都不如成人，更未达到高峰。

2. 小学儿童语音听觉的发展

小学儿童入学后，在语音教学特别是汉语拼音教学的影响下，语音听觉发展非常迅速。一年级末的小学儿童已能很好地辨别汉语的四声和相近的字音，可达到成人的水平。在非普通话地区，小学儿童语音听觉的发展，关键在于教师的语音和正确的指导。

人的听觉能力因先天条件不同而有较大的个别差异，但都可因训练而提高。教师要重视对学生听觉器官的保护和训练。为防止小学儿童听觉器官受损，可告诫学生不挖耳朵，以免引起中耳炎；不大声喧哗，不把音响的音量开得过大；不让水和异物进入耳内，不戴耳机听收音机、手机音乐等。在训练方面，可通过组织语文阅读、课外朗读、歌咏队活动、外语听力练习等活动，提高小学儿童的听觉能力。

（三）运动觉的发展

运动觉包括大肌肉运动觉和小肌肉运动觉。大肌肉运动觉成熟较早，刚入小学的儿童已有相当发展，能自如地做各种基本动作，如走、跑、跳、爬行、攀登、伸展、弯腰等。小学儿童的小肌肉运动觉发展较迟，刚入学时还未发展好，手指、手腕运动不够灵活协调。例如，小学儿童刚学写字时，笔对他们来说显得很重。一握上笔，手指、手腕就显得木僵，肌肉的紧张度很高，常需移动前臂或上身甚至移动纸张来写字；字迹歪歪扭扭，横不平、竖不直，间架结构的比例不当，还经常把纸戳破。经过小学阶段各种书写、绘画、手工劳动等活动的训练，小学毕业时，儿童手指小肌肉运动觉已有相当发展，灵活性和协调性都有较大的提高。

整个小学阶段，儿童的大、小肌肉运动觉都在发展中，其发展速度和水平与训练直接有关。小学教师要充分利用课内外各种活动，从耐力、速度、灵活、协调等方面对小学儿童加强训练。考虑到小学儿童的运动器官比较稚嫩，训练时要循序渐进，切忌操之过急、过量训练，更不可把书写、朗读等动作训练作为惩罚的手段。

二、小学儿童知觉的发展

（一）空间知觉的发展

1．形状知觉

小学儿童对几何图形的认识已由对具体直观图形的认识过渡到对一类图形共同特征的掌握。但由于认识水平的局限，小学儿童识别几何图形仍表现出一些不足。例如，不能正确识别和说明图形的本质属性；由于缺乏对透视原理的了解，知觉立体几何图形要比知觉平面图形困难。另外，小学儿童对汉字字形结构的识别能力不高，但对出现频率高、笔画少的字或独体字的识别还算是熟练的。

2．大小知觉

小学儿童不仅能熟练地用目测和比较测量的方法进行直觉判断，而且还逐渐运用推理进行判断。有研究发现，对图片空间面积大小的判断能力，7～8 岁儿童处于直觉判断和推理判断相交叉的过渡阶段，高年级儿童有 85%以上人次已能运用推理判断来比较空间和面积的大小，说明小学高年级学生的大小知觉发展到新的水平。

3．方位知觉

小学初入学儿童一般能很好地辨认前后、上下和远近，但是对左右方位的辨认还不完善，常常要和具体事物联系起来方能辨认。假如只有左、右的抽象口令，而不与具体的东西相联系，则低年级儿童常常发生错误。例如，上体育课时，对“向左转”“向右转”的口令反应不够灵敏、准确；对字形的感知往往只注意形状而不注意方位，如把“3”写成“ε”，把“8”写成“∞”，“b”“d”和“q”“p”不分等。这说明小学儿童开始阶段在空间概念的辨认上，有一个从直观水平向词的抽象水平过渡的过程。在正确的教育下，小学儿童到三年级以后随着思维能力的发展，能在词的水平上辨认一般的空间概念。

（二）时间知觉的发展

人类没有专门感知时间的器官。由于时间比空间更为抽象，为了正确地感知它，必须借助于中介物，如天体的运行、人体的节律或专门计时的工具。

小学儿童初入学时，一般能正确辨认“昨天”“今天”“明天”“前天”“后天”等时间概念。三年级以后，能理解“周”“月”的实际意义，就整个小学阶段看，儿童辨认的时间范围与生活经验密切相关。对几秒、几分或几年、几十年，以及“纪元”“世纪”“时代”等这种过小或过大的时间概念的理解比较困难。这说明儿童对时间概念的理解与他们的生活经验、思维和想象力的发展是相联系的。教师在数学等学科的教学过程中，应重视学生对时间概念的学习和对计时工具的认识，并在日常生活中让学生有运用的机会，使学生及早形成时间观念。

三、小学儿童观察力的发展

（一）什么是观察

观察是指有目的、有计划、比较持久的知觉活动，是知觉的高级形式。观察离不开思维，因此，也把观察称为“思维着的知觉”。

人的知觉有时是有目的、有意志参与的，但有时是漫无目的的，而观察作为有意知觉，开始进行时就具有确定的目的和计划，按照目的与计划要求去组织并实施自己的知觉活动。同时，在观察过程中，自始至终要有思维和语言的参与，并对观察过程与结果进行归纳与整理。

（二）小学儿童观察力的发展阶段

我国学者丁祖荫通过对幼儿园到小学高年级学生的观察力发展的研究，认为儿童观察力的发展可分为 4 个阶段：① 认识“个别对象”的阶段，幼儿的观察力处于该阶段。他们只看到各个对象，或各个对象的一个方面。② 认识“空间联系”阶段，小学低年级学生的观察力处于这一阶段。儿童可以看到各个对象之间可以直接感知的空间联系，③ 认识“因果联系”阶段，小学中年级学生的观察力处于该阶段。儿童可以认识对象之间不能直接感知的因果联系。④ 认识“对象总体”阶段，小学高年级学生的观察力处于该阶段。儿童能从意义上完整地把握对象总体，理解图画主题。

（三）小学儿童观察品质的发展特点

1. 观察的目的性

初入学儿童观察的目的性较低，他们一般还不会独立地给自己提出观察任务，即使对于教师提出的任务也不能很好地排除干扰，集中注意观察的目的。他们的知觉主要由刺激物的特点和个人兴趣、爱好所决定。因此，小学一年级儿童观察的时间短，错误较多；三至五年级儿童有所改善，但提高不多。

2．观察的顺序性

低年级学生观察事物零乱、不系统，常常东看一下、西看一下，看到哪里算哪里。中、高年级学生观察的顺序性有较大发展，一般能做系统观察，而且在表述观察的情况前，往往能先想一下再做表述，即把观察到的点滴材料进行加工，使观察内容更加系统化。但从总体上讲，五年级和三年级学生的差异不显著，说明五年级学生还不能系统地进行观察。

3．观察的精确性

小学低年级儿童观察事物极不细心，常常笼统、模糊，只能说出客体的个别部分或颜色等个别属性，对事物间细微的差别难以觉察，不能表述。例如，在刚学写字时，常常不是多一点就是少一横，经常混淆“己”和“已”、“析”和“折”等形近字。三年级学生观察的精确性明显提高，五年级学生只是略优于三年级学生。

4．观察的深刻性

低年级学生对所观察的事物难以从整体上做出概括，他们往往较注意事物表面的、明显的、无意义的特征，而看不到事物之间的关系，更不善于揭露事物有意义的本质特征。例如，有位教师将语文课本第三册《美丽的公鸡》这一课的插图涂上色彩，并且放大，让学生观察。许多学生只看到公鸡的大红鸡冠、美丽的羽毛和金黄色的爪子，而偏偏就没有看到公鸡站在水边欣赏自己的形象，表现出洋洋得意的骄傲神态。三年级学生观察的深刻性有较大的提高。随着抽象思维的发展，五年级学生观察的深刻性更有显著发展，表现为正确判断明显提高。

5．观察的全面性

小学低年级儿童观察事物时容易顾此失彼，观察得不够全面，容易被感兴趣的部分所吸引；五年级学生观察的全面性有明显发展。

从以上小学儿童观察各品质的发展情况可以看出，小学一年级学生各方面的水平都较低，而经过两年的教育到小学三年级，已有明显的发展。

四、小学儿童观察力的培养

小学儿童有目的、系统的观察力的发展是在学习过程中实现的，同时它又是成功完成学习任务的重要保证，因此，教师应该有计划地培养小学儿童的观察力。

（一）使小学儿童明确观察的目的和任务

教师在组织低年级儿童观察事物时，必须向儿童提出观察任务，而且所提出的任务要具体、明确。诸如“好好看”“仔细看”“认真看”之类笼统的要求对发展儿童的观察力收效甚微。对于中高年级儿童，教师要善于启发他们自己独立地观察，即由教师提出总的要求，让学生自己确定观察的具体步骤等，最后再用观察的总要求来检验观察的结果，以增强儿童观察的目的性。

（二）培养小学儿童观察的兴趣

兴趣不同的人在观察客观事物时，往往会把自己的注意力集中到不同的事物上去。因

此，兴趣在观察活动中的作用是比较大的。小学儿童如果有广泛的兴趣，就会津津有味地进行多种多样的观察；如果有中心兴趣，就会全神贯注地对某一领域进行深入的观察。教师在培养小学儿童的观察力时，应该注意培养学生的观察兴趣，使其养成持久观察的习惯，克服观察过程中所遇到的各种困难和障碍。例如，让学生收集大街小巷有创意的店名、广告标语等，不仅可激发儿童观察的积极性，也可以使其潜移默化地学到许多知识。

（三）提供观察的机会，让小学儿童体验随时观察

观察是在实践活动中发展的，日常生活本身就是观察的最好对象。教师应为儿童提供各种观察的机会，如义务劳动、参观访问，甚至是上学放学的路上、外出游玩中、走亲访友时，都可以观察身边的人和事物。

（四）教给小学儿童观察的方法和技巧

“授人以鱼，不如授之以渔。”在培养小学儿童的观察力时，要想使儿童的感知和观察富有成效，还必须培养儿童善于观察的方法和技巧。

1. 充分利用感官，勤于思考

观察的目的在于从实践中获得感性经验。要使感性经验丰富、全面，就要动用各种感官全面获取信息。例如，观察春天，不仅要让学生去看吐新芽的柳枝、解冻的冰河、田野的新景象，还要让学生去听春天、听微风、听鸟语、听流水声，嗅泥土、嗅花香……通过这样观察春天，儿童对春天就会有丰富的感性知识。在此基础上，教师还要引导学生根据观察的目的和任务，思考看不见、摸不着但能表明事物本质的东西。例如，根据观察到的春天的感性知识分析季节的更替，以及春天与生命活动的关系等规律性的东西，挖掘知识的深度，达到认识自然的目的。

2. 观察中充分发挥言语的功能

人的知觉形象通常是用词来表示的，是和词密切联系的，在有第二信号系统参与观察活动时，就能更好地对事物进行分析与概括。因为词本身具有概括的特性和揭示客观事物本质特征的属性。通过词，可以把所观察的事物纳入组织系统。

3. 按照一定的顺序进行观察

教师可以引导学生先整体后部分，先看大体轮廓再看细节，由近及远、从上到下、从左到右，最后再回归到整体。

4. 根据不同的观察任务确定观察方法

如果在观察过程中不能一次达到观察的目的，可采用定期观察法来进行跟踪观察；如果要观察几种事物之间的异同，可采用比较观察的方法等。

（五）正确处理和运用观察的结果，注重观察的反馈

在观察过程结束以后，应做好结果的处理和运用，以巩固观察的成果。同时，要鼓励学生提出在观察中发现的新问题，这样有利于提高学生观察的积极性，使其观察更仔细、认真，还有利于学生在对观察结果的反复思考中不断发现新问题，促进学生观察力的发展。同时，由于小学儿童观察品质发展的局限性，教师在儿童的观察活动始末都应扮好一个参

与者和指导者的角色，及时纠正儿童在观察过程中出现的错误，以避免其在今后的观察活动中重蹈覆辙。

本章小结

感觉是人脑对直接作用于感觉器官的客观事物的个别属性的反映。根据刺激的来源不同，我们可以把感觉分为外部感觉和内部感觉。外部感觉包括视觉、听觉、嗅觉、味觉和肤觉。内部感觉包括运动觉、平衡觉和机体觉。感觉现象主要包括：适应、对比、后像、联觉和补偿。

知觉是对直接作用于感觉器官的客观事物的整体的反映。根据知觉中占主导地位的分析器活动，可以把它分为视知觉、听知觉、嗅知觉、视听知觉及触摸知觉等。根据知觉是否与客观事物相符合，可以把它分为正确的知觉与错觉。根据知觉反映客观事物特性的不同，知觉分为空间知觉、时间知觉和运动知觉。错觉是知觉的一种特殊形式，它是人在特定的条件下对客观事物必然会产生的扭曲的知觉。知觉特性表现为选择性、整体性、理解性和恒常性。知觉和感觉既有相同点，又有区别，同时又相互联系。

小学儿童感觉的发展主要包括视觉、听觉和运动觉的发展。小学儿童视觉的发展主要表现在视敏度和颜色视觉两个方面。小学儿童听觉的发展表现在纯音听觉和语音听觉两个方面。小学儿童运动觉的发展表现为大肌肉运动觉和小肌肉运动觉的发展。

小学儿童知觉的发展包括空间知觉和时间知觉的发展，空间知觉的发展表现为形状知觉、大小知觉和方位知觉的发展。

观察是指有目的、有计划、比较持久的知觉活动，是知觉的高级形式。小学儿童观察力发展阶段分为四个阶段：认识“个别对象”的阶段；认识“空间联系”阶段；认识“因果联系”阶段和认识“对象总体”阶段。小学儿童观察品质的发展特点主要体现为观察的目的性、顺序性、精确性、深刻性和全面性的发展。

小学儿童观察力的培养主要包括：使小学儿童明确观察的目的和任务；培养小学儿童观察的兴趣；提供观察的机会，让小学儿童体验随时观察；教给小学儿童观察的方法和技巧；正确处理和运用观察的结果，注重观察的反馈。

拓展阅读

1．[美] 坎特威茨．实验心理学一掌握心理学的研究 [M]．杨治良，译，上海：华东师范大学出版社，2001．

2．吴雨佳，王超．不同性别初中生时间知觉的差异性研究 [J]．运动，2017（19）．

3．林佳楠．小学低年级别字现象浅析 [J]．学周刊，2017（33）．

4．叶宝生．小学科学教学观察实验设计的依据和方法 [J]．课程·教材·教法，2013（12）．

5．宗若灿．信息技术条件下小学科学观察能力的培养策略［J］．教育与装备研究，2018（4）．

6．周绍锋．小学科学观察实验要注意的问题［J］．中小学教材教学，2017（8）．

练习与思考

一、单项选择题

1．感觉是对直接作用于人们感觉器官的事物的（　　）属性的反映。

A．个别　　B．整体　　C．外部　　D．本质

2．人们认识外部世界的第一步是（　　）。

A．视觉　　B．听觉　　C．感觉　　D．知觉

3．由暗处到亮处，特别是在强光下，最初一瞬间会感到光线刺眼发眩，几乎看不清外界物体，几秒钟之后逐渐看清物体。这种对光的感受性下降的变化现象称为（　　）。

A．暗适应　　B．明适应　　C．不适应　　D．知觉适应

4．“入芝兰之室，久而不闻其香”描述的是（　　）。

A．适应现象　　B．听觉适应　　C．嗅觉刺激　　D．味觉刺激

5．人脑对直接作用于感觉器官的客观事物的各个部分和属性的整体的反映叫（　　）。

A．感觉　　B．知觉　　C．记忆　　D．想象

6．看见一面红旗时，人们立刻能认识它的心理活动是（　　）。

A．视觉　　B．色觉　　C．知觉　　D．感觉

7．将对象从背景中分化出来的知觉特性是（　　）。

A．整体性　　B．选择性　　C．理解性　　D．恒常性

8．在“万绿丛中一点红”中，绿草更易被我们归为一组，这是知觉的（　　）。

A．整体性　　B．选择性　　C．理解性　　D．恒常性

9．双关图是知觉的（　　）中的现象。

A．选择性　　B．整体性　　C．恒常性　　D．理解性

10．我们把煤放在日光照射下，把白粉笔放在阴影里，尽管前者反射的光比后者更多，但看起来依然是煤较黑，粉笔较亮，这属于知觉的（　　）。

A．理解性　　B．选择性　　C．恒常性　　D．组织性

11．同一感受器受不同刺激物的作用时，感受性会发生变化，这一现象称为（　　）。

A．感觉对比　　B．感觉融合　　C．感觉适应　　D．感觉的掩蔽

12．人脑对客观事物的延续性和顺序性的反映叫作（　　）。

A．运动知觉　　B．听知觉　　C．空间知觉　　D．时间知觉

13．（　　）是一种有目的、有计划的、比较持久的知觉过程。

A．观察　　B．认识

C．观察力　　D．知觉的理解性

14. 人们对暗的适应，是视觉感受性的（　　）。

A. 顺应　　B. 选择　　C. 提高　　D. 降低

15. 在外部感觉中，（　　）对人的认知的作用最大。

A. 视觉　　B. 听觉　　C. 嗅觉　　D. 肤觉

16. 名厨做饭讲究“色香味”俱全，为此能提高人的食欲，这是（　　）。

A. 感觉的适应　　B. 感觉的同时性对比

C. 感觉的相继性对比　　D. 感觉的相互作用

17. 穿竖条图案衣服的人，显得苗条些；穿横条图案衣服的人，显得丰满些；这是（　　）的缘故。

A. 平衡作用　　B. 错觉作用　　C. 空间想象作用　　D. 感觉的相互作用

二、填空题

1. ________是关于客观事物最原始的心理信息，属于人的认识过程的最初级阶段。

2. 刚穿上棉衣时感到衣服压在身上，经过一段时间就觉察不出来了，这是感觉中的______现象；盲人的听觉特别发达，可以“以耳代目”，这是______现象。

3. 感觉对比分为______和______两种现象，“月明星稀，月暗星多”是______；吃完苦药之后，喝白开水也觉得甜，是______现象。

4. 根据引起感觉的刺激物和产生感觉的分析器的不同，感觉可分为______和______两大类。

5. 知觉的特性有______、______、______和______。

6. 观察品质包括：______、______、______、______和______五个方面。

7. 常见知觉恒常性有______、______、______和______等。

8. 视敏度即______，小学生______岁时，视觉调节能力的范围最大。

9. 根据知觉反映客观事物特性的不同，知觉分为______、______和______。

10. 内部感觉包括______、______和______。

三、判断题

1. 感觉的产生必须具备两个物质条件：感觉器官和物质条件，而且，感觉是只有当客观事物直接作用于感觉器官时才能产生。（　　）

2. 知觉对象有各种不同的特性，往往由不同的部分组成，但个体并不是仅仅反映其个别的特性和孤立的部分。（　　）

3. 当知觉条件（距离、角度、光线明暗等）在一定范围改变时，知觉的现象仍保持相对不变。（　　）

4. 有的教师刚上课就把直观教具（实物、挂图等）呈现在学生面前，这种做法是不符合知觉规律的。（　　）

5. 个体对客观对象的持续性和顺序性的知觉是空间知觉。（　　）

6. 人在高兴时觉得时间过得很快，而在烦闷或等人时又觉得时间过得很慢，这都是人的幻觉。（　　）

7．感觉对比是不同感受器接受同一刺激而使感受性发生变化的现象。（　　）

8．视觉的适宜刺激是所有光线，听觉的适宜刺激是所有声音。（　　）

9．具有健全的感觉器官，感觉就产生并发展。（　　）

10．星星陨落时，我们看到的往往是一条火线形的流星；电扇只有几个叶片，开动时，看上去却像个圆盘，这些都是视觉后像的结果。（　　）

11．既然错觉广泛存在，那么人们无法正确地反映客观世界。（　　）

四、简答题

1．什么是感觉？什么是知觉？简述感觉与知觉的关系。

2．知觉有哪些特性？

3．举例说明什么是感觉对比现象。

4．如何培养学生的观察力？

五、案例分析

1．没有经验的飞行员，在海上飞行，海天一色，辨别不清上、下方位，往往造成飞入海中的事故。

思考：请你用心理学原理解释这种情况。

2．圆圆从小不喜欢吃羊肉，也闻不得羊肉那股膻味。不料有一天，在她旁边开了一家羊肉汤馆，这下可好，她每天都在被迫呼吸浓烈的羊肉味，刚开始，熏得她直想吐，可慢慢得，她反而觉得味不那么大了，对羊肉也不那么反感了。

思考：请你用心理学原理解释这种情况。

第五章

记 忆

学习目标

- 了解记忆的概念、作用和分类。
- 理解瞬时记忆、短时记忆和长时记忆的概念及特点。
- 理解识记、保持、再认与回忆三个过程的特点以及遗忘的规律。
- 掌握记忆原理在教学中的应用。

本章导读

你是否曾有过这样的经历：路上遇到一个熟人，明明他的名字就在嘴边，可就是说不出来；考场上背诵过的知识怎么都想不起来，然而，困难中帮助我们的人，2008 年奥运会开幕，却印象深刻。人所记忆的信息是以什么形式储存在大脑中的？头脑中存储的信息为什么会发生遗忘，遗忘有哪些规律？要回答这些问题，让我们一起进入本章记忆的学习。

第一节　记忆的概述

一、记忆的概念与作用

记忆是过去经历过的事物在人脑中的反映。所谓经历过的事物，主要指过去曾感知过的事物、思考过的问题、做过的事情及体验过的情感。这些事物都会在头脑中留下一定的痕迹，随着时间的推移，这些痕迹有些会被强化，有些会趋于减弱、消退。在一定条件的诱发下，那些仍然保持在人的头脑中的痕迹会重新激活、被再反映。这些经历过的事物的痕迹的形成、保持及激活都是属于记忆。

记忆是人的心理活动得以连续的根本保证，是经验积累或心理发展的前提。没有记忆，人的认识能力就无法获得发展，人的心理将始终处于新生儿的水平，人们将无法体验多姿多彩的人生。记忆是学习的必要条件，所有的学习都包含着记忆。学生学习的目的就是通过记忆积累经验、增长才干。在学习过程中，新知识的获得都是以已有的知识经验为基础的，没有记忆的学习是难以想象的。因此，作为教师，掌握记忆理论，根据记忆规律组织教学，有助于帮助学生克服遗忘的干扰，获得巩固的、系统的知识经验。

二、记忆的种类

记忆是一种复杂的心理现象，按照不同的标准可分为不同类型。

（一）根据记忆时意识参与的程度分类

根据记忆时意识参与的程度划分，可以把记忆分为内隐记忆和外显记忆。

1. 内隐记忆

内隐记忆是指人在无意识状态下，已有的经验对当前任务自动产生影响作用的记忆。内隐记忆强调信息提取过程中的无意识性，经常表现为操作某任务时，在不需要对先前经验进行有意识回忆的情况下，已储存在脑中的经验或信息会在提取与操作中自动起作用，从而影响到作业的绩效，如广告中的纯接触效应和人际交往中的印象形成等都受到内隐记忆的影响。

2. 外显记忆

外显记忆是指人在意识的控制下，过去的知识经验对当前作业产生的有意识影响的记忆。外显记忆是对过去经验的有意识检索与提取的过程，其突出特点是强调信息提取过程中的有意识性。外显记忆能够用语言进行比较准确的描述，即在需要的时候，可以通过自由回忆、线索回忆和再认等形式表现出来。

（二）根据记忆的内容分类

根据记忆的内容划分，可以把记忆分为形象记忆、情绪记忆、逻辑记忆、动作记忆和情境记忆。

1. 形象记忆

以感知过的事物形象为内容的记忆叫形象记忆。这些具体形象可以是视觉的，也可以是听觉的、嗅觉的、触觉的或味觉的形象，如人们对看过的一幅画，听过的一首乐曲的记忆就是形象记忆。这类记忆的显著特点是保存事物的感性特征，具有典型的直观性。

2. 情绪记忆

情绪记忆是以过去体验过的情绪或情感为内容的记忆。如学生对接到大学录取通知书时的愉快心情的记忆等。人们在认识事物或与人交往的过程中，总会带有一定的情绪色彩或情感内容，这些情绪或情感也作为记忆的内容而被存贮进大脑，成为人的心理内容的一部分。情绪记忆往往是一次形成而经久不忘的，对人的行为具有较大的影响作用。例如，教师对某个学生的第一印象会在很大程度上影响对该生的态度、行为，就是因为这一印象是与情绪相连的。情绪记忆的映象有时比其他形式的记忆映象更持久，即使人们对引起某种情绪体验的事实早已忘记，但情绪体验仍然保持着。

3. 逻辑记忆

逻辑记忆是以语词、概念或命题等形式为内容的记忆。如对数学定理、公式、哲学命题等内容的记忆。这类记忆是以抽象逻辑思维为基础的，具有概括性、理解性和逻辑性等特点。对于学生的学习来说，这类记忆是至关重要的，它既是学生学习新知识的基础，同时又影响着学生的抽象逻辑思维能力的发展。

4. 动作记忆（运动记忆）

运动记忆是以人们过去的操作性行为为内容的记忆。凡是人们头脑里所保持的做过的动作及动作模式，都属于动作记忆。如上体育课时的体操动作、武术套路，上实验课时的操作过程等都会在头脑中留下一定的痕迹。这类记忆对于人们动作的连贯性、精确性等具有重要意义，是动作技能形成的基础。

5. 情景记忆

情景记忆是指个人以亲身经历的、发生在一定时间和地点的事件或情景为内容的记忆。情景记忆接受和储存的信息与个人生活中的特定事件、某个特定时间和地点相关，并以个人的经历为参照，是个体真实生活经历的记忆。由于情景记忆受一定时间和空间的限制，信息的储存容易受到各种因素的干扰，因此记忆不够稳固，也不够确定。

以上五种记忆形式既有区别，又紧密联系在一起。如动作记忆中具有鲜明的形象性。逻辑记忆如果没有情绪记忆，其内容是很难长久保持的。

（三）根据记忆内容保存时间的长短分类

根据记忆内容保存时间的长短分类，记忆可以分为瞬时记忆、短时记忆和长时记忆。由于在不同时间对记忆内容的加工形式不同，这三类记忆又被看作是三种记忆系统。

1. 瞬时记忆

瞬时记忆又叫感觉记忆，是指作用于人们的刺激停止后，刺激信息在感觉通道内的短暂保留的记忆。外界信息首先经过感觉器官进入瞬时记忆，信息按照感觉输入的原样在这里登记下来，在瞬时记忆中，信息是以感觉痕迹的形式保存下来的，具有鲜明的形象性。瞬时记忆的容量较大，但保持的时间很短，大约为0.25～2 s。瞬时记忆中保持的材料如果受到注意，就转入短时记忆；如果没有受到注意，则很快消失。

斯波林与瞬时记忆的发现

2. 短时记忆

短时记忆是保持时间大约在 1 分钟之内的记忆。它接受来自瞬时记忆中的信息，并从长时记忆中提取信息，进行有意识的加工。有人认为，短时记忆也是工作记忆，是一种为当前动作而服务的记忆，即人在工作状态下所需记忆内容的短暂提取与保留。例如，从电话簿上查一个电话号码，然后立刻就能根据记忆去拨号，但事过之后，这个号码也就随即忘掉。因此，短时记忆也被称为电话号码式记忆。

短时记忆的容量是有限的，数量为 7±2 个组块。“组块”就是记忆单位，组块的大小因人的知识经验等不同而有所不同。组块可以是一个字、一个词、一个数字，也可以是一个短语、句子、字表等。

短时记忆以听觉编码为主，兼有视觉编码。短时记忆的内容一般要经过复述才能进入长时记忆。

3. 长时记忆

长时记忆指信息经过充分的和有一定深度的加工后，在头脑中长时间保留下来的记忆。从时间上看，凡是在头脑中保留时间超过 1 分钟的记忆都是长时记忆。长时记忆的容量很大，所存贮的信息也都经过意义编码。我们平时常说的记忆好坏，主要是指长时记忆。

瞬时记忆系统、短时记忆系统和长时记忆系统虽各有自己的对信息加工的特点，但从时间衔接看是连续的，关系也是很密切的，如图 5-1 所示。

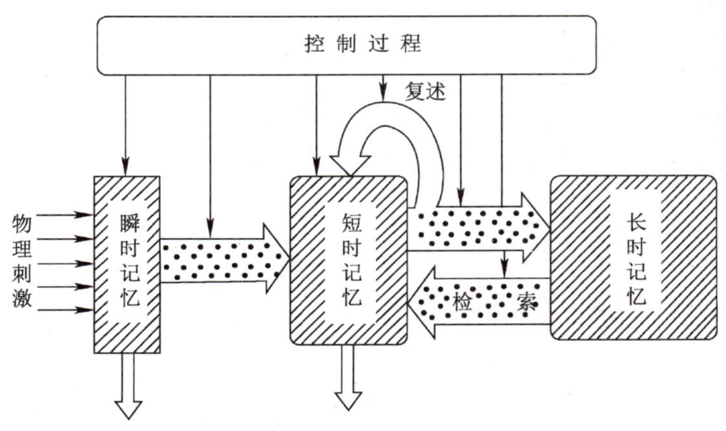

图 5-1 瞬时记忆、短时记忆和长时记忆的关系

三、记忆的品质

1. 记忆的敏捷性

记忆的敏捷性是指一个人在识记事物时速度方面的特征。能够在较短的时间内记住较多的东西，就是记忆敏捷性良好的表现。记忆的这一品质，与人的暂时神经联系形成的速度有关：暂时联系形成得快，记忆就敏捷；暂时联系形成得慢，记忆就迟钝。在敏捷性方面，有的人可以过目不忘，有的人则久难成诵。但各人的特点不同。有的人记得快，忘得也快；而有的人记得慢，忘得也慢。记忆的敏捷性是记忆的品质之一，但它不是衡量一个人记忆好坏的唯一标准。在评价记忆敏捷性时，应与其他品质结合起来才有意义。

2. 记忆的持久性

记忆的持久性是指记忆内容在记忆系统中保持时间长短方面的特征。能够把知识经验长时间地保留在头脑中，甚至终身不忘，这就是记忆持久性良好的表现。记忆的这一品质，与人的暂时神经联系的牢固性有关：暂时神经联系形成得越牢固，则记忆得越长久；暂时神经联系形成得越不牢固，则记忆得越短暂。在持久性方面，有的人能把识记的东西长久地保持在头脑中，而有的人则会很快地把识记的东西遗忘。一般来讲，记忆的敏捷性与记忆的持久性之间有正相关，记得快的人，保持的时间较长。但也不尽然，有的人记得快，但保持的时间短。

3. 记忆的准确性

记忆的准确性是指对记忆内容的识记、保持和提取时是否精确的特征。它是指记忆提取的内容与事物的本来面目相一致的程度。记忆的这一品质，与人的暂时神经联系的正确性有关：暂时神经联系越正确，记忆的准确性就越好；暂时神经联系越不正确，记忆准确性就越差。准确性是记忆的重要品质，如果离开了准确性，敏捷性和持久性就失去了意义。

4. 记忆的准备性

记忆的准备性是指对保持内容在提取应用时所反映出来的特征。记忆的目的在于在实际需要时，能迅速、灵活地提取信息，回忆所需的内容加以应用。记忆的这一品质，与大脑皮层神经过程灵活有关：由兴奋转入抑制或由抑制转入兴奋都比较容易、比较活，记忆的准备性的水平就高；反之，记忆的准备性的水平就很低。在准备性方面，有的人能得心应手，随时提取知识加以应用；有人则不然。记忆的这一品质，是上述三种品质的综合体现；而上述三种品质，只有与记忆的准备性结合起来，才有价值。

第二节　记忆的基本过程

记忆的基本过程是由识记、保持、再认和回忆三个环节组成的。识记是记忆过程的第一个基本环节，指个体识别与记住事物的过程，它具有选择性的特点，是记忆的前提和关键；保持是指已识记的知识经验在人脑中的巩固过程，它是记忆过程的第二个基本环节；回忆或再认是在不同条件下恢复过去经验的过程。

这三个环节是相互联系、相互制约的。识记是保持的前提，没有保持也就没有再认和回忆，而再认和回忆又是检验识记和保持效果好坏的指标。由此看来，记忆的这三个环节缺一不可。

信息加工理论认为，记忆过程就是对输入信息的编码、存储和提取过程。只有经过编码的信息才能被记住，编码就是对已输入的信息进行加工、改造的过程，编码是整个记忆过程的关键阶段。

一、识记

（一）识记的概念

识记是获得事物的映象并成为经验的过程。也就是说识记是识别和记住事物的过程。识记是记忆过程的首要环节，它是回忆和再认的前提。

（二）识记的分类及特点

1. 识记根据有无预定目的可分为无意识记和有意识记

无意识记即不随意识记，是指事先没有预定的目的，也不需做出意志努力的识记。无意识记具有明显的偶然性、不随意性和选择性的特点，是一种被动的识记。这种识记的内容往往不完整、不全面、不系统，不能保证系统的科学知识的获得。

有意识记即随意识记，是指有预定的识记目的，并运用一定方法，有时还需要一定意志努力的识记。有意识记具有高度的自觉性，学习者必须把自己的注意力倾注于识记的对象上，并要付出艰巨的智力劳动，为了完成识记的任务，必须采取一定的措施，按一定的方法步骤进行识记。学生掌握系统的知识主要靠有意识记。

教师在教学中应根据教学目的，向学生提出具体识记要求并组织相应的活动，使他们把精力集中到学习材料上，取得最佳的识记效果。此外，人总是在活动中进行识记的。因此无论是无意识记还是有意识记，只要识记的对象成为活动的对象或活动的结果时，识记的效果就会好。

2. 识记根据材料和方法不同可分为机械识记和意义识记

机械识记是学习者不理解材料的内在意义，仅仅根据材料的外部联系或表现形式，采取简单重复的方式进行的识记。其特点是对识记的材料很少进行加工，基本上是按照材料呈现的时空顺序进行逐字逐句的识记。机械识记虽是一种低级的识记途径，但在生活学习中是不可缺少的。

意义识记是根据材料的内部联系，主要通过对材料意义的理解而进行的识记。其特点在于对识记材料的领会、理解。在意义识记时，人们主要运用已有的知识经验，积极地进行思考，从而弄清材料的意义和内在联系，然后把它记住。进行意义识记必须满足下列条件：① 学习材料具有逻辑意义；② 学习者必须具有意义学习的心向；③ 学习者认知结构中必须具有适当的知识。大量实验研究表明，意义识记优于机械识记。意义识记比机械识记学起来快得多，保持效果好，而且更容易迁移。因此，教师在教学中，凡有意义的材料，必须让儿童学会积极开动脑筋，找出材料之间的内在联系；对于无意义的材料，尽量

赋予其人为的意义，以保证记忆的效果。

（三）影响识记效果的因素

1. 识记的目的与任务

识记的目的任务在识记中起着定向作用，能动员和集中人的智力和精力去识记当前必须记住的材料。有了明确的识记目的，人们就能把全部精力集中到识记任务上去，并能采取各种有效方法，因而识记效果好。反之，则差。

2. 活动的内容与性质

人们对事物的识记是在活动中进行的，因此识记的效果，在很大程度上依赖于所完成的活动的性质，以及个人在完成这种活动中的积极性。凡是识记材料成为活动的直接对象时，识记效果就会大为提高，这是因为直接操作或活动使识记的目标对象变得更为明确具体，从而提高了识记效果。

3. 识记方法

识记时采用一定的方法，会增强识记效果。意义识记比单纯重复的机械识记效果好，是由于意义识记经过对材料意义的理解，可以使识记材料和学习者已有的经验体系建立联系，从而被纳入学习者已有的知识系统中去，这样能够大大提高识记效果。就信息加工理论而言，识记就是编码，若对输入信息按自己已有经验体系进行编码最好。对同一识记材料，用不同方式进行编码，识记效果就不一样。

4. 材料的数量和性质

从材料的数量来看，一般来说，要达到同样的识记水平，材料的数量越多，识记所用的平均时间或次数也越多。数量少的材料适于整体识记，数量大的材料适于分散识记。从材料的性质来看，一般来说，具体的形象材料比抽象的材料容易识记；有意义材料比无意义材料易于识记。在学习中，有些难于识记的材料，若把它编成口诀或顺口溜即可提高识记的效果。

二、保持

（一）保持的概念

保持是人的知识、经验在头脑中的贮存过程。它是记忆的又一个环节。保持以识记为前提，保持的效果又在回忆和再认中得到证明和体现。

（二）保持中的信息加工

识记的内容被存储后，并不是一成不变地保持原样，已有的认识结构会对这些内容进行加工、编码、再存储，使识记的内容随着时间的推移，不断地发生变化。例如，给小学生讲故事，过一段时间后，让他们复述，不同的学生的复述内容是有差异的。根据墨瑞斯的研究，复述中故事的变化主要有四种情况：

① 故事的长度逐渐缩短。

② 故事中的人名、地名、职务等最易改变。

③ 故事中的细节最先改变，而改变往往是“合情合理”的。

④ 故事中的语言常常根据复述者的言语能力而改变。保持是一个动态过程，识记过的内容有质变和量变两种形式：

保持内容的质变主要表现为：① 内容变得简略而概括，不重要的细节趋于消失；② 内容变得更加完整、合理和有意义；③ 内容变得更具体或更为夸张与突出。

保持在质的方面的变化

保持内容的量变主要表现为：保持内容减少。量的减少是一种普遍现象，人们经历的事情总要忘掉一些。

在保持过程中，质和量的变化是一个复杂的、有意义的内部活动过程，是心理活动的主观性的一种表现。

（三）遗忘及遗忘曲线

1. 遗忘的概念

遗忘是指识记过的材料不能再认或回忆，或者发生错误的再认或回忆的现象，遗忘是与保持相反的过程。

遗忘基本上是一种正常、合理的心理现象。因为感知过的事物没有全部记忆的必要；识记材料的重要性具有时效性；遗忘是人心理健康和正常生活所必需的。在学生的学习过程中也不是一切都需要记忆的，记忆的内容应具有选择性，正像清代郑板桥说的“当忘者不容不忘，不当忘者不容忘耳”。

2. 遗忘的分类

① 根据遗忘时间，可分为永久性遗忘和暂时性遗忘。暂时性遗忘是指遗忘的发生是暂时的，以后还能重新回忆的遗忘现象。永久性遗忘是指不经过重新学习，记忆的内容就不能恢复的遗忘。

② 根据遗忘内容，可分为部分遗忘与整体遗忘。部分遗忘是指对识记的材料的部分内容的遗忘。如对材料细节的遗忘。整体遗忘是指将识记材料的全部遗忘。

3. 遗忘的原因

产生遗忘的原因，既有生理方面的，如因疾病、疲劳等因素造成的遗忘，也有心理方面的。关于这方面的原因，主要有四种学说：

（1）记忆痕迹消退说

这种理论认为，记忆痕迹如果得不到强化，就会逐渐消退。遗忘就是记忆痕迹消退到不能再激活的状态下发生的。这种学说一般用以解释永久性遗忘的原因。

（2）干扰说

这种理论认为，遗忘是由于所识记的先后材料之间的相互干扰造成的。前摄抑制和倒摄抑制是支持干扰说的有力例证。前摄抑制是指先学习的材料对后学习的材料所起的干扰作用；倒摄抑制是指后学习的材料对先学习材料所起的干扰作用。前摄抑制和倒摄抑制不仅产生在学习两种材料之间，而且也存在于学习一种材料的过程中。一篇材料的开头和结尾的保持效果好于中间部分，就是因为中间部分受两种抑制的影响，而开头只受倒摄抑制的影响，结尾只受前摄抑制的影响。

（3）压抑说

这种理论认为，遗忘是由于情绪或动机的压抑作用造成的，如果压抑被解除，记忆就能恢复。这种理论用以解释与情绪有关内容的暂时性遗忘是有效的。这一理论是由弗洛伊德在临床实践中发现的，他认为，那些给人带来不愉快、痛苦、忧愁的体验常常会发生动机性遗忘。

（4）同化说

这种理论认为，遗忘是知识的组织和认知结构简化过程。这是奥苏伯尔根据他的有意义言语学习理论对遗忘提出的一种独特的解释。他认为，当人们学到了更高级的概念与规律之后，高级的观念可以代替低级的观念，使低级观念遗忘，从而简化认识并减轻了记忆。在真正的有意义学习中，前后相继的学习不是相互干扰而是相互促进的，因为有意义学习总是以原有的学习为基础，后面的学习则是对前面的学习的加深和补充。

4. 遗忘曲线

德国心理学家艾宾浩斯对遗忘作了系统的首创性研究，并揭示了遗忘变量和时间变量之间的关系，从表 5-1 中的数据可以看出，遗忘的进程是不均衡的，刚学过以后遗忘得很快，而后遗忘就逐渐缓慢下来，到了一定时间，几乎不再遗忘了，即遗忘先快后慢的规律，艾宾浩斯把这个结果绘制成一条曲线，即艾宾浩斯遗忘曲线，如图 5-2 所示。

表 5-1　不同时间间隔后的记忆成绩（艾宾浩斯）

时间间隔	重学节省诵读时间百分数/%
20 分钟	58.2
1 小时	44.2
8 小时	35.8
1 日	33.7
2 日	27.8
6 日	25.4
31 日	21.1

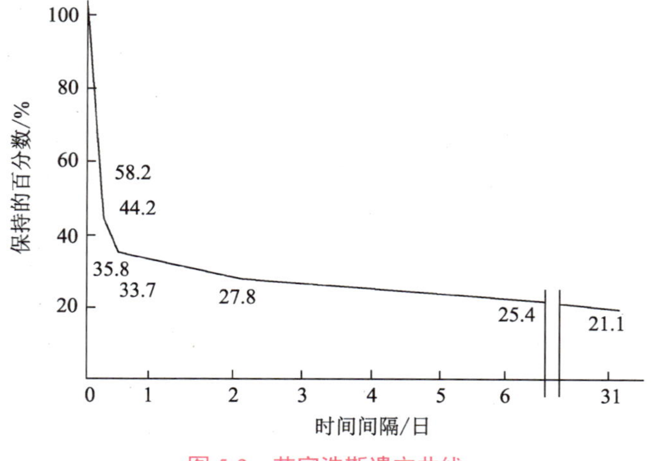

图 5-2　艾宾浩斯遗忘曲线

继艾宾浩斯之后，许多人对遗忘进程的研究也都证实了艾宾浩斯遗忘曲线基本上是正确的。

三、再认和回忆

1．再认

再认是过去经历的事物重新出现时，能够被识别和确认的心理过程。

在再认过程中，不同的人对不同的材料的再认速度是不一样的，这和影响再认的因素有关。这些因素是：

① 原有经验的巩固程度。如果过去经验很清晰、准确地被保持，当再次出现时，一般能迅速、准确地予以确认。如果过去经验已经发生了泛化现象，就容易发生再认错误。

② 原有事物与重新出现时的相似程度。相似程度越高，再认越迅速，准确相似性越差，再认越困难、缓慢，出现再认错误的可能性越大。

③ 个性特征。个性特征不同，人的心理活动速度和行为反应的快慢也不同。心理学家曾通过实验证实，独立性强的人和依附性强的人的再认有明显的差异。

当再认出现困难时，人们常常要寻找再认的线索，通过线索达到对事物的再认。线索是再认的支点，如对久别重逢的朋友的再认一般要以身体的某些特征作为再认的线索。

2．回忆

回忆是过去经历的事物在头脑中的再现过程。例如，在回答教师的提问时，学生要把头脑中所保持的与该问题有关的知识提取出来，这种提取过程就是回忆。

再认和回忆是过去经验的恢复，是从记忆中提取信息的两种形式，它们之间没有本质区别，只有保持程度上的不同。能回忆的一般都能再认；能再认的不一定都能回忆。所以，仅靠再认还不足以说明已达到牢固保持的程度。

回忆可以分为两大类。根据有无目的性，可以把回忆分为有意回忆和无意回忆。有意回忆是在预定目的的作用下对过去经验的回忆。如对考试内容的回忆；无意回忆是没有预定目的，自然而然发生的回忆。如触景生情等。

根据有无中介因素参与回忆过程可把回忆分为直接回忆和间接回忆。直接回忆是由当前事物直接唤起的对旧经验的回忆。间接回忆是借助中介因素而进行的回忆。从难度上看，间接回忆比直接回忆难度要大。追忆是间接回忆的特殊形式，它是通过积极的思维活动和较大的意志努力而进行的回忆。学生在解难题时对有关知识的回忆往往就是追忆。

回忆过程特别是追忆，常常以联想为基础。联想是事物之间的联系或关系的反映，是头脑中暂时神经联系的复活。联想在整个记忆过程中都有重要的作用。联想规律主要包括以下几种：

① 接近律。它是指在时间或空间上接近的事物形成的联想。如春—夏—秋—冬的联想为时间上的接近；东—南—西—北为空间上的接近。

② 相似律。它是以事物之间某些相似或共同特征为基础形成的联想。如鸟—飞机；鱼—潜艇等联想。

③ 对比律。它是指事物之间相反相承的关系形成的联想。如真理—谬误；难—易等联想。

④ 因果律。它是指因事物之间因果关系形成的联想。如骄兵必败，勤能补拙等联想。

第三节　小学儿童记忆发展的特点与记忆能力的培养

一、小学儿童记忆发展的特点

1. 有意识记稳步发展并逐步取代无意识记的主导地位

小学生的有意识记是随着年龄的增长而逐渐发展的。刚入学的小学儿童，记忆仍保持着学前儿童的主要特点，无意识记仍占重要地位。到小学二年级表现为无意识记和有意识记的效果相当。从小学三年级开始，学生的有意识记逐渐取代无意识记并占主导地位。小学生记忆发展的这特点，对其日后的学习具有十分重要的意义，因为记忆同一材料，有意识记的效果要比无意识记的效果好。但在小学生的学习过程中，两种识记都是不可缺少的，有意识记的发展并不否定无意识记的作用。事实上，小学生很多知识的积累在一定程度上还是通过无意识记起作用，就教师的人格对学生的影响来说，往往也是通过无意识记发挥着潜移默化的作用。

2. 意义识记不断发展并逐步取代机械识记的主导地位

小学低年级学生以机械识记为主，这是因为他们抽象思维水平还不高，内部言语发展还不完善，知识较贫乏，缺乏良好的记忆方法和技巧，还不善于对记忆材料进行思维加工。随着年龄的增长、言语和思维的发展、知识经验的丰富以及学习方法与技巧的掌握，小学生意义识记不断增加而机械识记相对减少。到了三、四年级，从机械识记占主导地位向意义识记占主导地位发展。

在小学阶段，机械识记和意义识记的效果均随年龄增长而提高。在学生学习过程中，由于学习材料性质不同，机械识记和意义识记都是需要的。小学教学中要注意防止两种倾向：一是过分强调机械识记的作用而不重视意义识记；二是不重视或反对机械识记的作用。实际上，机械识记和意义识记各有特点，相互补充。但从长远来看，意义识记更为重要，因此，教师要根据实际，尽量使小学生缩短从机械识记为主到意义识记为主的过渡阶段。

3. 抽象记忆不断发展并逐步取代形象记忆的主导地位

学前儿童的具体形象记忆优于词的抽象记忆，他们擅长于记忆具体的事物、事实、形象，还不善于记忆关于事实的一般解释、公式、法则、规律等。小学低年级儿童也具有这一特点。儿童入学后，不但要记住一些具体的事物、事实和形象，而且要记住一些概念、公式、原理，这样就使小学儿童的词的抽象记忆迅速地发展起来。

随着年龄的增长，小学生从具体形象记忆为主过渡到以抽象记忆为主。但小学生在记忆抽象的材料时，主要还是以事物的具体形象为基础，即形象记忆仍起着重要作用。需要指出的是，不能认为抽象记忆出现以后，具体形象记忆就没有意义了。实际上，在学习过程中，具体形象记忆和词的抽象记忆都是必要的，因为感性认识和理性认识是不可分的，教师的任务在于：使儿童掌握充分的具体的实际材料，并且从这些具体的实际材料出发，不断发展儿童的词的抽象记忆，从而使感性认识上升到理性认识。

二、小学儿童记忆能力的培养

小学儿童的记忆发展对他们的学习至关重要，教师要有意识地采取各种措施培养小学儿童的记忆能力。

（一）培养小学生有意识记的能力

1. 要使小学生明确识记的目的、任务和要求

大量事实证明，识记的效果对识记的目的和任务有很大的依存性。有意识记比无意识记的效果好，一个重要原因就是有意识记目的明确、任务具体。一般来说，明确的识记目的和任务能够激发学生的记忆动机，有助于提高学生记忆的自觉性、主动性和针对性，从而提高记忆的效果。

小学低年级学生不了解识记的目的和任务，不善于辨别教材的主次，不能分清该记的和不该记的内容，因而他们的记忆多半比较被动。所以，教师应该有意识地向他们提出明确、具体的识记目的、任务和要求，帮助他们明确记什么和记多久，哪些课文的段落要背熟，哪些公式、定律要记牢，以及哪些内容要终身记住等。教师应经常结合教学实际进行学习目的教育，使小学生知道记住某些知识的重要性，逐渐学会向自己提出记忆的目的和任务，从而使识记由被动转为主动。

2. 要让小学生学会检查自己识记的效果

低年级小学生还不会检查自己的识记效果，甚至不明白什么叫学会，怎样算记住。因此，教师在教学活动中应有意识地帮助他们学会检查自己的记忆效果，这样学生会给自己提出长远的识记任务，从而提高识记的自觉性和能动性，他们的有意识记也就会逐渐地发展起来。

3. 要充分利用无意识记的特点

无意识记记起来轻松、不易疲劳，往往在自然状态下不知不觉地进行，但无意识记的产生往往与识记材料的生动性、形象性、新颖性和活动性以及识记主体的兴趣、情绪等有关。所以，教师在教学中要充分利用具体形象材料，激发学生的体验感，培养学生的学习兴趣，适时地变换教学方法，调动一切有利于产生无意识记的因素，帮助学生提高有意识记的能力。

（二）培养小学儿童意义识记的能力

1. 帮助学生加深对记忆材料的理解

理解是记忆的必要前提，理解了的东西记忆起来效果要好得多。意义识记的效果之所以比机械识记的效果好，就在于它是在理解的基础上识记的，学习者头脑中建立了材料内

部、材料之间、新旧知识之间的有机联系。理解的过程也就是对材料的组织加工过程。通过理解而识记的材料，不仅易于保持，而且提取时也可获得更多的线索，从而有助于回忆。因此，在记忆和复习时，一定要加深对学习材料的理解，避免不求甚解、生吞活剥地死读硬记。

要理解材料，先要弄清楚它究竟说明了什么问题和规律，它是怎样说明的，它有哪些论点和依据，各论点之间有什么逻辑关系等；然后，要将它和过去学习过或经历过的事物联系起来进行对比，找出它们的联系和区别等；最后，把它进行归类或者系统化整理，这是理解的重要标志。信息编码与贮存的效果关键在于对信息的组织与归类。

2．教给学生意义识记的有效方法

进行意义识记离不开一系列的方法和技巧，如对照、比较、分类、概括、提要等。教师在教给学生这些方法、技巧的同时，要做好示范，与学生共同操作，逐步引导学生独立操作。

中国儿童注意力和记忆力训练题

3．适当训练学生机械识记的能力

由于学习材料的性质不同，学生学习需要意义识记的同时，也需要一定程度的机械识记作为辅助。在对材料意义识记的基础上进行积极合理地背诵，一定程度上有助于对材料的进一步理解和掌握。

（三）合理地组织复习

现代心理学研究证明，巩固记忆痕迹，防止遗忘的最好办法就是复习。俄国教育家乌申斯基认为“复习是学习之母”。他形象地把学习中不注意巩固知识的现象，比喻为醉汉拉货车，边拉车、边丢货，最后到家时只剩下一辆空车。这个比喻形象而意义深刻。那么应如何组织学生科学复习呢？

1．复习要及时

根据遗忘进程先快后慢的规律，学习之后要“趁热打铁”，及时复习。心理学实验证明了及时复习对巩固知识的重要作用：实验时给两组被试学习一段课文，甲组在学习后进行了一次复习，乙组没有复习。一天后甲组保持率为98%，乙组保持率为58%；一周后甲组保持率为85%，乙组仅为33%。

2．合理分配复习时间

同样的复习时间，由于分配方式不同，复习效果也不同。复习时间的分配方式有集中复习和分散复习两种。许多实验证明，分散复习的效果优于集中复习，因为分散复习之间有时间间隔，可以防止抑制，有利于知识的巩固。而集中复习材料多，时间长，容易疲劳，甚至降低兴趣，抑制的作用大。

在分配复习时间时，每次复习之间间隔不宜过短，否则近似于集中复习；但间隔也不宜过长，否则难免有遗忘。一般来说，最初复习时，各次复习应密一些，因为教材初步识记所保持的时间是较短的；以后各次的间隔可以逐渐加长。

3．反复阅读与尝试回忆相结合

在复习时，不要机械地一直简单重复阅读，这样没有重点，平均使用时间，效果不好。

最好在阅读几遍之后，把书本合起来，尝试着回忆。当回忆不起来时，再看书本。这样复习就有了侧重点，回忆不起来的地方可以多看几遍，复习效果会大大提高。

4．复习方法多样化

复习最忌单调重复，这样会使学生感到枯燥无味，容易产生厌倦和疲劳，使大脑皮层处于抑制状态，影响复习效果。采用多样化的复习方法，如反复阅读、列复习提纲、相互提问，这样每次都从新的角度重现旧材料，学生会感到新颖、有趣，有助于调动学习积极性，提高复习效果。

5．动员多种感官参与复习活动

动员多种感官参与复习也是提高复习效果的一个重要条件。多种感官参与复习会使复习过程变成读、听、写、想的综合活动，信息可以通过多种感觉通道到达大脑皮层，形成广泛的神经联系，有利于知识的巩固。研究表明，在同样的时间内识记同样的材料，单凭视觉识记，只能记住 70%；单凭听觉识记只能记住 60%；而采用视听结合识记，则能记住 86.35%。

6．复习次数要适宜

要掌握复习的量：复习内容的数量要适当，就是说一次复习内容的数量不宜过多，因为，学习内容的数量与复习的次数及所用的时间是成正比增长的；提倡适当的过度学习，即达到 150%的学习（过度学习的材料能避免遗忘），从而提高记忆效果。过度学习指在学习达到刚好成诵以后的附加学习。

（四）教会小学儿童回忆的策略

分析小学儿童在考试时所出现的失分现象，究其原因，有相当一部分就是由于不善于运用回忆的策略造成的。因此，掌握回忆的策略是提高记忆的重要方法。第一，牢记需要回忆材料的名称、项目，学会审题；第二，对要回忆的材料进行系统搜索，以免挂一漏万，确保回忆材料的全面性；第三，合理运用联想规律；第四，与干扰做斗争。

（五）教小学儿童记忆的方法

记忆方法是学生学习的一个重要手段，记忆方法适当与否，直接影响学习效果。下面介绍几种适用于小学儿童的常用记忆方法。

1．直观形象法

直观形象法是指把抽象的材料加以直观形象化来记忆。例如，教生字“漏”和“灭”时，可通过分析字形来帮助学生理解字义，以便其记忆。

2．图表法

对复杂的材料，可通过制作图表（如历史朝代表），由繁化简进行记忆。

3．谐音记忆法

谐音记忆法是指利用谐音为中介的一种记忆方法。这种方法能把无意义的材料变成有意义的材料，把生疏的材料变成熟悉的材料。例如，圆周率 3.141 59 用谐音法可记为“山间一寺一壶酒”。

4．归类比较法

对那些在认识上易发生泛化的相似材料，可通过归类比较分辨其细微的差别，使学生在认识上产生分化，以便保持牢固的记忆。例如，对形近而音义不同的“己”“已”“巳”三个字和“戍”“戌”“戊”“戎”四个字，可根据其笔画在空间上占有情况的不同，进行归类比较。同时，可用歌诀记忆法把它们编成“己字空，已字中，巳字不漏风”和“点戍横戌戊中空，横若通头就是戎”的顺口溜，以便于区分和记忆。

5．联想法

根据前文所述的联想的规律，可以根据记忆内容的时间或空间、意义的联系等建立联想，如有些历史年代可运用时间上的接近联想来加强记忆。例如，学生不易记住辛亥革命和太平天国运动发生的年代，可告诉他辛亥革命比中国共产党成立（1921 年）早 10 年，太平天国运动比鸦片战争爆发（1840 年）迟 10 年。

6．歌诀法

如果把需要识记的材料变成合辙押韵的歌诀，能收到极好的记忆效果。例如，记忆“磨”字，可以编为“一点一横长，一撇到南洋，南洋两棵树，坐在石头上”。

具体使用时，不能把上述记忆方法绝对地分开、孤立地看待，而要针对具体情况合理应用。

本章小结

记忆是过去经历过的事物在人脑中的反映。记忆的基本过程是由识记、保持、再认和回忆三个环节组成的。信息加工理论认为，记忆过程就是对输入信息的编码、存储和提取过程。

根据记忆时意识参与的程度划分，可以把记忆分为内隐记忆和外显记忆。根据记忆的内容分类，可以把记忆分为形象记忆、情绪记忆、逻辑记忆、动作记忆和情景记忆。根据记忆内容保存时间的长短分类，可以把记忆分为瞬时记忆、短时记忆和长时记忆。

记忆品质体现为记忆的敏捷性、持久性、准确性和准备性。

识记是获得事物的映象并成为经验的过程。识记根据其有无预定目的可分为有意识记和无意识记；识记根据其材料和方法不同可分为机械识记和意义识记。影响识记效果的因素主要包括：识记的目的与任务、活动的内容与性质、识记方法、材料的数量和性质。

保持是人的知识、经验在头脑中的贮存过程。保持中的信息会发生量和质的变化。遗忘是指识记过的材料不能再认或回忆，或者发生错误的再认或回忆的现象。根据遗忘时间，可分为永久性遗忘和暂时性遗忘；根据遗忘内容，可分为部分遗忘与整体遗忘。遗忘的原因主要有记忆痕迹消退说、干扰说、压抑说和同化说。艾宾浩斯遗忘曲线表明：遗忘进程是不均衡的，遵循先快后慢的规律。

再认是过去经历的事物重新出现时，能够被识别和确认的心理过程。再认速度取决于原有经验的巩固程度、原有事物与重新出现时的相似程度和个性特征。回忆是过去经历的事物在头脑中的再现过程。根据有无目的性可以把回忆分为有意回忆和无意回忆。根据有

无中介因素参与回忆过程，可把回忆分为直接回忆和间接回忆。

小学儿童记忆的发展主要表现为：有意识记稳步发展并逐步取代无意识记的主导地位；意义识记不断发展并逐步取代机械识记的主导地位；抽象记忆不断发展并逐步取代形象记忆的主导地位。

小学儿童记忆能力的培养主要从以下几方面着手：培养小学儿童有意识记的能力；培养小学儿童意义识记的能力；合理地组织复习；教会小学儿童回忆的策略；教给小学儿童记忆的方法。

拓展阅读

1. 弗斯特. 记忆术［M］. 立君，译，南昌：江西人民出版社，2001.

2. 石建芳. 打开记忆之门——小学二年级心理辅导课教学设计［J］. 江苏教育，2017（56）.

3. 王晓. 小学英语单词的记忆方法浅析［J］. 基础教育研究，2017（19）.

4. 周春兰. 记忆小学数学知识“三法”［J］. 考试周刊，2017（22）.

5. 程雯. 图像化记忆法在小学古诗词教学中的应用［J］. 好家长，2017（68）.

练习与思考

一、单项选择题

1. 记忆过程包括以下几个基本环节（　　）。

A. 再认和回忆　　B. 保持和遗忘

C. 识记、保持和遗忘　　D. 识记、保持、再认或回忆

2. 在路上遇见小时候的同伴，虽然叫不出他（她）的姓名，但确认是认识的，此时的心理活动是（　　）。

A. 重现　　B. 保持　　C. 回忆　　D. 再认

3. 客观刺激停止作用后，感觉信息在一个极短时间内保存下来的记忆是（　　）。

A. 瞬时记忆　　B. 短时记忆　　C. 长时记忆　　D. 内隐记忆

4. 最早提出遗忘规律的心理学家是（　　）。

A. 埃里克森　　B. 亚里士多德　　C. 艾宾浩斯　　D. 冯特

5. 后学习的材料对保持和回忆先学习材料的干扰作用叫（　　）。

A. 前摄抑制　　B. 倒摄抑制　　C. 消退　　D. 强化

6. 遗忘的进程是（　　）。

A. 先慢后快　　B. 先快后慢

C. 倒 U 型曲线　　D. U 型曲线

7. 短时记忆转入长时记忆的条件是（　　）。

A. 对识记的材料加以注意　　B. 精细复述

C. 机械复述　　D. 意识到短时记忆的信息

8. 告诉你一个电话号码，你可以按照它去拨号，但打过以后，再问你该号码，你又不记得了。这是（　　）表现。

A. 瞬时记忆　　B. 感觉记忆　　C. 短时记忆　　D. 长时记忆表现

9. 认为遗忘是记忆痕迹得不到强化而逐渐减弱以致最后完全消失，这是（　　）。

A. 干扰理论　　B. 消退理论　　C. 强化理论　　D. 抑制理论

10. 善于根据当前的要求把需要的事物从记忆中准确迅速地提取出来，这种良好的记忆品质是（　　）。

A. 记忆的全面性　　B. 记忆的快捷性

C. 记忆的准备性　　D. 记忆的精确性

11. 短时记忆的容量为（　　）。

A. 5±2 个组块　　B. 6±2 个组块

C. 8±2 个组块　　D. 7±2 个组块

12. 学生对字词、概念、规律和公式等各种概括化知识的记忆，属于（　　）。

A. 动作记忆　　B. 情景记忆

C. 感觉记忆　　D. 语义记忆

13. 艾宾浩斯遗忘曲线告诉我们遗忘的速度先快后慢，根据这个规律，为了巩固学习效果，我们应该（　　）。

A. 及时复习

B. 尽可能多地复习

C. 首次学习之后不需要复习，等隔了较长一段时间再复习

D. 自始至终都保持同样的复习频率

14. 在平常测验中，选择题考察的是（　　）。

A. 识记　　B. 保持　　C. 回忆　　D. 再认

15. 学习程度对保持和遗忘有较大影响，实验证明，既不产生疲劳又使保持的效果最佳的过度学习为（　　）。

A. 40%　　B. 50%　　C. 60%　　D. 70%

二、填空题

1. 记忆以______为基础，而且是从______过渡到______的桥梁。

2. 记忆是个体对______的反映。

3. 以个体感知过的客观事物为内容的记忆叫______。

4. 记忆的过程（环节）是______、______、______。

5. 根据信息加工与记忆阶段分类，分为______、______、______。

6. 保持是记忆过程的______环节，是信息的______过程。

7. 根据个体在识记时有无明确的目的，可将识记分为______和______。

8．根据识记材料的特点和识记时是否以理解为基础，可以把识记分为______和______。

9．机械识记的基本条件是______，意义识记的基本条件是______。

10．艾宾浩斯是__国的心理学家，他发现遗忘的进程是______，呈现______的趋势。

三、判断题

1．记忆是人脑对过去经验的反映。 （ ）

2．瞬时记忆中的信息人们能够意识到。 （ ）

3．短时记忆中的信息进入长时记忆的条件是被注意到。 （ ）

4．遗忘是与识记相反的过程。 （ ）

5．有意识记是有意义的记忆，无意识记是无意义的记忆。 （ ）

6．视觉识记优于听觉识记，而视听结合，或尽可能多的感觉器官参与的识记效果则更好。 （ ）

7．遗忘曲线反映了遗忘的规律，显示出人类的遗忘的进程是不均衡的，有先慢后快的特点。 （ ）

8．过度学习就是指学习和记忆的内容大大超过了学习者的承受能力，而导致负向学习和影响记忆效果的学习。 （ ）

9．识记一份较长的材料，往往首尾部分容易记住，而中间部分则遗忘较多。 （ ）

10．再认和回忆都是过去经验的恢复，是从记忆中提取信息的两种不同水平的形式，它们之间没有本质的区别，只有保持程度上的不同。 （ ）

四、简答题

1．简述记忆的种类

2．简述遗忘及其规律。

3．简述小学生记忆发展的特点。

五、案例分析

1．小明一进高中，高年级的同学就教给他一个学习的法宝——上课认真听，课后尽情玩，考前加夜班，考试必过关。小明按照这个法宝学习了一个学期，虽然期末考试过关了，可是第二学期一开学，才发现脑子里空空的，什么东西也没有，小明感到非常苦恼。

思考：请用心理学原理分析小明为什么这样？应该如何做才能学到知识？

2．在一次识记效果的考查试验中，对甲、乙两组被试分别呈现下列两行数字，然后让他们进行书面再现。甲组：7142856112224；乙组：7，14，28，56，112，224。试验结果表明乙组被试对材料记得又快又准。

思考：请用识记原理分析其原因。

第六章

思 维

学习目标

- 理解思维的概念及其特征，了解思维的种类。
- 理解思维的过程与形式。
- 了解思维与言语的关系以及思维的品质。
- 理解创造性思维的基本知识，能够运用思维的基本原理和思维研究方法，分析和解决有关思维问题。
- 掌握小学儿童思维发展的特点。
- 掌握培养小学儿童思维能力和创造性思维训练的方法。

本章导读

思考以下3道微软面试测试题，并给出你的思考结果：

1. 你让工人为你工作7天，给工人的回报是一根金条。金条平分成相连的7段，你必须在每天结束时给他们一段金条，如果只许你两次把金条弄断，你如何给你的工人付费？

2. 请把一盒蛋糕切成8份，分给8个人，但蛋糕盒里还必须留有一份。

3. 一个岔路口分别通向诚实国和说谎国。来了两个人，已知一个是诚实国的，另一个是说谎国的。诚实国永远说实话，说谎国永远说谎话。现在你要去说谎国，但不知道应该走哪条路，需要问这两个人。请问应该怎么问？

我们人类是如何通过思考并给出答案的呢？这与我们的思维活动过程息息相关，那么在这一章节，我们就一起来探索思维的奥秘。

第一节　思维概述

一、思维的概念及其特征

（一）什么是思维

思维是人脑对客观事物的本质特征和内在规律的概括和间接的反映。人们在学习、工作和生活中，每当碰到一时不能解决的问题时，往往会说“让我想一想”或“请你考虑考虑”。这种“想”和“考虑”，就是指人的思维活动。思维与感觉、知觉一样，都是人脑对客观事物的反映，但是，思维又不同于感觉、知觉和记忆。

感觉、知觉是直接接受外界的刺激输入，并对输入的信息进行初级的加工。记忆是对输入的刺激进行编码、存储和提取的过程，而思维是对输入的刺激进行更深层次的加工。它揭示事物之间的关系，形成概念，利用概念进行判断、推理，解决人们面临的各种问题。但思维又离不开感觉、知觉、记忆活动所提供的信息。只有在大量感性信息的基础上，在记忆的作用下，人们才能进行推理，做出种种假设，进而揭示感觉、知觉、记忆所不能揭示的事物的内在联系和规律。

（二）思维的基本特征

思维具有概括性和间接性两个基本特征。

1. 思维的概括性

思维的概括性反映的不是个别事物或事物的个别属性，而是客观事物的一般特征及事物的内在联系。它具有两层含义：一是反映的是同类事物的共同特征。例如，通过感知，认识了直角三角形、锐角三角形、等边三角形等，通过思维，舍弃了不同三角形的具体特征，概括为平面三角形，这就找出了不同角度三角形的共同性特征。二是通过思维，能够把握客观事物的本质特征和内部联系，并将其推广到同类事物中去。在思维水平上对客观事物共同性的概括，实质就是对客观事物的本质特征与内在联系的概括。

2. 思维的间接性

思维的间接性是指人们借助于一定的媒介和已有的知识经验对另一些没有被直接感知或不可能被直接感知的客观事物进行间接的认识。例如，人类还没有真正搞清宇宙形成的奥秘，但人们可以根据宇宙中存在的种种现象以及相关的知识经验来推测它的形成。日常生活中，人们见月晕而知有风，由础润而知有雨；医生化验病人血液而诊断疾病；生理学家从狗的唾液分泌而推断大脑皮层的活动规律；教师从学生的现实表现而分析其心理形成规律并制定教育方案等。由此可见，由于思维的间接性，人们才可能超越感知觉提供的信息，认识那些没有直接作用于人的感官的事物和属性，从而揭示事物的本质和规律。从这个意义上讲，思维认识的领域要比感知觉认识的领域更广阔、更深刻。

二、思维的种类

（一）直观动作思维、形象思维和抽象思维

从个体发展和思维凭借物（思维的工具）来看，可将思维分为直观动作思维、形象思维和抽象思维。

1. 直观动作思维

直观动作思维又称为直觉行动思维，是依靠感知并在实际操作过程中进行的思维。其特点是直观性和动作性，即思维时与所产生的动作不可分，离开了具体动作的操作，思维就终止。儿童在掌握抽象数概念前用手摆弄物体进行计算，就属于动作思维。成人在操作一个复杂而陌生的物体时，也要借助于动作的支持。

2. 形象思维

形象思维是凭借事物的直观具体形象解决问题的思维。例如，刚刚开始学习计算的儿童，在解答诸如“8 个苹果让小朋友吃掉 3 个，还剩几个”这类题时，会在脑中利用苹果的直观形象进行思维。成年人在解决复杂问题时，也经常凭借事物的具体形象并按照其内在逻辑规律来进行推理，如艺术家、作家、导演、设计师等。

3. 抽象思维

抽象思维又称为抽象逻辑思维，是以抽象的概念、判断、推理的形式来反映客观事物的本质特征和内在联系的思维。科学家研究探索和发现客观规律，学生理解和论证科学的概念和原理以及日常生活中人们分析问题、解决问题等，都离不开抽象思维。

个体思维的发展，一般都要经历动作思维、形象思维和逻辑思维三个相互联系的阶段，特别是在解决实际问题时，这三种思维往往是相互联系，相互渗透的。例如，在进行科学实验时，既需要有高度的科学概括，又需要展开丰富的联想和想象，同时还需要在动手操

作中探索问题症结所在，最后圆满地解决问题。

（二）直觉思维和分析思维

依据思维过程清晰的程度，可将思维分为直觉思维和分析思维。

1．直觉思维

直觉思维是指面临新问题、新事物或新现象时，能够迅速理解并做出判断的思维。这是一种直接的领悟性思维活动。例如，警察在嘈杂的人群中，能迅速辨别出罪犯；紧急情况下，爆破专家凭借直觉思维即刻做出生死攸关的抉择等。直觉思维具有快速性、跳跃性等特点，在某种程度上，直觉思维好比思维的紧急专用通道，是逻辑思维的凝聚与简缩。

2．分析思维

分析思维是遵循严密的逻辑规律，逐步分析与推导，最后得出合乎逻辑的正确结论的思维。哲学思索、理论探讨、科学检验、数学推导，学生的解题或现场事故的调查等，都离不开分析思维的缜密推理活动。

直觉思维和分析思维相互补充、相互联系。直觉思维是以个体熟悉的知识经验为依据，直接作出判断，并得出结论，但在此之后，需要运用分析思维的方法，即通过演绎或归纳，对所作结论进行验证。

（三）发散思维和辐合思维

根据思维探索答案的方向，可以将思维分成发散思维和辐合思维。

1．发散思维

发散思维又称为求异思维，指人们沿着不同方向探索思考，通过重新组织当前信息和记忆中的知识经验，产生两种或两种以上多样性答案的思维形式。发散思维是不确定思考方向或范围，不墨守成规，不囿于传统方法，由已知来探知未知的思维。例如，要求能够尽量多地说出曲别针的功能或用途时，就需要运用发散思维。

2．辐合思维

辐合思维又称为聚合思维、求同思维，指从已有的信息出发，根据自己熟悉的知识经验，遵循逻辑规则获得问题的最佳的单一答案的思维形式。辐合思维的特点是闭合性，得到的结果是确定的，具有一定的方向性、范围性、条理性，其实质是求同，但会受到个体自身知识经验的制约与束缚。例如，学生进行数学考试时的解题过程，无论采取哪种解法，都要根据已知条件和数学规则，通过聚合思维求得未知解。

发散思维和辐合思维是相互联系、相互作用的。辐合思维是发散思维的出发点与最后归宿，发散思维则以辐合思维为中心扩及其他各个方面，并从中探索出解决问题的最佳答案或方案。

（四）常规思维与创造思维

根据思维的创新性程度，可将思维分成常规思维和创造思维。

1．常规思维

常规思维又称为再造思维，是运用自己已有的知识经验，按现成的方案和程序，运用

惯常的方法、固定的模式直接解决问题的思维形式。如学生运用已学会的公式解决同一类型的问题。这种思维的创造性水平低，对原有的知识不需要进行明显的改组，也没有创造出新的思维成果，因而称之为常规思维或再造性思维。

2. 创造思维

创造思维是指重新组织个体已有的知识经验，提出新方案或新程序，以新颖、独特的方式，创造出新的思维成果的思维形式。科学研究、发明创造、文艺创作或技术革新等创造性活动都是通过创造思维实现的。

许多心理学家认为，创造性思维是多种思维的综合表现。它既是发散思维和辐合思维的结合，也是直觉思维与分析思维的综合，它包括理论思维，又离不开创造想象。

第二节　思维的过程与形式

一、思维的过程

（一）思维过程的基本操作

思维过程的基本操作是分析和综合。分析是在头脑里把事物的整体分解为各个部分、各个方面或不同特征，分别加以思考的过程。综合是在头脑里把事物的各个部分、各个方面和不同特征结合起来组成整体来加以思考的过程。例如，我们在头脑里可以把一株植物分解为根、茎、叶、花等来加以思考，这是分析；也可以把根、茎、叶、花组成整株植物加以思考，这是综合。分析和综合是同一思维过程中不可分割的两个方面，是彼此相反又相互联系、相互制约的过程。分析反映事物的要素，综合反映事物的整体。在思维过程中，它们是统一的。只有分析没有综合，就是“只见树木，不见森林”；而只有综合，没有分析，则是“只见森林，不见树木”。

（二）思维过程的具体表现

在分析和综合的思维过程中，会运用到比较、抽象、概括和具体化等思维方法。

1. 比较

比较是在头脑中把各种事物加以对比，并确定它们之间异同的过程。比较是在分析和综合的基础上进行的。为了比较，首先必须了解事物的各个部分或特征，并认识事物间已分出的部分或特征间的关系，然后才能确定它们之间的不同点和相同点。因此，比较必须以分析和综合为基础。

比较可以从不同的角度来进行。例如，对各种动物，可以从形态来比较；对不同类型的数学应用题，可以从数量关系来比较，也可以从计算方法来比较；对形近字主要从字形来比较；对近义词或反义词则主要从词义来比较等。但是，在比较复杂事物的性质时，必须以本质特征为依据，否则会得出错误的结论。

2．抽象与概括

抽象是在头脑中抽出一些事物的共同的本质属性，舍弃其非本质属性的过程。概括是在头脑中把从同类事物中抽取出来的共同本质属性结合起来，并推广到同类其他事物的思维过程。例如，我们对各种鸟进行分析、综合和比较后，抽取出它们的共同本质属性“有羽毛”等，同时舍弃其非本质属性（如颜色、形态、大小、飞行高低等），这就是抽象。同时，我们把这些共同的属性结合起来，推广到同类的其他鸟身上，从而认识到“凡是有羽毛的动物是鸟”，这就是概括。

抽象和概括是在比较的基础上进行的，是更高一级的思维过程。只有通过抽象和概括，人才能认识事物的本质属性和规律性，由感性认识上升到理性认识。

3．具体化

具体化是把概括出来的一般认识应用到具体的、特殊的事物上去的过程，如学生用某些定理、公式解决某一具体问题。

具体化是认识发展的重要环节。它既可以使人解决具体的实际问题，又可以使人更好地了解一般的东西（如原理、法则、规律等），使一般认识不断地扩大、丰富和深入。

上述思维过程，彼此之间不是截然分开的，在实际的解决问题活动中是相互联系的统一过程。

二、思维的形式

思维的基本形式有概念、判断和推理三种。

（一）概念

1．什么是概念

概念是人脑反映事物本质属性的思维形式。如“玩具”这个概念，它反映了皮球、娃娃、木枪、小汽车等许多供游戏用的物品所共同具有的本质属性，而不涉及它们彼此不同的具体特性（如娃娃是布制的，皮球是圆的，小汽车会走等）。

概念总是和词联系着，用词来标志，以词的意义形态出现。随着词的意义不断地充实和发展，概念的内容也在不断地扩大和加深。

每个概念都有它的内涵和外延。内涵是指概念所包含的事物的本质属性。外延是指属于这一概念的一切事物。例如，“平面三角形”这个概念的内涵是：平面上三条直线围绕而成的封闭图形；外延是：有直角三角形、锐角三角形、钝角三角形等。

概念不是一成不变的。随着历史的发展，人类对客观世界认识的日益深入，概念的内涵和外延也在不断地变化。例如，武器、通信、人民、交通工具等概念，都随着时代的改变、科学技术的发展而发生很大的变化。因此，概念是人类历史发展的产物。

知识链接

概念与词

概念是用词来标志的。如果没有词，概念就不可能存在。但概念并不等于词，它们既有联系又有区别。词是概念的物质外壳，概念赋予词以一定的意义和内容。但是，概念是心理现象，词是概念的物质标志，两者不能混淆。

不同的词可代表同一概念，如“我”“吾”“余”等都表示说话者自己，是单数第一人称；同一个词也可以表示不同的概念，如“仁”有时指道德概念“仁义”“仁慈”，有时又指果实概念“桃仁”“杏仁”等；有些词甚至不表示概念，只表示关系或联系，如“但是”“而且”等。因此，我们不能把心理现象与物质现象等同起来。

2. 概念的掌握

儿童在学校教学条件下，主要通过概念形成和概念同化两种方式掌握概念。

（1）概念形成

儿童在活动中，从大量具体实例出发，对得到肯定的一类实例加以概括，抽取共同的属性，最终形成一个概念。我们把这一过程称为概念形成。

例如，父母叫儿童把“碗”拿来，若拿对就给予肯定，说：“对，这就是碗。”若拿错了，就予以否定，说：“不对，这不是碗。”儿童经过拿各种各样的碗（大碗、小碗、瓷碗、塑料碗等）并使用它来吃饭，最终掌握了碗的共同属性，形成了“碗”的概念。虽然他还不会下定义，但能正确使用这一概念。

概念的形成具有两个条件：第一是儿童必须辨别概念的正反例证（碗和非碗，如杯子、盘子、筐子等）；第二是成人对儿童的反应给予肯定或否定。

（2）概念同化

儿童入学以后、随着知识的增加，概念同化逐渐成为他们掌握概念的主要形式。所谓概念同化，就是利用头脑中已经掌握的概念及其相互间的关系去接受一个新的概念。例如，学生已经掌握了“哺乳动物”的概念（所有胎生和哺乳的动物），再去学习新概念“鲸”时，便很快地予以接受。因为鲸虽生活在海洋中，形状像鱼，但它具有哺乳动物共同特性——胎生和哺乳。这样，学生利用已掌握的概念而接受了一个新的概念。

概念的掌握并不是通过一次学习就能完成的，需要不断深化。同时，概念并不是孤立的，而是连成体系的。因此，只有形成体系的概念，才是真正掌握的概念。

（二）判断

判断是肯定或否定某种东西的存在或指明某种事物是否具有某种性质的思维形式。例如，“实践是检验真理的唯一标准”，这是肯定判断，“蝴蝶不是鸟”，这是否定判断。“盐是咸的”“黄连是苦的”，这是事物属性的说明。任何判断都是我们对事物的认识，是对客观事物之间联系的反映。我们头脑中的任何思想、任何词句，只要其中有某种内容，就一定包含着判断。思维过程要借助于判断去进行，思维的结果也以判断的形式表现出来。

判断是在概念的基础上进行的。它表现为概念之间的关系。如“我们是师范生”这个判断中运用了“我们”“师范生”的概念，并揭示了它们之间的关系。

（三）推理

推理是从已知的判断（前提）推出新的判断（结论）的思维形式。推理的主要形式有两类：归纳推理和演绎推理。

归纳推理是从特殊事物推出一般原理的推理。例如，从金、银、铜、铁、铝受热膨胀，得出“金属受热膨胀”的一般原理。演绎推理是从一般原理到特殊事物的推理。例如，我们已知道“金属是电的良导体”（大前提）和“锡是金属”（小前提），得出结论“锡是电的良导体”。归纳推理和演绎推理是相反相成、相互联系着的。归纳得出的结论可以用演绎去验证，演绎的前提是通过归纳得出的。在复杂的思维过程中，这两种推理经常紧密地交织在一起。

思维的三种形式——概念、判断和推理是相互联系的。概念是判断与推理的基础，而它的形成又借助于判断和推理。判断是推理的基础，而它本身又可以通过推理获得。教师如果在教学中自觉运用概念、判断和推理的规律，将有助于培养发展学生的逻辑思维能力。

第三节 思维的品质与创造性思维

一、思维的品质

判断一个人思维品质的好坏，通常采用以下几种指标。

1. 思维的广阔性

思维的广阔性是指能全面而细致地考虑问题。具有广阔思维的人，不但考虑问题的整体，而且考虑问题的细节；不但考虑问题的本身，而且考虑和问题有关的其他条件。思维的广阔性以丰富的知识为基础。只有具备大量的知识，才能从事物的不同方面和各种联系上去考虑问题，从而避免片面性和狭隘性。

2. 思维的深刻性

思维的深刻性是指能深入到事物的本质中去考虑问题。具有深刻性思维的人善于钻研问题，不被表面现象所迷惑，能够抓住事物的本质与核心，并做出正确的预测。他们能从别人司空见惯的现象中，发现重大的问题。动物和人见了食物流口水，这是众所周知的现象，俄国的生理学家巴甫洛夫却以此作为研究大脑皮层活动规律的指标并创立了高级神经活动学说，对于揭示心理的生理机制作出了重大贡献。

3. 思维的灵活性

思维的灵活性是指人的思维活动能根据客观情况的发展变化而变化，即能够根据所发现的新事实及时修改原来的想法，使思维从成见和教条中解放出来。平时我们说一个人“机智”，即指其思维的灵活性。思维的灵活性不是无原则的见风使舵，也不是心猿意马、见异思迁，一碰到挫折就打退堂鼓。有的人在客观情况变化后，思想总是跟不上；有的人思想方法执拗，爱钻牛角尖，这些都是思维缺乏灵活性的表现。灵活性反映了智力的“迁移”，如我们平时说的“举一反三、运用自如”等。灵活性强的人，智力方向灵活，善于从不同的角度与方面去思考问题，能较全面地分析、思考问题，解决问题。

4. 思维的敏捷性

思维的敏捷性是指能够迅速地发现问题并及时解决问题。即人在解决问题时，能够当机立断、不徘徊、不犹豫。这种思维品质对于从事军事、司法、医务、政工、驾驶等工作的人尤为重要。

5. 思维的批判性

思维的批判性是指一个人的思维接受已知客观事物的充分检验，以确定正确与否。具有批判性思维的人在处理问题时，能够客观地考虑正反两个方面的意见，虚心地进行自我检查，坚持正确的观点，放弃错误的想法。这是一种既善于从实际出发，又敢于批评性思考的思维品质。缺乏思维批判性的人，往往走两个极端：或自以为是，或人云亦云。自以为是的人，常常把第一个假设当作最后的真理，主观自持；人云亦云的人，则轻信不疑，没有主见，随波逐流，容易上当受骗。

二、创造性思维

（一）什么是创造性思维

创造性思维是指以新颖独特的方法解决问题，并产生首创的、具有社会价值的思维成果的思维活动。创造性思维是人类思维能力的最高体现，通过创造性思维，人们可以在现有科学成果的基础上，揭示客观事物或现象的本质特征及其规律性，形成新的认知结构，并使认识超出现有水平，达到探索未知，创造新知的境界。爱迪生发明白炽灯泡，曹雪芹创作出寓意深刻的《红楼梦》，都是通过创造性思维实现的。从心理学的角度来看，一个人所进行的创造或发现，即使早已为别人所完成，但只要对其本人来说是新颖的，就是创造性的思维活动。

（二）创造性思维的特征

1. 新颖性

创造性思维与一般思维活动相比，最突出的特征是与创造性活动联系在一起，其思维结果具有新颖性，即创造性思维不仅要遵循一般思维活动的规律，而且还要另辟路径，超越甚至否定传统思维活动模式，冲破原有观念的束缚，提出具有重大社会价值、前所未有的独特的思维成果。

2. 发散思维与聚合思维的有机结合

创造性思维要解决的是没有现成答案的问题，由于发散性思维具有变通性、流畅性和独特性的特点，可以打破原有思维活动模式，拓宽思路，产生新颖独特的观念和思想，因

而是创造性思维的主要心理组成成分。聚合思维是在发散思维所提供的大量事实基础上，经过分析、比较、加工和整理，从中得出一个最佳的、有效的答案或结论。创新需要发散思维，但发散思维不能离开聚合思维单独发生作用，必须与聚合思维相结合。

3．思维与想象的有机统一

创造性思维是在现成的资料的基础上，进行想象加以构思得以实现的，创造想象的积极参与是创造性思维的重要环节。

4．有“灵感”状态出现

灵感状态是创造性思维活动的典型特征之一。灵感是指人在创造性活动过程出现的认识飞跃的一种心理状态。灵感一般是由对疑难问题的百思不解转化为某种新形象、新概念、新思想的顿悟而突然产生的心理状态。灵感是人集中全部精力解决问题时，由于偶然因素的触发而突然出现的顿悟现象。

（三）创造性思维的基本过程

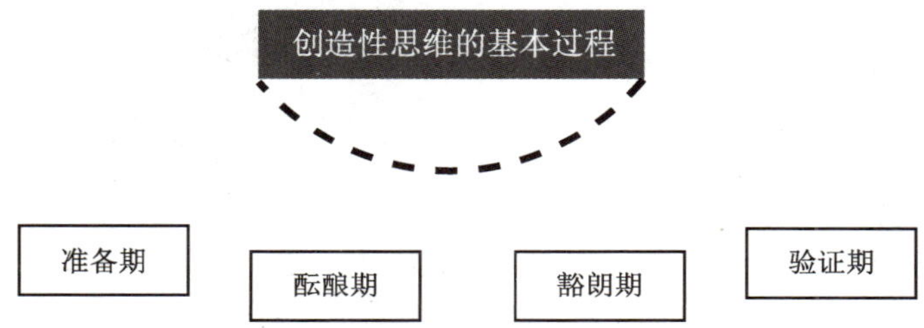

创造性思维过程极为复杂，英国心理学家约瑟夫·华莱士研究了各种类型的人的创造经验，提出了创造性思维的“四阶段论”的观点，把创造性思维过程分为准备阶段、酝酿阶段、豁朗阶段和验证阶段。

1．准备阶段

准备阶段是围绕所要解决的问题，积累素材、收集资料、理出头绪的过程。收集资料越丰富和充分，越有利于开阔思路，发现和推测问题解决的关键因素之所在，从而顺利解决问题。因此，在这个阶段中，要努力创造条件，有目的、有计划地为所规划的创造性项目做充分的准备。此时，个体已经明确所要解决的问题，并围绕这个问题收集信息，以形成自己的知识体系。

2．酝酿阶段

酝酿阶段也称孕育期，是在积累一定知识经验的基础上，在人脑中对问题和资料进行周密细致的探索和思考，力图找到解决问题的途径和方法的阶段。这个阶段从外表上看并没有明显的活动，创造者的观念仿佛处于“冬眠”状态，但实际上是在潜意识与意识的思维活动中不断涌动，有时会在一些无关活动中受到启发，使问题获得创造性解决。该阶段的最大特点是潜意识思索并未停止，正在搜集灵感和可能的解决方法，一旦酝酿成熟，答案就会跃然脑中。

创造力测试题

3．豁朗阶段

豁朗阶段也称灵感阶段，是经过酝酿阶段之后，新思想、新观念、新形象在脑中突然呈现，使问题有可能得到顺利解决的阶段。这时事物之间的各种联系和关系会意想不到地、闪电般地联结起来，似乎从“踏破铁鞋”的困境中摆脱出来，有一种“得来全不费工夫”的感觉，并显示出极大的创造性。

在豁朗阶段，具有创造性思维的人容易出现灵感，而且带有很强的爆发性和突然性，犹如电光火石，稍纵即逝。灵感的出现看似偶然与神秘，其实它总是发生在顽强致力于解决问题的人身上，是艰巨的脑力劳动的结晶。

4．验证阶段

验证阶段是对新思想或新观念进行验证、补充和修正，使其趋于完善的阶段，也是对整个创造过程进行反思的过程。在这个阶段，经过理论和实践的多次反复论证和修改，无数次地汰劣存优，使创造性活动获得圆满的结果。如果验证失败，则问题仍未得到解决，需要返回到前面的准备阶段或酝酿阶段。

第四节　小学儿童的思维

一、小学儿童思维的发展

（一）小学儿童思维发展的一般趋势

1．从具体形象思维为主逐步向以抽象逻辑思维为主过渡

在整个小学阶段，儿童的思维由具体形象思维向抽象思维过渡要经历相当长的过程。低年级儿童的思维虽然已开始有了抽象的成分，但他们所掌握的概念大部分是具体的，可以直接感知的。他们难以指出概念中最主要的本质的东西，他们的思维活动在很大程度上还是与面前的具体事物或其生动的表象联系着。只有在中、高年级，儿童才逐步学会分出本质的东西和非本质的东西，学会掌握初步的科学定义，学会独立进行逻辑论证。但是，即使达到以抽象逻辑为主要形式的思维水平，仍然带有很大的具体性。

小学儿童的思维由具体形象思维向抽象思维的过渡，存在着一个转折时期。一般认为关键在四年级（约十或十一岁），这个“转折点”何时实现，主要取决于教育。在一项思维训练的纵向研究中，接受训练的实验班到三年级下学期，平均有 86.7%的小学生达到了测定的较高级水平；而未经训练的对比班到五年级才有 75%的小学生达到这个水平。研究表明，儿童思维的发展有着很大的潜力，正确的教育可极大地促进儿童思维的发展。

小学儿童思维的发展中，具体形象的成分和抽象的成分不断地发生变化，在不同的学科、不同的教学内容中表现出不平衡性。例如，同一儿童在数学学习中，可以离开具体事物进行抽象思考；但在历史学习中，却停止在比较具体的形象水平上，对于历史发展规律的理解还感到有很大的困难。又如，儿童已能掌握整数的概念和运算方法，不需要具体事

物的支持。可是，当他们开始学习分数概念和分数运算时，如果没有具体事物的支持，就会产生理解上的困难。

2．小学儿童思维的基本过程日趋完善

儿童的分析与综合能力是在活动中形成的，并在发展中出现不同的水平。小学低年级儿童只能在直接感知的条件下进行分析与综合。例如，儿童学习计算总是用数手指或数实物来进行。这时儿童还不能脱离具体事物，在头脑中进行分析与综合。随着知识的积累，小学中、高年级儿童已能在表象和概念的基础上进行抽象的分析与综合。

小学低年级儿童在进行比较时，常表现出困难，不善于分清本质与非本质的特点。在解决具体任务时，往往不善于用比较的方法解决问题。我国心理学工作者采用“谈话法”研究了一、三、五年级小学生比较具体实物、字形、词义和课文内容异同的能力特点。结果表明，小学儿童比较能力的发展具体表现为：从正确区分具体事物的异同逐步发展到区分抽象事物的异同；从区分个别部分的异同逐步发展到区分许多部分的关系的异同；从直接感知条件下进行比较发展到运用语言在头脑中引起表象条件下进行比较。

3．儿童抽象逻辑思维的自觉性开始发展

低年级儿童虽已学会一些概念，并能进行判断、推理，但还不能自觉地调节、检查或论证自己的思维过程。他们常常能够解决某种问题或任务，却不能说出自己是如何思考、如何解决的。这是对思维本身进行分析与综合能力比较低的表现。在正确的教育下，儿童逐步学会对自己的思维进行反省，即“对思维进行思维”，以检查和调节自己的思维。如验算就是“对思维进行思维”的过程。

（二）小学儿童思维概括水平的发展

儿童的思维活动需要在已有知识的基础上，对材料加以概括才能完成。教学中的概念学习，实质上是掌握同类事物的共同的关键的特征。因此，概括是极重要的思维能力。概括水平制约着对概念的掌握、对事物的理解、对问题的解决等。儿童概括水平的发展，大体经历以下三级水平。

第一级，直观形象水平的概括。处在这一水平的儿童只能对事物的形象、外部特征或属性进行概括，他们更多地注意事物的外表属性及实际意义。小学低年级儿童的概括主要处在直观形象水平上。

第二级，形象—抽象水平的概括。处在这一水平的儿童概括能力处于从形象水平向抽象水平过渡的阶段。他们的概括中，已经有了比较丰富的表象，表象的内容也更为精确而富有概括性。因此，他们的概括虽然还有一些外部的、非本质的特征或属性，但是内部的、本质的特征或属性大大增加。小学中年级儿童的概括主要属于这一级水平。

第三级，初步的本质抽象水平的概括。这一水平的儿童能对事物的本质属性、内在联系进行初步的概括。小学高年级儿童的概括开始以本质抽象为主。但是，由于知识经验的限制，他们的概括还只是初步接近科学的概括，对那些与具体事物相距太远的高度抽象的概括，还是非常困难的。

与三种概括水平相对应，儿童掌握概念也表现出三级水平。

儿童掌握概念的第一级水平表现为以“具体实例”和“直观特征”来解释概念。所谓

“具体实例”是应用个别具体的实际事物对概念加以注释。例如，皇帝——“皇帝就是沙皇”；水——“海洋里的水”；骄傲——“就是自己夸自己，说自己比别人好”。所谓“直观特征”是以客体可感知的特征来描述概念。例如，灯是“玻璃做的”，野兽是“在树林里会伤害人的”，祖国是“美丽的地方”等。

小学儿童中，采用“具体实例”和“直观特征”掌握概念的人数占有很大比例。其中“具体实例”随年龄增长而减少，而“直观特征”随年龄增长而增加，说明小学儿童掌握概念带有明显的具体形象性。

小学儿童掌握概念的第二级水平表现为以“重要属性”和“实际功用”来解释概念。所谓“重要属性”是从概念所反映的事物的某些重要意义的属性来掌握概念。例如，皇帝是“封建社会里欺压人民”的人，祖国是“一个自己国家领土总的概括”；三角形是“三个角的形状”。所谓“实际功用”是以实物的功用来阐明概念。例如：水——“水是能喝的”；灯——“灯能照亮，能挂起来”。

小学儿童中，采用“重要属性”“实际功用”掌握概念的人数都随年级增高而增加。这表明小学儿童的思维具有明显的具体形象性，同时也表明抽象概括能力迅速发展。

小学儿童掌握概念的第三级水平表现为以“种属关系”和“正确定义”来解释概念。所谓“种属关系”是以事物内部的逻辑关系，即以“上下”概念关系来解释概念。例如，三角形——“是一种图形”，皇帝——“剥削阶级的头子”等。“种属关系”反映儿童的思维已有较高水平的发展。所谓“正确定义”是用定义的形式揭示概念的本质特征，例如，野兽——“四只脚行走的野生动物”；水——“水是会流动、无色无嗅、透明的液体”；三角形——“三角形是三条线组成的面，有三个角”等。正确定义是掌握概念的完善形式，反映儿童思维达到较高水平。

小学儿童采用“种属关系”和“正确定义”来解释概念，是抽象思维发展的标志，是正确教育的结果。在教学实践中，教师无论对具体概念还是抽象概念，都要引导儿童科学地理解和掌握概念，不能满足于以实例注释概念而不揭示概念的本质涵义，努力促使儿童对概念的掌握从日常的理解发展到科学的理解。

儿童概念的发展，不仅表现在概念本身的不断充实和改造上，而且表现在概念系统地掌握上。儿童掌握的概念，不是各自孤立、互不相关的。任何一个概念，总是与其他有关概念有一定区别，又有一定联系。掌握有关概念之间的区别和联系，也就是使掌握的概念系统化。例如，小学儿童在掌握“马”这个概念时，同时也掌握了“动物”“家畜”等概念，并知道这几个概念的相互关系。小学儿童思维的概括水平不仅反映在概念发展中，也反映在小学儿童的理解之中。例如，在一项儿童理解寓言和比喻词的研究中发现，处于第一级直观形象水平概括的低年级儿童把“有头无尾”理解成“只有头，没有尾巴”，中年级儿童把“一针见血”理解成“戳一针就看见血”。处于第二级形象——抽象概括水平的小学儿童，把《两个近视眼》的寓言理解为“是近视眼就要承认，不要自夸，夸了也没用”，局限在“近视眼”上，无法引申出去。有些中年级儿童认为“临渴掘井”，就是“要吃水，早就该准备好”，其理解仍局限在渴、水之上。处于第三级初步的本质抽象概括水平的高年级儿童开始能脱离故事的具体情节，揭示寓言、比喻词的隐喻。如对《两个近视眼》的理解是“应该实事求是不能自作聪明”，认为“一毛不拔”是“很小气”等。

小学儿童思维的概括水平同样也表现在数概念的发展中，如图 6-1 所示。据我国心理学家的研究，小学儿童对数的概括水平可划分为五个等级。

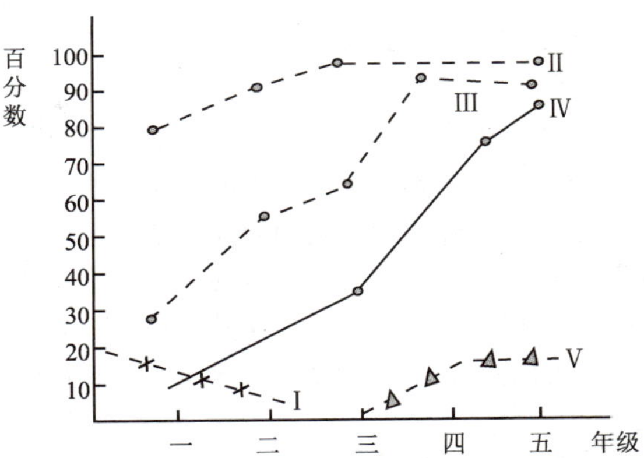

注：Ⅰ、Ⅱ、Ⅲ、Ⅳ、Ⅴ代表各级概括水平的发展趋势曲线

图 6-1　小学生数概括各级水平的发展趋势曲线

第一级，直观概括水平。表现为儿童必须依靠实物、教具、掰手指头来掌握 10 以内的数概念；离开直观条件，运算就变得困难甚至中断。

第二级，具体形象概括水平。表现为学生掌握整数的实际意义，懂得数的顺序和组成，能进行“整数命题运算”。

第三级，形象－抽象概括水平，这一水平的儿童不仅能掌握整数，还掌握小数和分数的实际意义，并能掌握简单的几何图形、定义和计算公式。

第四级，初步的本质抽象概括水平。表现为儿童能用字母代替数字，列简单的方程式解应用题，能完整地解答各种类型的“典型应用题”。

第五级，代数命题概括水平。这一水平在小学儿童中极少达到。

二、小学儿童思维能力的培养

（一）教学中思维能力的培养

1. 发展儿童的言语

人的思维，尤其是抽象思维与言语密不可分。言语是个体在掌握、运用和理解语言过程中发生的心理现象。我们知道，言语与语言是两个既有联系又有区别的概念，语言是社会约定俗成的符号系统，属于一种社会现象；而言语是个体对语言的应用，属于一种心理现象。人们在言语中使用的每一个词，都有特定的对象（如“动物”一词就指一类特定的对象），而且词又具有概括性。因此人们可以借助词进行抽象思维，认识事物的本质，进而通过言语活动传递知识、交流感情、协调行动。

发展儿童的言语能力是小学各科教学面临的共同任务。教师应当通过各种途径让学生掌握更多的词汇，使学生的思维有一个准确、得心应手的工具。发展的目标就是通过教学和训练使儿童达到领会实际操作（制作、绘画、解题、实验等），又能正确使用口头言语和书面语言表达出来。此外，引导儿童阅读课外读物，参加演讲会、辩论会、故事会，举办黑板报、壁报等活动，可以进一步丰富学生的词汇，促进正确地理解词义，学会准确地表达思想感情，推动思维的灵活性，逻辑性的发展。

2．丰富儿童的感性经验

思维是在感知觉基础上进行的高级认识活动。思维的全部材料来自感性经验，因此要发展儿童的思维，首先要丰富儿童的感性经验。帮助小学儿童掌握丰富的、生动的感性知识是发展儿童思维的必要条件。在教学中，教师应注意适当运用实物、图片及各种直观教具，并根据教育和教学需要组织参观访问、游览等活动。在活动中，教师要有意识地引导学生去全面观察，深刻分析，积累思维的素材。但是，每一位教师都必须明白，感性经验只是思维的材料而不是思维的结果。教师应设法引导学生将感性经验上升为理性经验，逐步培养他们的思维能力。

3．运用变式和比较，帮助儿童形成正确的概念

概念是思维的单位，让儿童掌握正确的概念是发展思维的首要环节。在概念的形成过程中。变式和比较起着重要的作用。变式就是将概念的正例（一切符合概念范围的具体实例）加以变化，它有助于排除无关特征，突出有关特征。而比较是让儿童在正例与正例（如大碗——小碗；塑料碗——瓷碗等）和正例与反例（如碗——筐子等）之间做对比，便于发现例证之间的共同的本质特征和非本质特征。

有研究发现，有些教师讲述“直角三角形”概念，在黑板上绘图时，大多把直角放在下方（图 6-2A），以至于许多学生见到图 6-2B 时不认为它也是直角三角形。造成这种误解的原因显然是由于教师在教学中未能应用变式，缺乏比较，结果使一些学生把某些非本质属性当成了本质属性。正确的做法是，教师在教学中应积极地运用指导语强调非本质特征变化的可能性，如“要看准三角形中是否有直角，不要只注意直角的位置”。在呈现例图时要有意识地转换位置，便于儿童形成正确认识。

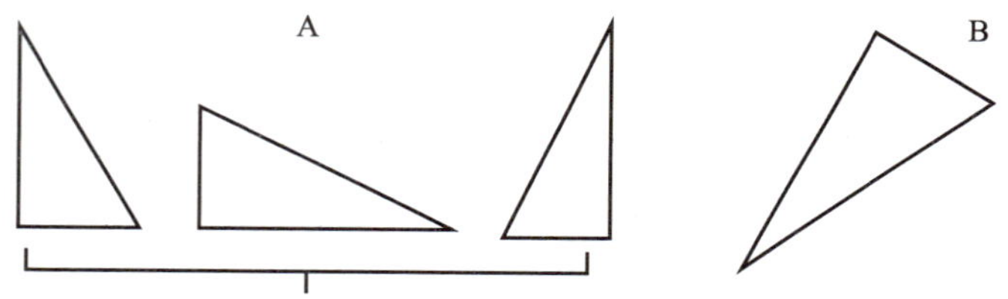

图 6-2　直角三角形的图例

4．教给儿童思考问题的方法

首先，针对小学儿童抽象思维水平不高的特点，教会学生以直观材料帮助思维，例如小学数学教学中的线段图，就是帮助思维的好方法。教师要有意识地培养学生逐步借助线段图理解题意，引导学生练习看图、画图、讲图，训练学生看图后准确说明图上怎么表示已知条件和问题，明白已知条件与问题间的关系，要求学生自己动手画。第二步，在学生借助直观图帮助思维的同时，注意教给学生逻辑推理的方法，而不是停留在乱猜硬套或“依样画葫芦”阶段，培养学生归纳和演绎的推理能力和抽象概括能力。一些有经验的教师往

往注重正确运用数学语言的训练，采用“列式”“分析图”等多种形式，培养学生正确理解题意的能力，对促进思维的发展很有效果。

（二）小学儿童创造性思维几种品质的训练

1. 流畅性训练

① 用词流畅性训练，例如，在一定时间内尽可能多地用一个基本字组词，说出一个词的多个近义词等。

② 联想流畅性训练，例如，在一定时间内尽可能多地想出与某事物相关的其他事物。

③ 观念流畅性训练，例如，在一定时间内提出尽可能多的满足一定要求的观念、方法和解决问题的答案。

④ 表达流畅性训练，例如，按照句子的语法结构和语意要求，用尽可能多的词汇造出一个句子。

在流畅性训练方面，“头脑风暴法”是一种集体中运用较多的方法，也是培养创造性思维能力的一种教学技术，其基本原则是在集体解决问题的课上，通过暂缓做出评价让学生踊跃发言，以便引出多种多样的解答方案。每一个发言者都要遵守以下规则：

① 禁止提出批评性意见（即暂缓评价）；

② 鼓励提出各种改进意见或补充意见；

③ 鼓励各种想法，多多益善；

④ 追求标新立异，允许观念离题。

教师为了启发学生思考的转化，可将启发思维方向的提示公布在黑板上。例如：

① 提出其他用途（如砖头除了盖房子，还有什么用途？）；

② 应变（从不同方面想问题，如“推时不成，拉拉看”）；

③ 改进（如把汽车上的喇叭声改换成音乐声）；

④ 扩大（如放大照片以增强效果）；

⑤ 缩小（如各种产品的小包装）；

⑥ 替代（如现代通信中利用玻璃纤维替代贵重的铜丝）；

⑦ 重新安排（如更改日程安排使大家感到方便）；

⑧ 逆转（这是重新安排的特例，如主动句改为被动句）；

⑨ 合并（如把橡皮按在铅笔杆上）等。

2. 变通性训练

① 物体功能变通性训练，例如，要求学生在一定时间内尽可能多地列出砖块、杯子、回形针等物体的功能或用途。

② 遥远联想变通性训练，例如，训练学生能在意义相差甚远，表面看似不存在联系的事物间建立新联系。

③ 问题解决变通性训练，例如，要求学生解决一系列问题，而其中每个问题的解决要运用不同的策略，增强思维的灵活性与变通性。

3. 独特性训练

① 命题独特性训练，例如，要求学生对所给的一段故事情节给出一个适当的又富有

新意的题目，并且越新颖越好。

② 后果推测独特性训练，例如，列出一些事情，让学生独特性地想象可能会发生什么事。

③ 故事结尾独特性训练，例如，给出一些故事或寓言，缺少结尾，要求学生以独特性的结尾完成这些故事或寓言。

④ 问题解决独创性训练，要求学生对所提出的问题尽可能用独特的方法去解决。

本章小结

思维是人脑对客观事物的本质特征和内在规律的概括和间接的反映。思维具有概括性和间接性两个基本特征。

根据个体发展和思维凭借物，可将思维分为直观动作思维、形象思维和抽象思维；根据据思维过程清晰的程度，可将思维分为直觉思维和分析思维；根据思维探索答案的方向，可将思维分成发散思维和辐合思维；根据思维的创新性程度，可将思维分成常规思维和创造思维。

思维过程的基本操作是分析和综合。分析和综合的不同运用，表现为比较、抽象、概括和具体化等。思维的基本形式有概念、判断和推理。

一个人思维品质的好坏从思维的广阔性、深刻性、灵活性、敏捷性和批判性这五种指标来判断。

创造性思维是指以新颖独特的方法解决问题，并产生首创的、具有社会价值的思维成果的思维活动。创造性思维的特征包括：新颖性、发散思维与聚合思维的有机结合、思维与想象的有机统一和有“灵感”状态出现。创造性思维过程分为准备阶段、酝酿阶段、豁朗阶段和验证阶段四个阶段。

小学儿童思维发展的一般趋势是：从具体形象思维为主逐步向以抽象逻辑思维为主过渡；思维的基本过程日趋完善，抽象逻辑思维的自觉性开始发展。

小学儿童概括水平的发展大体经历三级水平：直观形象水平的概括、形象—抽象水平的概括和初步的本质抽象水平的概括。小学儿童对数的概括水平可划分为五个等级：直观概括水平、具体形象概括水平、形象—抽象概括水平、初步的本质抽象概括水平和代数命题概括水平。

教学中小学儿童思维能力的培养包括：发展儿童的言语；丰富儿童的感性经验；运用变式和比较，帮助儿童形成正确的概念；教给儿童思考问题的方法。

拓展阅读

1. 赵国庆. 小学思维训练：思维导图［M］. 北京：北京师范大学出版社，2015.
2. 罗振宇. 逻辑思维［M］. 武汉：长江文艺出版社，2013.

3．王世民．思维力：高效的系统思维［M］．北京：电子工业出版社，2017.

4．马晓苗．基于象思维的创新机理研究——“象思维”系列研究之一［J］．系统科学学报，2018（01）.

5．马晓苗．“象思维”下隐性知识的获取与转化：机理与路径——“象思维”系列研究之二［J］．系统科学学报，2018（02）.

6．程本学，王继芳．批判性思维是如何炼成的［J］．岭南学刊，2018（01）.

7．滕静，沈汪兵，郝宁．认知控制在发散性思维中的作用［J］．心理科学进展，2018（03）.

8．王建芳．我国批判性思维教学与研究：问题及反思［J］．河南社会科学，2018（02）.

9．杨凯．浅谈小学生计算思维习惯的培养［J］．教育观察，2018（02）.

10．沈汪兵，袁媛．创造性思维的社会文化基础［J］．心理科学进展，2015（07）.

练习与思考

一、单项选择题

1．“月晕而风，础润而雨”反映了（　　）。

A．思维的概括性　　B．思维的灵活性

C．思维的间接性　　D．思维的直觉性

2．“所有的灯是照明的工具”这种认识反映了（　　）。

A．思维的概括性　　B．思维的灵活性

C．思维的间接性　　D．思维的直觉性

3．在头脑中把同类事物的一般的、本质的属性抽取出来，舍弃非本质属性的思维过程是（　　）。

A．分析　　B．抽象　　C．概括　　D．综合

4．小学儿童运用学习过的原理，解答教师布置的作业或解决生活中的某一个问题的思维过程是（　　）。

A．具体化　　B．抽象　　C．概括　　D．综合

5．小学儿童的思维由具体形象思维向抽象思维过渡的转折时期，在正常情况下，一般在（　　）阶段

A．六七岁　　B．七八岁　　C．八九岁　　D．十至十一岁

6．运用表象解决问题的思维是（　　）。

A．动作思维　　B．形象思维　　C．抽象思维　　D．创造思维

7．凭借语词达到对事物本质特性和内在联系认识的思维叫（　　）。

A．动作思维　　B．形象思维　　C．抽象思维　　D．创造思维

8．凭借动作进行的思维叫作（　　）。

A．动作思维　　B．形象思维　　C．抽象思维　　D．创造思维

9. 根据已有的信息，从不同角度，不同方向思考以寻求多样答案的思维方式是(　　)。

A．集中思维　　B．发散思维　　C．创造性思维　　D．抽象思维

10．语言是社会约定俗成的符合系统，它属于（　　）。

A．心理现象　　B．社会现象　　C．教育现象　　D．生理现象

11．思维过程的基本操作是（　　）。

A．分析和综合　　B．比较　　C．抽象和概括　　D．具体化

12．利用头脑中已经形成的概念去接受一个新的从属概念，这是（　　）。

A．概念形成　　B．概念同化　　C．迁移　　D．推理

13．小学儿童的思维由具体形象思维向抽象思维的过渡，存在着一个转折时期，一般认为关键在（　　）。

A．二年级　　B．三年级　　C．四年级　　D．五年级

14．一般来说大部分小学中年级儿童的概括主要属于（　　）。

A．直观形象水平　　B．形象抽象水平

C．本质抽象水平　　D．逻辑水平

15．理论思维的特征主要是指思维的（　　）。

A．概括性　　B．自觉性　　C．灵活性　　D．稳定性

16．“水——水是能喝的”反映小学儿童学此概念是以（　　）解释的。

A．具体实例　　B．重要属性　　C．种属关系　　D．正确定义

17. 儿童认为“有头无尾”就是“有头没有尾巴”，这反映了他们的理解水平是(　　)。

A．直观形象水平　　B．形象——抽象水平

C．抽象水平　　D．逻辑水平

二、填空题

1．思维是人脑对客观事物的__________和__________的反映。思维的基本特征是________和________。

2．从个体发展来看，思维可以分为_______、_______和________。从探索答案的方向来看，思维可以分_________和_________。

3．思维的基本过程是___________和___________。其不同的运用又表现为_______、_______、_______和_________。

4．思维的基本形式是________、_________和________。

5．儿童掌握概念的主要途径有___________和___________。

6. 创造性思维是思维的一种特殊形式，是发明或发现一种______。它要求_________概念，以便产生某种新的东西。创造性思维需要综合运用_______和_______。

7．判断一个人思维品质的好坏，通常采用的指标有________、________、________、________和________。

8．小学儿童的概括水平发展，大体上经历了______、_______和______三级水平。

9．小学儿童概念的掌握可分为：第一级水平以______和______来解释概念；第二级水平以_______和_______来解释概念；第三级水平以_______和______来解释概念。

10. 小学儿童理解力发展的特点主要表现为：① ______；② ______；③ ______。

三、判断题

1. 思维是认识的高级阶段，所以它与感知觉等认识的低级阶段无关。 （ ）

2. 由于人的思维具有间接性和概括性，所以人的认识能够突破时空的限制，推知过去，预测未来。 （ ）

3. 加强学生的朗读、默读的训练，有利于学生思维的发展。 （ ）

4. “鲸不是鱼”这是思维形式“推理”的表现。 （ ）

5. “会飞的是鸟”这是日常概念。 （ ）

6. 概念是在表象的基础上形成的。 （ ）

7. 在学习中能“举一反三”“以一贯十”，是思维发散性的表现。 （ ）

8. 儿童思维发展存在着很大潜力，只要教育得法，可以促使儿童的思维提前从形象思维向抽象思维过渡。 （ ）

9. 同一儿童能演算较抽象的数学题，但在理解历史事件时却不能离开具体的形象，这是儿童思维发展中不平衡表现。 （ ）

10. 小学儿童说“马是动物”，这说明他已揭示“马”这一概念的本质特征。 （ ）

四、简答题

1. 如何在教学中培养小学儿童的思维能力？

2. 创造性思维的特征是什么？

3. 简述小学儿童思维发展的一般趋势。

4. 简述创造性思维的过程。

五、案例分析（根据心理学的有关理论，评析所提供的教育情景）

1. 一位小学教师帮助小学儿童形成和掌握“动物”的初级概念的教学过程如下。

教师：大家看这几张图画上的动物，它们的形态相同吗？

学生：不相同。鸡、鸭有两只脚。猫和猪都有四只脚。

教师：它们的颜色都一样吗？

学生：不一样。猫有白的、花的；公鸡是红的；那个大猪是黑猪。

教师：大家再仔细看看，这些动物还有些什么不相同的地方？

学生：鸡是尖嘴，鸭子是扁嘴，猪的嘴像个“防毒面具”，猫的嘴上还长有胡子哩！

学生：鸡的脚有爪；鸭子脚上有“薄肉”，（师：停一下，鸭脚趾间的薄膜叫作蹼，大家跟我念一遍……然后继续说）猪有蹄子。

教师：那为什么把它们都叫作动物呢？

学生：因为他们都会叫唤！

教师：对吗？蚂蚁不会叫唤，可它也是动物呀！

学生：蚂蚁会爬。会爬会走的生物叫动物。

教师：鱼不会爬，不会走，只会在水里游泳；鸟会飞，它们不都是动物吗？

学生：它们都是动物，因为它们都会活动，能活动的生物都叫动物。

教师：对了，能活动的生物叫动物。可是飞机会飞，也会动，是不是动物？

学生：飞机是人造的，它没有生命，不是动物。

学生：飞机自己不会飞，是人开动的。

教师：对了，凡是有生命，能生长，自己又能活动的生物，都叫作动物。大家拿出笔记本来，记下这个结论。

教师：现在我来看看大家会不会应用这个结论：公园里猴山上的小猴子是不是动物？回答时还要说出为什么。

学生：是动物，因为它们有生命，能自己活动。

教师：百货商店摆的那些小熊猫是不是动物？

学生：不是动物，那是人做的，没有生命，公园里喂的熊猫才是动物。

教师：对了，大家学得很好！知道了凡是有生命，会生长，又能自己活动的都叫动物。不合这个条件的都不是动物。将来大家上中学学习生物时，还会有更新奇的内容哩！

思考：请运用思维过程、概念掌握等理论知识评析这位教师的教学过程。

2．一位教师在对一年级的小学生进行应用题启蒙教育时。制作了插入式活动卡片：① 他先用四开大小的画纸画上河、岸各半的彩色图景，再用刀划出若干道小口；② 然后又用硬纸剪若干张小鸭子图案，正反面涂上颜色；③ 在教学过程中根据题意将小鸭子插在背景图上，成为一道三情景习题。

岸上原有 5 只鸭子，又游来 3 只，共有几只？

岸上有 8 只鸭子，游去 3 只，还有几只？

岸上有 5 只鸭子，河里还有 3 只，共有几只？

岸上有 5 只鸭子，河里有 3 只，河里鸭子比岸上少几只？

岸上有 6 只鸭子，游去 1 只，又游去 2 只，岸上有几只鸭子？

教师在使用时根据题意，将鸭子只数和方向加以变换，学生学得趣味盎然。

思考：请根据知识掌握的过程有关理论来分析这一教学活动卡片的设计。

第七章

表象与想象

学习目标

- 理解表象、想象、再造想象、创造想象和幻想的概念与特征。
- 了解表象的种类，理解想象的功能和种类。
- 掌握小学儿童想象发展的特点和培养小学儿童想象力的方法。

本章导读

开学时，当你离开家乡回到学校后，脑海中会经常浮现爸妈的音容笑貌；观看完电影后，脑海里还不时呈现出精彩镜头，这些在日常生活中经常出现。当你读到《敕勒歌》中“天苍苍，野茫茫，风吹草低见牛羊”时，脑海中会浮现出草原牧区的景象：湛蓝的天空，碧绿的草地，雪白的绵羊，壮实的牦牛，奔驰的骏马，这些是什么现象呢？要回答这些问题，让我们进入本章的学习。

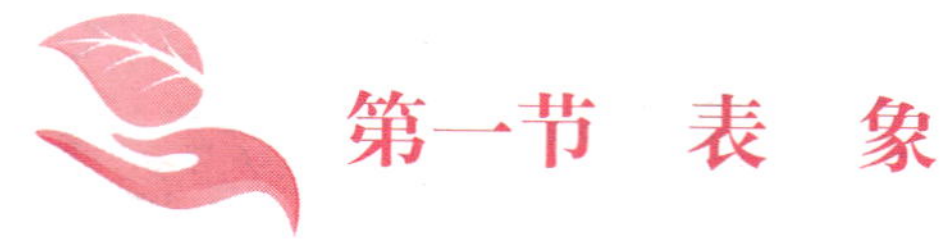

第一节 表 象

一、表象的概念及其特征

（一）什么是表象

表象是指事物不在面前时，人们在头脑中所保持的有关事物的形象。人脑中出现的小学教师的形象，电影中某个感人至深的镜头，经常留在脑海里并浮现出来等，都属于表象。表象由人脑中的刺激痕迹的再现引起，因此它是以感知觉所提供的材料为基础，没有对客观事物的感知，表象就无法形成。但表象不是感知觉的翻版和重复，它是感知觉痕迹经信息加工后再作用的产物。

（二）表象的特征

表象具有直观性、概括性和可操作性的基本特征。

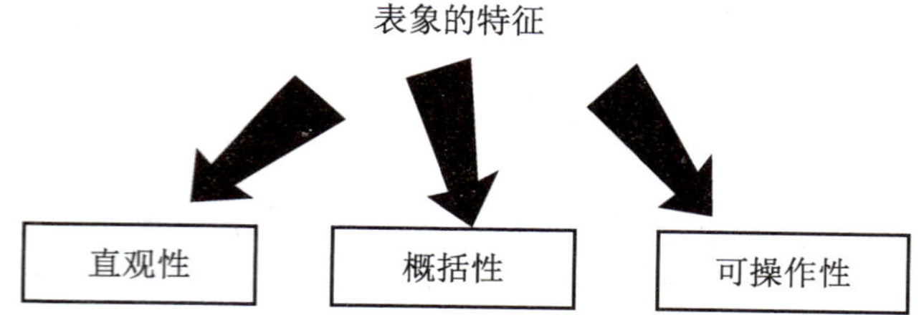

1．直观性

表象以生动具体的形象在人脑中出现，具有直观形象性特征。但是，它不同于感知觉的直接性特征。表象是人脑对感知过的事物的形象的反映，它所反映的是客观事物的大体轮廓和主要特征。由于表象在人脑中存在着对感知过的形象的加工过程，因此，表象的形象性与感知的形象性存在着差异，这些差异主要表现在，表象没有直接感知的形象那么鲜明、具体和生动，具有暗淡性和模糊性；表象不如直接感知的形象那么完整，具有片断性和零碎性；表象不如直接感知的形象那么稳定，具有动摇性和可变性。例如，看电视“新闻联播”时，看到的天安门形象、听到的音乐声是具体的、完整的和稳定的，而当回忆这些镜头时，脑中所出现的形象，其清晰性和完整性就比较模糊，听到的乐曲也会时强时弱或断断续续。

2．概括性

表象反映的客观事物的形象，不是某个具体事物或事物的某个特征，而是同一事物或同一类事物在不同条件下所表现出来的一般特点或共同具有的特征，是一种归类了的事物形象。例如，看到某棵树的形象是具体的，但在脑中出现“树”的表象，则是各种各样树的形象的概括。

但是，表象的概括与思维的概括是不同的，表象是对同一类事物的形象的概括，而思维是对事物的本质特征的概括，是抽象的概括，是用概念和语词进行的概括。在表象的概括中，混杂着客观事物的本质属性和非本质属性，而思维所揭示的是客观事物的本质属性，而舍弃了非本质属性。表象的概括始终具有形象性特点，仍属于感性认识范畴。列宁曾说过，“表象不能把握整个运动，如它不能把握每秒钟 30 万公里光的运动，而思维则能够把握而且应当把握。”

3．可操作性

由于表象是知觉的类似物，因此，人们可以在头脑中对表象进行操作，这种操作就像人们通过外部动作控制和操作客观事物一样。表象的可操作性可以用“心理旋转”的实验来说明。

人们在判断图形加工时，不论是平面图形还是立体图形，在心理空间里会将物体进行方位旋转，然后再进行判断。心理旋转这种加工方式，使我们能用表象对物体进行处理，做出相应解释。

二、表象的作用

表象是从感知到思维的过渡阶段，是认识过程中的重要环节。从表象的直观形象性来看，表象和感知觉相似。从表象的概括性来看，表象和思维相似。但它既不是感知觉也不是思维，而是介于两者之间的中间环节，表象摆脱了感知觉的局限，打破了人的认识受当前事物直接作用的制约，为概括的形成奠定了感性基础，使人的认识活动趋于概括与深刻。

表象是人类表征知识的重要形式，许多知识是在人脑中以表象的形式存储的，当这些形象再次在脑中呈现时，人就能够识别它们。表象在人的心理活动的形成与发展中具有重要作用，它打破了人的认识受当前事物直接作用的局限，使认识趋于概括化，是人类实践活动的必要条件。人们在活动前于脑中形成“做什么”和“怎么做”的表象，是人类心理活动区别于动物心理的本质区别。画家、作家、工程师、运动员、发明家及军事指挥员的各种实践活动，都要求具有鲜明、稳定而完整的表象。运用表象训练能更好地挖掘人的潜能，发展智力。

表象作为一种信息表征，在学习与记忆及问题解决、创造活动中具有重要作用。心理学研究表明，许多学习成绩差的学生，就是由于缺乏必要的观察力，在脑中存储的表象太少所致。因此，教师要帮助学生获得丰富的表象储备，以提高教学成果和学习成绩。

三、表象的种类

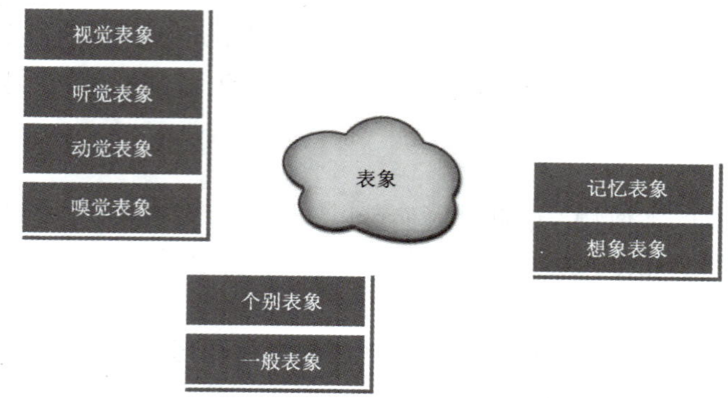

1. 视觉表象、听觉表象、动觉表象、嗅觉表象等

根据表象产生的感觉通道不同，可把表象分为视觉表象、听觉表象、动觉表象、嗅觉表象、触觉表象等。视觉表象是在人脑中出现感知过的具有视觉特征（颜色、形状、大小等）的形象。视觉表象是比较鲜明的，而且是经常发生的表象形式。听觉表象是在人脑中出现感知过的具有听觉特征（音调、响度、音色和旋律等）的形象。在听觉表象中，言语听觉表象和音乐听觉表象最鲜明和突出。动觉表象是在人脑中出现的动作形象。动觉表象可以是视觉的，如各种动作姿势的形象，也可以是动觉性的，如使用力气或动作幅度大小的表象。嗅觉、味觉和触觉等都有其相应的表象。

虽然各种表象的作用随着社会实践内容的不同而各有侧重，但表现往往都是综合起作用的。例如，舞蹈演员能随着音乐翩翩起舞，离不开听觉表象和动觉表象的综合作用。由于人们所从事的社会实践活动不同，各种表象形式所起的作用也是有所侧重的。一般而言，画家具有较好的视觉表象，音乐家具有较好的听觉表象，而体操运动员的动觉表象则比较丰富。

2. 个别表象和一般表象

根据表象形成的概括程度，可把表象分为个别表象和一般表象。当人感知某个具体事物并形成与此相应的表象，称为个别表象；当人对某一类事物的感知后并概括地形成反映该类事物的表象，称为一般表象。个别表象反映个别具体事物的特征，一般表象则反映一类事物共同的、概括化的特征。

3. 记忆表象和想象表象

根据表象的创造性成分，可把表象分为记忆表象和想象表象。记忆表象是过去感知过的事物形象在人脑中的重现，保留了客观事物的主要形象特点；想象表象是人脑在已有表象的基础上，进行加工改造与整合而形成的新形象。想象表象和记忆表象都有一定概括性，但是，想象表象不同于记忆表象，它是对原有表象进行分析、综合、联想、夸张、拟人化、典型化等加工改造的基础上形成的新形象，是一种新的过去未被感知过的事物形象，它既可以是现实世界中存在着但自己没有感知过的，也可以是世界上尚不存在，甚至永远也不可能出现的事物。但是，想象表象仍源于客观世界，是人脑反映客观事物的特殊形式。想

象表象与记忆表象两者交织在一起，互为补充，很难把它们绝对分开来。只有从记忆表象中提取素材，想象才能得以进行；同时记忆表象在某种程度上为想象表象所补充。

知识链接

遗觉表象

遗觉表象又称为遗觉像，是指刺激停止作用后，人脑中继续保持异常清晰、鲜明的形象。遗觉像是记忆表象的特殊形式，它几乎与直接感知事物时具有鲜明和生动的形象一样，看似与感知觉一样，但它不是感知觉。

遗觉像大多出现在学龄儿童身上，随着年龄的增长才逐渐消失。心理学的研究表明，儿童中大约有 40%～70%的人具有遗觉像，在 11～12 岁时最明显，他们在背诵课文时就像是在看着课文朗诵一样。通常，遗觉表象大多是视觉表象，但也存在听觉、嗅觉及味觉等遗觉像。

第二节　想象的概述

一、想象的概念与特征

1. 什么是想象

想象是人脑对原有的表象进行加工改造而形成新形象的心理过程，是以表象为内容的特殊形式的高级认知活动。人不仅能够回忆起过去感知过的形象，而且能够利用已有的表象想象出从未感知过的事物的形象。

2. 想象的特征

想象最突出的特征是形象性和新颖性。形象性是指想象处理的主要是直观生动的图像信息，而不是词和符号，但它们不是原有表象的简单再现；新颖性是指想象产生的新形象不同于个体亲身感知过的、简单再现于头脑中的记忆表象，它可以是个体从未亲身经历过、现实中尚未存在或者根本不可能存在的事物的形象。例如，没有机会亲自看到秦朝阿房宫的景象，但当读完杜牧的《阿房宫赋》之后，人脑中就会浮现出规模宏大、气势雄伟、建筑风格奇特的阿房宫的形象；机械设计师绘制的新机器的图纸，建筑师设计新型建筑的蓝图，文学家塑造的千姿百态的典型人物形象等，都是人脑对原有表象加工改造而创造出新形象的结果，具有鲜明的新颖性。

二、想象的功能

1. 预见功能

想象调节法

想象的预见功能是指想象能对客观现实进行超前反映，以形象的形式实现对客观事物的超前认知。人类进行实践活动，总是先在大脑中形成未来活动过程和期望结果的形象，并利用它指导和调节自己的活动，实现预定目的和计划。科学家的发明创造、工程师的工程设计，都是想象预见功能的体现。学生在学习过程中也必须具有想象力，如果想象力贫乏，思考问题就比较狭窄，很难获得较强的分析问题和解决问题的能力，像“未雨绸缪”“居安思危”等都是想象的预见功能的表现。

2. 补充功能

想象的补充功能是指弥补人类认知活动在时间与空间上的局限和不足。在社会生活中，经常会遇到一些无法或很难直接感知的对象。例如，宇宙间的天体运动，原始人的生活情景等，这些在空间和时间上不能直接感知的事物，可以借助想象的补充功能，实现对客观世界更充分、更全面及更深刻的认识。

3. 代替功能

想象的代替功能是指当人的某些需要和活动不能实际得到满足或完成时，可以通过想象，从心理上得到某种替代与满足。例如，在中国古代戏曲表演艺术中，许多活动场面，像骑马、摆渡、开门、关门等动作细节，常常是通过演员形象化的动作来唤起观众们的想象，以代替实际活动和特定场景。又如在游戏中，儿童借助想象，满足其模仿成年人某些行为的需要，来增长知识和才干，实现自己参与社会活动的愿望。在日常生活中，人们通过想象来缓解心中的压力或寄托某种期望。

4. 调节功能

通过想象的方法来对付精神压力和不良情绪，也有良好效果，可以到达调节精神，愉悦身心的目的。想象不同的内容，对身心的调节也有不同的作用。例如，想象蔚蓝的天空、大海，可使人心胸开阔；想象蓝天与草原，令人心旷神怡；想象白云，有轻舒安逸之感，想象青山幽谷，使人神清气爽；想象长江黄河，令人神情激荡。当然由于各人生活经历不同，想象同一内容，所产生的效果也会不尽相同。

三、想象的认知加工方式

想象力测试

想象的形象新颖、离奇，似乎很难在现实中找到其具体的“蓝本”。其实，想象同其他心理活动一样，都不是凭空产生的，其构成新形象的原型大多数来源于客观现实。人们对脑中的表象加工重组的方式是多种多样的，如黏合、夸张、典型化、人格化等，通过这些方式，在头脑中形成各种新颖、奇特的形象。

1．黏合

黏合就是把从未结合过的形象要素，结合在一起，构成新形象。如东亚神话传说中的龙：角似鹿、头似驼、眼似兔、项似蛇、腹似蜃、鳞似鱼、爪似鹰、掌似虎、耳似牛，如图 7-1 所示；传说中的美人鱼上半身是美丽的女人，下半身是鱼尾，如图 7-2 所示。

图 7-1　龙

图 7-2　美人鱼

2．夸张

夸张就是对客观事物的形象中的某一部分进行改变，突出其特点，从而产生新形象。如《格列佛游记》中的大小人国、漫画人物形象等，如图 7-3～图 7-5 所示。

图 7-3　大人国

图 7-4　爱因斯坦

图 7-5　漫画人物形象

3．人格化

人格化就是对客观事物赋予人的形象和特征，从而产生的新形象。人格化是文艺作品中常用的一种创作手段，如《西游记》中的孙悟空、四海龙王，雷公电母等，还有童话故事中的动植物，都赋予了人的特征，使他们具有人的思想感情和行为，如图 7-6、图 7-7 所示。

图 7-6　孙悟空与龙王

图 7-7　雷公电母

4. 典型化

典型化就是根据一类事物的共同特征来创造新形象。作家、艺术家用以概括现实生活、创造典型形象的方法，就是通过收集、分析大量的生活材料，从中提炼出最能体现某种人物或某种生活现象特点的素材进行整合、虚构，在艺术加工基础上创造出新的艺术现象来。例如，鲁迅先生在《阿 Q 正传》中塑造了阿 Q 这样一个受旧社会沉重压迫而精神被扭曲变形的人物形象，如图 7-8 所示，俄国作家契诃夫在《装在套子里的人》中，塑造了一个性格孤僻，胆小怕事，恐惧变革，想做一个纯粹的现行制度的“守法良民”别里科夫，如图 7-9 所示。

图 7-8　阿 Q

图 7-9　装在套子里的人

第三节　想象的种类

根据想象活动是否具有目的性，可以把想象分为无意想象和有意想象。

一、无意想象

无意想象又称为不随意想象，是指没有预定的目的，在一定刺激的作用下，不自觉地产生的想象。例如，当抬头仰望天空变幻莫测的浮云时，脑中可能产生起伏的山峦、柔软的棉花、活动的羊群、嘶鸣的奔马等事物形象；当看到北方冬季窗上的冰花时，会觉得它像梅花或树叶等，这些都是无意想象的具体表现。无意想象是一种最简单、初级形式的想象。

梦是在睡眠状态下产生的正常心理现象，是无意想象的特殊形式。人在睡眠时，整个大脑皮层处于一种弥漫性的抑制状态，但仍有少部分神经细胞兴奋着，由于意识控制力的减弱，这些记载着往日经验的细胞便不随意地、不规则地结合在一起，形成一个个离奇古怪、荒诞绝伦的梦境。“日有所思，夜有所梦”，无论梦境多么离奇，仍是人脑对过去经验和信息的组合，是对个体生存状态的反映。关于梦的心理学解释众说纷纭，有人认为梦与人的智力活动有关，是人脑的一种工作程序，是对白天接受的信息进行筛选和存储的过程，而且梦里的隐喻和联想能帮助做梦者处理不断发展的个人问题；有些学者认为梦境能诱发创造想象，是让人产生创造灵感的机遇，促进发明创造活动的进行。精神分析学派则认为通过对梦的分析，可以了解在现实生活中不能实现的愿望或欲求，使其得以象征性的满足。

二、有意想象

有意想象又称为随意想象，指根据预定目的，在一定意志努力下自觉进行的想象。科学家提出的各种假设，文学艺术家在脑中构思的人物形象，学生为完成某项学习任务获得某些知识与经验，工程师的建筑物的蓝图设计等，都是有意想象的结晶。因此，有意想象具有一定的预见性和方向性，它在人的想象过程中调节与控制着想象活动的方向和内容。有意想象在人类认识世界和改造世界的活动中具有极其重要的意义。

根据有意想象的新颖性、独立性和创造性程度的不同，可以把想象分为再造想象和创造想象。

（一）再造想象

再造想象是指根据言语的描述、图形或符号的示意，在人脑中产生有关事物新形象的过程。例如，阅读鲁迅先生的《孔乙己》时，脑中出现穿长衫、站着喝酒的人物形象；机械制造工人根据图纸想象出机器的主要结构；看到祖国地图形状，脑中产生山川、湖泊、河流、高原、山脉等形象，都属于再造性想象。

再造想象产生的新形象是相对的，虽然对于想象者来说是新颖的，但实际上可能是在生活中已经存在了的事物，只是根据某种提示描述再造出来而已。不过从某种意义上说，再造想象仍然具有一定的创造性。由于每个人的知识、经验、兴趣、爱好、个性特征不同，再造想象的内容和水平必然存在着一定的差异。例如，想象“朝辞白帝彩云间，千里江陵一日还。两岸声啼不住，轻舟已过万重山”诗中描绘的形象时，每个人再造出来的形象各不相同，都是按照自己的方式来产生与构成新的形象。

再造想象对人的各种实践活动，尤其是对学生的学习活动具有重要意义。通过再造性想象可以帮助个体摆脱狭窄的生活圈子，生动形象地认识自己没有感知过或不可能直接感知的事物，扩大认识范围，丰富自己的知识经验。在教学过程中，教师通过生动的语言描述或图表、模型演示，可以使学生借助再造想象，在脑中形成与概念相应的生动形象，从而深刻地理解教材，牢固地掌握知识，获得有用的经验。

形成正确的再造想象有赖于两个条件：一是正确理解语词描述和图形或符号标志的事物的意义。再造性想象是由语言或符号等引起的，如果语言或符号不能引起表象，那么再造性想象活动就将难以进行。所以教学中教师一方面要正确地运用语言，生动形象地描述事物或现象，另一方面还要有意识地进行各种符号的指导，促使学生把符号与标志相应事物的形象结合起来。二是丰富的表象储备。表象是想象的基础，表象愈丰富，再造性想象的内容就愈多样。即正确反映客观事物的表象储备越丰富，再造性想象就越准确和充实。教师要有计划地组织学生参观、访问、调查、实验等，并创造条件尽可能地使用现代化教学手段，以丰富学生的表象储备，促进再造想象的不断发展。

（二）创造想象

1. 创造想象的内涵

创造想象是指根据一定的目的和任务，不依据现成的描述，在脑中独立创造某种新形象的心理过程。设计师在脑中构思新型宇宙飞船的形象，作家在脑中塑造新的典型人物的形象，都属于创造性想象。创造性想象中的形象不是根据别人的描述，而是作者根据生活提供的素材，在脑中通过创造性地分析与综合形成的、具有社会意义和社会价值的新形象。

创造想象具有独立性、首创性、新颖性的特点，是人类创造性活动不可或缺的心理成分。无论是科学发明，还是文艺创作，都必须先在脑中形成想象活动的最终产品的形象，即进行创造想象。创造性想象是创造性活动的必要环节，没有创造想象，创造性活动就难以顺利进行。

创造想象是一种比再造想象更复杂的智力活动，它的产生依赖于社会实践的需要、个体强烈的创造欲望、丰富的表象储备、高水平的表象改造能力及思维的积极性等主客观条件。再造想象和创造想象既有联系，又有区别，它们之间的异同与联系见表 7-1。

表 7-1　再造想象与创造想象之间的异同和联系

	再造想象	创造想象
不同点	（1）具有再造性，构造出的形象与原物相符合 （2）再造的形象所代表的事物是已被他人创造出来的 （3）在一般性活动中的作用较大	（1）具有创造性，构造出的形象是崭新的 （2）创造的形象所代表的事物是前所未有的 （3）在创造性活动中的作用较大
共同点	（1）都是根据已有表象构造出新形象 （2）想象中的事物都是以前没有直接感知过的	

（续表）

	再造想象	创造想象
联系	（1）再造想象是创造想象的基础，创造想象是再造想象的发展 （2）创造想象中有再造性的成分，再造想象中有创造性的成分	

2．幻想

幻想是指与个人生活愿望相结合并指向未来的想象。幻想是创造想象的准备阶段，是创造性想象的特殊形式。幻想不同于再造性想象，因为它比再造想象有较多的创造性成分；它也不同于一般的创造想象，其区别在于，创造想象不一定是个体所赞美或向往的形象，而幻想的形象往往是个人所追求、向往与憧憬的事物。另一方面，幻想不与当前的创造性活动发生直接联系，不一定产生现实的创造性成果，仅是未来创造活动的前奏和准备；而创造想象与创造性活动紧密相关，两者不可分开。因此，幻想和创造想象既有异同又有联系，它们之间的关系见表 7-2。

表 7-2　幻想与创造想象的关系

	幻想	创造想象
不同点	（1）是个人所向往的，追求的愿望 （2）指向于遥远的未来，不与创造活动直接相关联	（1）不一定是个人所祈求的、向往的 （2）与创造性活动直接相关，有想象的结果和产物
共同点	（1）都必须以一定的表象材料为依据 （2）都富有创造性、新奇性	
联系	（1）创造想象是幻想的基础，幻想是创造想象的特殊形式 （2）创造想象中有一定的幻想成分，幻想中也有一定的创造想象的成分	

幻想的品质与个体的世界观或思想状态紧密联系，根据幻想的社会价值和有无实现的可能性，可以把幻想分为积极的幻想和消极的幻想。积极的幻想是指符合事物发展规律，具有一定社会价值和实现可能性的幻想，因此，又把积极的幻想称为理想。理想指向于未来，能使人展望将来发展的美好前景，激发人的信心和斗志，鼓舞人顽强地去克服内外困难。消极的幻想是指不符合或违背事物发展规律，毫无实现可能性的幻想，因此，又把消极的幻想称为空想或白日梦。空想是一种无益的想象，它常使人脱离现实，想入非非，逃避艰苦的劳动。以无益的想象代替实际行动。所以在教育教学过程中，教师要教育学生力戒空想，坚持正确远大的抱负，培养克服内外困难的意志力，以实现自己所追求的理想。

第四节　小学儿童想象的发展

一、小学儿童想象的发展

幼儿的想象，以无意想象和再造想象占优势，其想象的主题容易变化，想象的内容具有直观性、片面性和模仿性。小学生入学以后，在教学的影响下，想象力得到进一步发展。

1．想象的有意性迅速增长

小学儿童想象的有意性，随年级增高不断提高。入学不久的低年级儿童，仍带有幼儿时期的特点，在想象时往往容易离开想象的目的，离开主题，根据自身过去的经验做自由联想。在讲述时常常根据自身的经验添枝加叶，不由自主地想出许多在原文里或事件里没有的新鲜事件或细节。小学儿童在学习过程中，为了更好地理解教材，掌握教材，完成作业，必须展开有意识、有目的的想象活动。例如，在读课文时，要求儿童有表情地朗读，有条不紊、生动形象地讲述故事情节；在作文中，要求儿童围绕主题进行构思；在绘画中，要求儿童通过想象来设计富有美感的构图等。这样，从三四年级开始，有意想象逐渐占主要地位。但是，在整个小学时期内，儿童想象的主题易变性还比较明显，想象不能很有效的指向于某一预定的目的，尤其对于缺乏必要的知识经验或不熟悉的事物，他们的想象往往显得简单而贫乏。

2．想象逐渐符合客观现实

小学低年级儿童的想象往往与现实事物不相符合，或不能确切地反映现实事物。在学习过程中，由于儿童知识经验的逐步积累，小学中、高年级儿童的想象已能比较真实地表现客观事物，其想象的内容也趋于现实。

任教低年级的老师在讲解课文时，经常要出示一些实物，要借助一些图片；而任教高年级的老师不用实物，不用图示，学生仍能张开想象的翅膀，取得同样的教学效果。

小学儿童从热衷于完全脱离现实的神话虚构，逐渐转向对现实生活的幻想。在小学儿童对文艺作品的喜爱方面，低年级儿童对童话、神话信以为真，爱听童话故事、神话故事，爱看动画片。随着教学活动的发展和思维水平的提高，三年级以后的儿童，就逐渐过渡到以现实为主的阶段。他们的兴趣逐步从童话故事转移到英雄模范故事、侦探小说、反特影片等题材上。如以《乌鸦喝水》《小马过河》等以童话故事的形式表达一定思想内容的教材对孩子进行智力教育为例，高年级多选用对社会、自然的现实的记叙和说明的文章，对孩子进行智力教育。

同时，在对未来生活的向往方面，低年级儿童往往想入非非，幻想做一个像动画片中的具有非凡本领的人，而高年级儿童开始联系自己的生活前途，如考上理想的中学，做一名对社会有用的人等。

3．想象中的创造性成分日益增多

小学儿童在教学的影响下，由于表象的积累和言语的发展，不但再造想象更富有创造性成分，而且以独创性为特色的创造想象也日益发展起来。

首先，一般来说，小学儿童的想象最初具有复制和简单再现的性质，以后独特性和新颖性才逐渐发展起来。例如，低年级儿童在复述课文或游戏活动中，常常是重复成人的讲述或模仿成人的动作，创造的成分不变。小学一年级学生学习《天安门，五星红旗》一课，老师出示天安门放大图时问学生：谁到过天安门？说说天安门的样子？学生一般说不好。中年级学生学习《列宁和卫兵》一课时，能较好地想象列宁在想什么。高年级学生在学习《小英雄雨来》一课时，不仅能有表情地朗读课文，而且能按时间、地点、人物、情节讲故事给别人听。

其次，小学生的想象，不论是再造想象或创造想象，最初都有很大具体性和直观性，以后概括性、逻辑性才逐步发展起来。一年级学生学习《小小的船》一课，只能直观、具体的想象“弯弯的月儿小小的船，小小的船儿两头尖；我坐在船上抬头看，只看见闪闪的星星，蓝蓝的天……”高年级学生学习《金色的鱼钩》一课时，就能根据故事情节，想象老班长忠于革命、舍己为人的崇高品德了。

二、小学儿童想象力的培养

爱因斯坦说过：“想象力远比知识更重要，因为知识是有限的，而想象力概括着世界上的一切并推动着进步。想象才是知识进化的源泉。”

由此可见，孩子想象力的培养是非常重要的。孩子的想象也许有时候看起来，有些可笑和不切实际，但是作为成人的我们是否想过，瓦特正是有了“为什么蒸汽能把壶盖顶起来”的思考，才有了后来蒸汽时代的到来；莱特兄弟正是有了“人能否长上翅膀，像鸟一样在天空中飞翔”的异想，才有了人类飞翔天空的现实……

想象过程和其他心理过程一样，是客观事实的反映，儿童想象力的发展是在教学的影响下发展起来的，教师在教学过程中要积极培养儿童的想象力，如何培养和发展小学生的想象力呢？

（一）创造各种条件，丰富儿童的表象

“巧妇难为无米之炊”，想象是在客观事物的影响下，在言语的调节下，对人脑中已有的表象经过加工改造而产生新形象的过程。所以想象水平的高低是依据一个人所具有的表象的数量和质量的情况为转移的。表象越贫乏，其思想越狭窄、肤浅，有时完全失真。表象越丰富，其想象越开阔、深刻。例如，讲“人类祖先用石刀、石斧来从事劳动”这一历史事件，低年级儿童所能想象的内容是比较贫乏，可能认为“祖先”就像“爷爷”的样子，“石刀”就像“切菜刀”的样子，“石斧”就像木匠用的斧子，只不过用石头做的，如果带学生到自然博物馆、展览馆去参观一次，或给学生看一些有关的图片、模拟物等、则可大大充实学生的表象，使得想象更丰富，也更接近于历史的真实。

因此，在教学中，为了发展儿童的想象，首先应根据儿童的心理水平，通过实物，图

片或参观等，使儿童获得足够的表象。有研究表明，无论是想象的数量还是质量，各年级儿童的差别都是很明显的。

从想象的数量上看，一年级儿童只能再现事物的一些轮廓，很多细节被遗漏了；二、三年级儿童虽然不能完整地再现出事物的主要特征，但想象内容的数量比一年级多；四年级儿童已能够再现事物的更多细节，当然他们一般也还不能完全反映出事物的一切必要特征。

从想象的质量上看，随着年级的发展，不但想象事物的细节更完备些，而且事物的结构安排得更合乎现实，合乎逻辑。例如，所画的小船，不但主要的细节都画出来了，而且小船的结构安排得更合理，更富于真实性。

因此，要支持孩子参加集体组织的各项活动，平时要积极创设条件，让孩子看有意义的电影、电视和展览；观看文艺节目、体育比赛；阅读文艺、科技书刊、报纸；游览名胜古迹；多听有教育意义的广播等。这些，对发展他们的想象力是大有益处的。

（二）丰富小学儿童的言语

想象是通过言语形式加以表现的，因此，言语与想象的发展关系密切。只有言语发展达到一定水平，儿童的想象才可能从形象的水平提高到符号水平，使想象变得更加广阔、深刻，更加概括且富有逻辑性。结合课文教学，教师要指导学生大量阅读文艺作品，使他们积累起丰富的词汇，学会恰当地运用词汇，准确描述外部事件和内心世界。

同时，教师要重视用丰富、优美、正确、清晰、生动形象化的言语描绘事物。这不仅可以唤起学生的想象，更为他们表现想象做出了榜样，使学生具体地感受到如何使用言语来表现想象。这对提高学生言语表达能力，发展学生的想象，起到潜移默化的作用。

丰富想象的言语是小学各科教学都必须注意的。教师的言语是启发儿童想象的重要因素。教师要善于运用生动的、带有情感的言语，来描述儿童所要想象事物的形象。例如，在讲述历史人物的时候，教师不应该冷淡地、死板的讲一堆死的史实。特别在语文教学中，更要注意发展儿童的言语，通过字词的教学，让学生联想各种描绘想象的词汇，不同的词汇，标志着不同的形象，词汇越多，则能标志的形象也越丰富。阅读，可以通过艺术的语言感染学生，丰富学生的词汇，并学会用词标示各种情景和人物形象。而写作则能教会学生使用丰富的语言描述生活情景和人物形象，在词的思维水平上进行更广阔更丰富的想象。

一个五年级的学生，在一篇《秋收》作文中描写道：“过了人定湖，一眼看到的是一派丰收景象。肥壮的玉米上挂着红缨缨，像千百杆红缨枪挺立在青纱帐里。有的玉米地已经收获完了。黑油油的田地里散发着泥土香味。我们到了场院，只见那里堆了一大片玉米，他们像胖娃娃似的一个挨着一个在场院上甜睡。风一吹，玉米衣飞扬起来，像是朝我们招手表示欢迎。”说明高年级学生已经可以在词的思维水平上进行想象。

（三）结合学校各项活动对学生进行想象训练

1. 结合各科教学活动，训练学生的想象

语文课上，学生在完成朗读课文、作文、自编故事及课外阅读后，可用自己的想象来体会作品的内容，在头脑中“看见”或“听见”作品中所叙述的一切。音乐课上，根据歌

词或乐曲，想象出一幅幅有声有色的画面。图画课上，通过绘画、手工、雕刻及课外的科技活动等，训练学生的创造才能。

2．通过形式训练，提高想象和联想的能力

① 对静物做动态想象，变无声为有声想象。例如，出示一幅画面，要求学生围绕画面的主题，写出画面上人物的精神、动作、语言等。

② 对抽象词做具体形象想象。例如，要求学生以人物动态来表达“骄傲”一词。有个学生做如下描述：“老王在发言，老李跷着二郎腿躺在椅子上，嘴里吸着香烟，眼睛仰视天花板，将一口口浓烟向天花板喷去。”这段文字虽无“骄傲”二字，但用形象表现了老李的骄傲神态。

③ 对物做拟人想象。如，要求对“水”做拟人想象。有两个学生写成如下的短文：“水，我见过奔腾不息的江水，它穿峡谷、绕暗礁，向着大海、英勇无畏、一泻千里、勇往直前。”“无数的细流，汇成浩荡的大海。而汹涌在海面上的无数细浪，仿佛是无数的前赴后继的雕塑家，他们坚毅、踏实，长年累月、日日夜夜、坚持不懈地工作着，将无数岩石雕成奇状异态，给人类铺展了无数壮观的画面。”

此外，还可要求学生对无色的事物做有色的想象，对个别事物做概括的想象等。通过这一系列想象的形式训练，儿童便能逐渐掌握静观默想、浮想联翩的本领。

（四）正确引导小学儿童的幻想

小学儿童幻想正处在由远离现实的幻想向现实的幻想过渡阶段。积极的幻想对学生的学习生活具有直接推动作用，是富于现实性的。因此，教师要引导学生，把幻想与现实紧密结合起来。结合的方式很多，可以通过组织各种主题队会，如“我在 2020 年”的主题队会，把个人的幻想与祖国现代化建设的实际需要结合起来；可以把现实生活中各种富有感染力的典型事件，对学生进行宣传，如举行英雄模范、“十佳少年”的先进事迹的宣讲活动。让学生在头脑中再现出这些英雄人物的光辉形象，从感情上热爱他们，敬重他们，从而激起向他们学习的强烈愿望，创英雄的业绩，走英雄成长的道路。

有些儿童以看小说、电视消磨时间，逃避艰苦的学习活动，整天沉于幻想之中。教师对此必须予以重视。这种现象的产生，主要原因是由于在孩子学习阅读时，家长只提供大量文艺作品而缺乏明确的要求和正确的指导。久而久之，学生对学业失去兴趣，而热衷于想入非非，不愿从事艰苦的学习，成绩逐年下降。教师要与家长密切配合，采取有效措施使这些儿童正确对待现实，把精力集中到学习上来。

本章小结

表象是指事物不在面前时，人脑中所保持的有关事物的形象。表象具有直观性、概括性和可操作性的基本特征。表象是从感知到思维的过渡阶段，是认识过程中的重要环节；表象是人类表征知识的重要形式；表象作为一种信息表征，在学习与记忆及问题解决、创造活动中具有重要作用。

根据表象产生的感觉通道不同，表象可分为视觉表象、听觉表象、动觉表象、嗅觉表象、触觉表象等；根据表象形成的概括程度，表象可分为个别表象和一般表象；根据表象的创造性成分，表象可分为记忆表象和想象表象。记忆表象是过去感知过的事物形象在人脑中的重现；想象表象是人脑在已有表象的基础上，进行加工改造与整合而形成的新形象。遗觉表象又称为遗觉像，是指刺激停止作用后，人脑中继续保持异常清晰、鲜明的形象。它是记忆表象的特殊形式

想象是人脑对原有的表象进行加工改造而形成新形象的心理过程。想象最突出的特征是形象性和新颖性。想象具有预见、补充、代替和调节的功能。想象有黏合、夸张、人格化和典型化等几种认知加工方式。

根据想象活动是否具有目的性，想象可分为无意想象和有意想象。根据有意想象的新颖性、独立性和创造性程度的不同，又把有意想象分为再造想象和创造想象。

再造想象是指根据言语的描述、图形或符号的示意，在人脑中产生有关事物新形象的过程。创造想象是指根据一定的目的和任务，不依据现成的描述，在脑中独立创造某种新形象的心理过程。幻想是创造想象的准备阶段和特殊形式。幻想分为积极幻想和消极幻想。

小学儿童想象的发展包括想象的有意性迅速增长、想象逐渐符合客观现实以及想象中的创造性成分日益增多。小学儿童想象力的培养包括：创造各种条件，丰富儿童的表象；丰富小学儿童的言语；结合学校各项活动对学生进行想象训练；正确引导小学儿童的幻想。

拓展阅读

1．于秉正．激发孩子想象力的 1 000 个奇思妙想［M］．北京：北京少年儿童出版社，2017．

2．李代广．有助于孩子提升想象力的 400 个脑筋急转弯［M］．北京：化学工业出版社，2011．

3．李世聪．在习作教学中培养学生的想象力［J］．吉林教育，2017（19）．

4．董雪云．在“动态想象”中发展儿童的空间观念［J］．江西教育，2017（12）．

5．费洁．想象力：儿童写作的重要元素［J］．小学教学设计，2017（25）．

6．董丽梅．浅谈儿童创意画教学［J］．吉林教育，2017（Z2）．

7．卢晓荣．想象力“栖居”阅读课堂的策略［J］．新教师，2017（6）．

练习与思考

一、单项选择题

1．（　　）是指过去感知过的事物的形象在头脑中再现的过程。

A．表象　　B．想象　　C．再造想象　　D．再认

2. 当我们阅读《祥林嫂》时，头脑中出现的祥林嫂的形象是（　　）想象的形象。

A. 有意想象　　B. 无意想象　　C. 再造想象　　D. 创造想象

3. 在空旷处听到腾格尔唱出悠扬动听的歌曲《天堂》，脑海里浮现出草原景色是属于（　　）。

A. 再造想象　　B. 创造想象　　C. 幻想　　D. 有意想象

4. 通过想象来弥补人的认知活动在时间与空间上的局限和不足是指想象的（　　）功能。

A. 预见　　B. 补充　　C. 代替　　D. 创造

5. 小学生从“习作例文”到“命题作文”，这是想象的（　　）的发展的表现。

A. 有意性　　B. 现实性　　C. 创造性　　D. 概括性

6. 看到冬天窗户上的冰花觉得像是一棵枝繁叶茂的梅花树，这是一种（　　）。

A. 无意想象　　B. 有意想象

C. 不随意想象　　D. 随意想象

7. 班级同学就“摒弃陋习，传承文明”为主题创作海报，属于（　　）。

A. 再造想象　　B. 创造想象

C. 幻想　　D. 无意想象

8. 学生根据老师的描述，在头脑中出现他们所未见过的情景，这是（　　）。

A. 无意想象　　B. 幻想　　C. 创造想象　　D. 再造想象

9. 电影导演把名著搬上银幕，这是（　　）。

A. 无意想象　　B. 再造想象　　C. 创造想象　　D. 幻想

10. 鲁迅创作《阿Q正传》是属于（　　）。

A. 有意想象　　B. 再造想象　　C. 创造想象　　D. 幻想

11. 梦是（　　）的极端情况。

A. 无意想象　　B. 再造想象　　C. 创造想象　　D. 幻想

12. 从爱听童话、神话故事发展到爱听英雄模范故事，这是想象（　　）发展的表现。

A. 有意性　　B. 现实性　　C. 创造性　　D. 概括性

13. 在游戏中，儿童借助想象，满足其模仿成年人某些行为的需要，来增长知识和才干，实现自己参与社会活动的愿望，这属于想象的（　　）功能。

A. 预见　　B. 补充　　C. 代替　　D. 调节

14. 从感知到思维的过渡环节是（　　）。

A. 想象　　B. 表象　　C. 需要　　D. 记忆

15. “飞流直下三千尺，疑是银河落九天”是想象中的（　　）方式。

A. 黏合　　B. 夸张　　C. 拟人化　　D. 典型化

二、填空题

1. 表象是人脑对事物的_______的反映，具有_______和_______两个特征。

2. 根据表象产生的概括性程度将表象分为_______和_______，根据创造性成分分为_______和_______。

3. 在刺激停止作用后，人脑中继续保持异常清晰、鲜明的形象称为_______。
4. 想象有_______、_______、人格化和典型化等几种认知加工方式。
5. 根据想象活动是否具有目的性和计划性，可以分为______想象和______想象。
6. 根据预定目的，在一定意志努力程度下自觉进行的想象是______。
7. 有意想象根据新颖性、独立性和创造性的程度分为______想象和______想象。
8. 在发展儿童想象力时，丰富儿童的______和______是有效的途径。
9. 创造想象的形象具有_______、_______、_______特点。
10. 幻想是一种与个人___________相联系的，并指向于___________的想象，分为___________和___________两种。

三、判断题

1. 天生盲人也可以有视觉表象。（　　）
2. 一般而言，画家只有较好的视觉表象，音乐家具有较好的听觉表象。（　　）
3. 你头脑中出现的你家的小花猫的形象属于一般表象。（　　）
4. 记忆表象具有直观性和概括性的特征。（　　）
5. 当我们在阅读《西游记》时，头脑中出现的孙悟空的形象是我们创造想象的结果。（　　）
6. 想象和感知觉最大的不同，在于想象的形象并非来源于客观现实。（　　）
7. 梦中出现的形象有时特别离奇古怪，所以是创造想象。（　　）
8. 创造想象和再造想象最主要的区别在于有无创造性。（　　）
9. 幻想中的新形象是人们所向往的，因此幻想总是积极的。（　　）

四、简答题

1. 什么是表象？表象具有哪些基本特征？
2. 想象和记忆表象的联系和区别是怎样的？
3. 如何培养小学儿童的想象？
4. 幻想和创造想象有什么关系？

五、案例分析题

可爱的中国（节选）

不错，目前的中国，固然是江山破碎，国弊民穷，但谁能断言，中国没有一个光明的前途呢？不，决不会的，我们相信，中国一定有个可赞美的光明前途。中国民族在很早以前，就造起了一座万里长城和开凿了几千里的运河，这就证明中国民族伟大无比的创造力。中国在战斗之中一旦斩去了帝国主义的锁链，肃清自己阵线内的汉奸卖国贼，得到了自由与解放，这种创造力，将会无限地发挥出来。到那时，中国的面貌将会被我们改造一新。所有贫穷和灾荒，混乱和仇杀，饥饿和寒冷，疾病和瘟疫，迷信和愚昧，以及那慢性的杀灭中国民族的鸦片毒物，这些等等都是帝国主义带给我们可憎的赠品，将来也要随着帝国主义的赶走而离去中国了。朋友，我相信，到那时，到处都是活跃跃的创造，到处都是日

新月异的进步，欢歌将代替了悲叹，笑脸将代替了哭脸，富裕将代替了贫穷，健康将代替了疾苦，智慧将代替了愚昧，友爱将代替了仇杀，生之快乐将代替了死之悲哀，明媚的花园，将代替了凄凉的荒地！这时，我们民族就可以无愧色地立在人类的面前，而生育我们的母亲，也会最美丽地装饰起来，与世界上各位母亲平等地携手了。

思考：试从心理学理想的角度对方志敏烈士的社会理想进行分析。

第八章

情绪和情感

学习目标

- 理解情绪与情感的概念、功能及区别。
- 了解情绪和情感的相关理论。
- 理解情绪与情感的分类及其特点。
- 掌握小学儿童情绪情感的发展特点及其培养方法。

本章导读

有人描述了一个没有感受到爱的儿童。这个儿童叫乔伊，他们的说法就是他是个机器般的儿童。他母亲说，“那时我一点也不知道自己怀孕了。”他的父亲对他同样没有产生影响。他父亲是陆军文职人员，到处驻防，无固定场所。他出生后，其母亲宣称“我不想去看他，也不想去照顾他。”在他出生的3个月的时间里大部分时间都在啼哭，他患有腹绞痛，主要靠的是严格的喂养时间表，除非必要，没有人来碰他，从来就没有人爱抚他，或者与他一起做游戏。他母亲常常把他留在小床或围栏里，父亲则把自己的怨气发泄在他身上。每晚当他哭闹时就会折磨他。可以说他的父母对他没有进行一点点的感情投入，只是训练了他如何上厕所。他不会表达情感。后来经过3年的心理治疗，才学会表达自己的感情。可见，在早期，他的情绪情感还没有完全发展起来。

快乐和兴奋都是日常生活中经常体验到的情绪，我们的生活充满情绪，有时会欣喜若狂，有时会焦虑不安，有时会孤独恐惧，有时满腔怒火，有时悲痛欲绝，这一切使我们的生活时而阳光灿烂，时而阴霾密布，形成了一个纷繁复杂的心理世界，那什么是情绪？人类有哪些情绪？情绪有什么作用呢？小学儿童的情感发展有什么特点？这些就是我们今天所要学习的内容——情绪情感。

第一节　情绪和情感的概述

一、情绪和情感的概念

情绪和情感是指人对客观事物是否符合自身需要而产生的态度体验。客观事物或情境能否引起人的态度体验，是以人的需要和愿望为中介的。当客观事物或情境符合人的需要或愿望、观点时，就能引起积极的、肯定的情绪和情感，如生活中遇到知己会感到很开心，当客观事物或情境不符合人的需要或愿望、观点时，就会产生消极、否定的情绪和情感，如失去亲人引起悲痛，无端遭到攻击会产生愤怒。

情绪和情感是复杂的心理现象，由独特的主观体验、外部表现和生理唤醒等三种成分组成。

① 主观体验是个体对不同事物的自我感受与体验，它涉及人的认知活动及对认知结果所进行的评价。

② 外部表现是在情绪和情感状态发生时，身体各部分的动作量化形式，包括面部表情、姿态表情和语调表情。人的主观体验与外部反应存在着某种相应的关系，即某种主观体验是和相应的表情模式联系在一起的。如愉快的体验必然伴随着欢快的面容或手舞足蹈的外部表现。

③ 生理唤醒是指情绪和情感产生的生理反应，它是一种激活水平，不同的情绪情感生理反应模式是不一样的，如满意、愉快时心跳节律正常；恐惧或暴怒时，心跳加速、血压升高、呼吸频率增加甚至出现间歇或停顿；痛苦时血管容积缩小等。

一般而言，人们只要观察对方的各种表情，就可以了解其主观感受和思想意图。但由于人类情绪和情感具有社会性，人们可以有意识地调节或控制自己的表情，有时甚至会掩盖或隐藏自己的真情实感。因此，在识别他人的情绪时，应把表情与主观体验、生理唤醒三方面有机结合起来，不能把表情作为情绪判断的唯一依据。

二、情绪情感与认识过程的关系

情绪情感与认识过程都是一种心理过程，它们既有区别又有联系。

（一）情绪情感与认识过程的区别

① 认识过程反映客观事物本身，情感反映客观现实与人的需要、愿望和观点的关系。

② 认识是通过形象或概念来反映客观事物的，情感通过态度的体验反映客观现实与需要的关系。

③ 认识过程有着较强的有意性，情感有着较强的自发性，只有在认识的作用下才会增强有意性。

（二）情绪情感与认识过程的联系

1. 认识过程是情感过程的基础

情感总是随认识过程的深入而逐渐加强；个体的认识也可以起到组织整理情感的作用。

2. 情感过程对认识过程具有促进和推动作用

积极的情感可以促进认识过程的深入进行，消极的情绪、情感则阻碍认识活动的进行。素质教育理念下提出的“赏识教育”“愉快教育”都是利用情感促进认识过程的例证。

三、情绪与情感的区别和联系

情绪和情感是与人的特定的主观愿望或需要相联系的，历史上曾统称为感情，但情绪与情感是不同层次的心理体验，两者既有联系又有区别。

1. 情绪与情感的区别

① 从需要角度看，情绪一般与人的生理需要满足与否相联系，如与饮食、休息、空气和繁殖等生理需要相联系的主观体验。情感是指与人的社会性需要相联系的复杂而又稳定的态度体验，如爱国主义、集体主义、人道主义、荣誉感、羞耻心、求知欲和责任感等。

② 从发生角度看，情绪发生较早，为人和动物所共有，如婴儿的情绪体验明显丰富；情感体验发展得较晚，为人类所特有，是个体发展到社会化进程的一定阶段才产生。

③ 从稳定性程度看，情绪具有情境性、短暂性和冲动性，情绪常常是在特定的时刻由具体事件引发的，一旦情境发生变化，相应的情绪体验就消失或改变；情感则具有相对的稳定性、深刻性和持久性，并不随着情境的消失而消失。例如，幼儿会因为饥饿而哭泣，但当得到食物后，哭泣就会停止；而母亲对儿子的爱，不论儿子在不在身边都不会消失。

④ 从表现方式看，情绪具有外显性，常常伴随外部表现，如悔恨时捶胸顿足，快乐时喜笑颜开等；而情感具有内隐性，常常表现为内心体验，且不轻易表露出来。

2. 情绪与情感的联系

情绪与情感的区别是相对的，虽然它们表达的主观体验的内容有所不同，但两者又相互联系。一方面，情感离不开情绪，稳定的情感是在情绪的基础上形成的，并通过情绪反应来表达。另一方面，情绪离不开情感，情感的深度决定着情绪的表现强度，情感的性质决定了在一定情境下情绪表现的形式。情绪发生的过程往往深含着情感的因素，例如，对儿女的深厚情感使得父母对儿女的成功感到由衷的喜悦。

总之，情绪是情感的外部表现，情感是情绪的本质内容，两者紧密联系。

四、情绪和情感的功能

（一）适应功能

情绪和情感是人们对现实的主观体验，是有机体适应生存和发展的一种重要方式，对人们适应环境有重要作用。情绪是人类远古祖先时代进化发展而来的，情绪的许多原始表

达方式具有某些帮助人们适应环境的生存价值。婴儿出生时，还不具备独立的生存能力和言语交际能力，这时主要依赖情绪来传递信息，与成人进行交流，得到成人的抚养。成人也正是通过婴儿的情绪反应，及时为婴儿提供各种生活条件。

在成人的生活中，情绪直接地反映着人们生存的状况，是人们心理活动的晴雨计，如通过愉快表示处境良好，通过痛苦表示处境困难。人们还通过情绪、情感进行社会适应，如用微笑表示友好；通过察言观色了解对方的情绪状况，以便采取适当的、相应的措施。也就是说，人们通过各种情绪、情感，了解自身或他人的处境与状况，适应社会需要，求得更好的生存和发展。

（二）调节功能

情绪情感的调节功能是指情绪情感对个体的活动具有组织或瓦解的作用。积极的情绪和情感具有调节和组织作用，消极的情绪和情感则具有干扰和破坏作用。研究表明，中等强度的积极情绪和情感可以为认知活动提供最佳的心理状态，有助于提高个体的认知活动效果，如促进或组织个体的工作记忆、推理操作和问题解决过程。心理学研究发现，当情绪唤醒水平达到最佳状态时，工作与学习效率最高；情绪唤醒水平很低时，人就好像处于深度睡眠状态，没有效率可言；情绪唤醒水平过高，则会干扰认知操作。

情绪情感对学习的影响实验

（三）信息功能

情绪和情感在人际间具有传递信息、沟通思想的功能。这种功能是通过情绪的外部表现，即表情来实现的。表情包括面部表情、肢体表情和言语表情三个方面。

1．面部表情

面部表情是指通过眼部肌肉、颜面肌肉和口部肌肉的变化来表现各种情绪状态。其中，人的眼睛是最善于传情的，不同的眼神可以表达人的各种不同的情绪和情感。例如，高兴时“眉开眼笑”，气愤时“怒目而视”，恐惧时“目瞪口呆”，悲伤时“两眼无光”等。眼睛不仅能传达感情，而且可以交流思想。通过观察人的眼神可以了解他内心的思想和愿望，推知他们对事物是赞成还是反对、喜欢还是不喜欢、真诚还是虚假等。

口部肌肉的变化也是表现情绪和情感的重要线索。如高兴是嘴角上扬，悲伤时嘴角下垂，憎恨时“咬牙切齿”，紧张时“张口结舌”，愉快时“咧嘴大笑”等，都是通过口部肌肉的变化来表现各种不同的情绪。

此外，面部的肌肉、眉毛的伸展程度、鼻子等的变化，都反映着不同的情绪变化。美国心理学家埃克曼从情绪具有普遍性信号角度出发提出，人类存在着六种最基本、最原始的基本情绪。埃克曼的观点已被许多心理学的研究所证实，并被广泛接受。人类六种基本情绪的面部表情有快乐、厌恶、惊奇、悲哀、愤怒和恐惧，如图 8-1 所示。

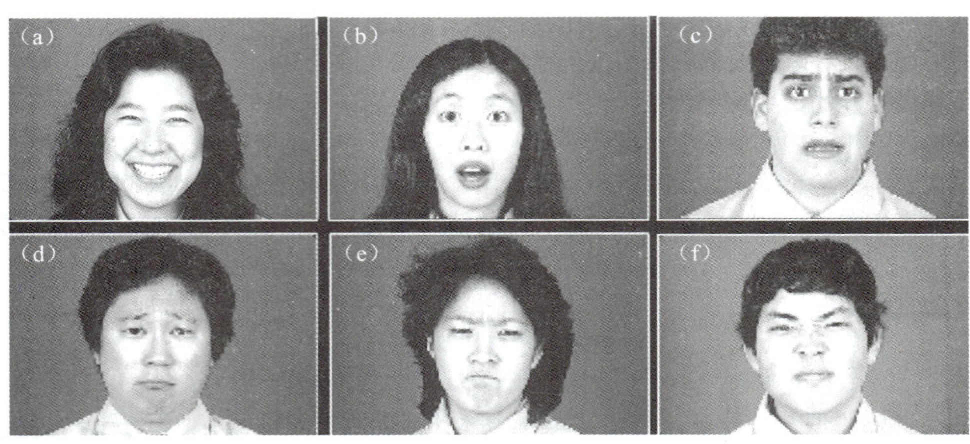

图 8-1　人类六种基本情绪的面部表情

2. 肢体表情

肢体表情可分成身体表情和手势表情两种，是情绪在身体姿势和四肢动作方面的表现。人在不同情绪状态下，身体姿态会发生不同的变化，如高兴时“捧腹大笑”，恐惧时“紧缩双肩”，紧张时“坐立不安”等。由于身体姿态能反映出更多的潜意识成分，更难以控制，所以身体表情可以更真实的反映情绪。举手投足、双手叉腰等身体姿势都可表达个人此刻的某种情绪。

手势常常是表达情绪的一种重要形式，它的含义很丰富，且常常和语言一起使用，表达赞成还是反对、接纳还是拒绝、喜欢还是厌恶等不同的态度和思想。例如，通过不同的握手方式，便能猜想此人的个人特征及此时此刻的情绪状态。同样，“振臂高呼”可以表达激愤，“双手一摊”可以表示无奈，“手舞足蹈”可以表示高兴。

3. 言语表情

言语表情是情绪在语言的音调、节奏、速度等方面的表现。例如，人在高兴时音调轻快，悲哀时音调低沉、节奏缓慢，愤怒时说话音量大、急促而严厉。同一句话，由于说话者语气、语调的不同，往往能给听话者以完全不同的感受。例如，播音员转播篮球比赛实况时声音尖锐、急促，为的是表达一种紧张而兴奋的情绪；而当他播出某领导人物逝世的新闻时，语出可能是缓慢而深沉，以此用来表达一种悲伤而惋惜的情绪。

总之，表情构成了人类的非语言交往的重要方式，人们之间除了使用语言沟通表达互相了解之外，还可以通过由面部、身段姿势、手势及语调等来表达个人的思想和感情。

五、情绪的理论

（一）情绪的早期理论

1. 詹姆士-兰格理论

美国心理学家詹姆士（W. James）和丹麦生理学家兰格（C. Lange）于 1884 和 1885 年分别提出了相似的情绪理论，他们的理论被合称为詹姆士-兰格理论。

詹姆士和兰格都认为，情绪是由有机体的生理变化特别是内脏活动所引起的知觉体验。没有生理变化，就不会产生情绪。詹姆士在他的论著中写道：“因为我们哭，所以愁；因为动手打，所以生气；因为发抖，所以害怕。并不是因为愁了才哭，生气了才打，怕了才发抖。”换言之，情绪体验并非由于刺激，而是由于对刺激反应之后产生的生理变化所引起。生理变化激起的神经冲动传至中枢神经系统，就产生了情绪。

兰格则特别强调情绪与血管变化的关系，他认为，自主神经系统支配作用的加强会引起血管的扩张，此时就会产生愉快的情绪；而自主神经系统活动减弱，血管收缩或器官肌肉痉挛，此时就会产生恐怖的情绪。饮酒引起血液循环加快，血管扩张，因而使人兴奋；冷水浇身引起血管收缩，可以使愤怒减弱。詹姆士-兰格理论可用图 8-2 表示。

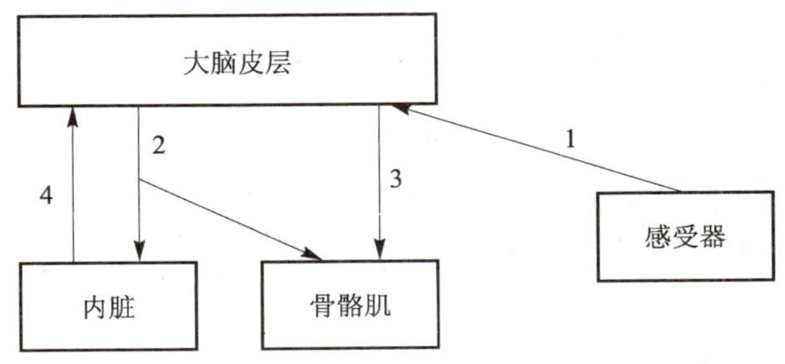

图 8-2　詹姆士-兰格理论示意图（箭头表示作用的方向）

詹姆士-兰格理论指出了生理变化与情绪过程的密切关系，有其合理的一面；但忽视了中枢神经系统的调节、控制作用，否认了人的态度对情绪的决定意义，是不可取的。

2．坎农-巴德的情绪理论

美国生理学家坎农（W. B. Cannon）对詹姆士-兰格的情绪理论提出了质疑。他认为：第一，有机体在各种情绪状态下的生理变化没有很大的差异，所以根据生理变化很难分辨各种不同的情绪；第二，机体的生理活动主要是受植物性神经系统的支配，变化缓慢，难以解释情绪易变的事实；第三，药物引起机体的某些生理变化不能直接产生情绪。例如，切断动物的内脏器官与其中枢神经系统的联系，动物的情绪反应并没有完全消失。

坎农认为情绪的中心不在外周神经系统，而在中枢神经系统的丘脑。外界刺激引起感觉器官产生神经冲动，传至丘脑，再由丘脑同时向上下发出神经冲动，向上传至大脑，产生情绪的主观体验；向下传递到内脏和骨骼肌的信息激活生理反应，引起相关的情绪表达。

例如，当某人遇到一只老虎时，由视觉感官引起的冲动，传至丘脑处，同时发出两种神经冲动：一是经过躯体神经系统和植物神经系统到达骨骼肌和内脏，引起生理应激准备状态；二是传至大脑，使这个人意识到老虎的出现是可怕的，会伤害人，大脑对丘脑的抑制解除，使植物性神经系统活跃起来，加强身体的应激生理反应，并采取行动尽快逃避，产生了恐惧。

坎农的情绪学说得到了巴德的支持和发展，后人把两者的理论称为坎农-巴德的情绪理论，可以用图 8-3 表示。

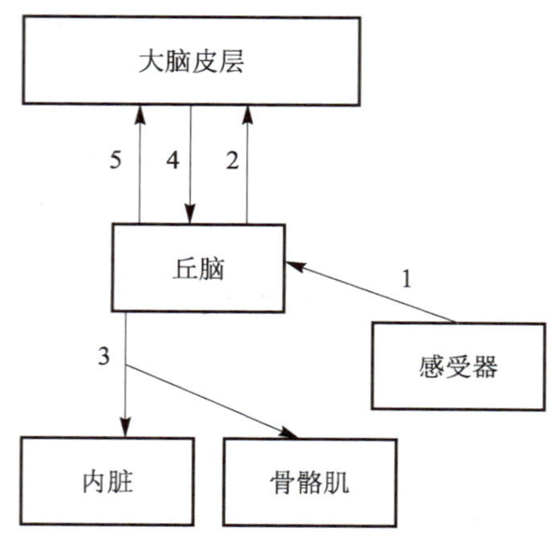

图 8-3　坎农-巴德的情绪理论

相对于詹姆士-兰格理论，坎农-巴德的情绪理论忽视了周围神经系统及大脑皮层对情绪的作用，但他们的理论唤起了人们对丘脑的注意，还推动了后来人们对情绪的神经生理方面的注意。

（二）情绪的认知理论

1．阿诺德的评定-兴奋学说

美国心理学家阿诺德（M. B. ArnolD.）于 20 世纪 50 年代提出了评定-兴奋学说，指出情绪来源于个体对客观事物的评估。当人把知觉对象评估为有益时，就会产生趋近的体验和生理变化的模式；当人把知觉对象评估为有害时，则会产生回避的体验和生理变化的模式；当人把知觉对象评估为与己无关时，就会产生漠然的体验而予以忽视。

阿诺德认为，情绪的产生是大脑皮层和皮下组织协同活动的结果，大脑皮层的兴奋是情绪行为最重要的条件。她认为情绪产生的模式是：外界刺激作用于感受器，产生神经冲动，通过内导神经上送至丘脑，在更换神经元后，再送到大脑皮层，在大脑皮层上刺激情境被评估。只要情境被评估为对有机体有足够重要的意义，皮层兴奋即（指令）下行激活丘脑系统，发生有机体器官和运动系统的变化。这时外周运动反应系统变化的信息又上行通过丘脑反馈到大脑皮层，并与最初的评估相结合，产生情绪体验。例如，在森林中看见一只老虎与在动物园里看到笼子里的老虎就会有截然不同的情绪反应，这是由于大脑皮层对情境评估上的差异所致，也是个体根据过去的经验及当时个人感受的结果。

阿诺德的评价理论首次将情绪的产生同高级认知活动联系起来，为情绪的研究开辟了一条新的途径。

2．拉扎勒斯的认知-评价理论

拉扎勒斯（R. S. Lazarus）扩展了阿诺德的认知评估学说。他认为情绪是人与环境相互作用的产物。在情绪活动中，人不仅反映环境中的刺激事件对自己的影响，同时要调节自己对于刺激的反应。即情绪活动必须有认知活动的指导，只有这样，人们才可以了解环境中刺激事件的意义，才可能有适当的、有价值的动作反应。情绪是个体对环境知觉到有

害或有益的反应。因此，在情绪活动中，人们需要不断地评价刺激事件与自身的关系。拉扎勒斯将这种刺激评价分为三个层次：初评价、次评价和再评价。

初评价是指个体评价刺激事件与自己是否有利害关系以及这种关系的程度。次评价是指人对自己反应行为的调节和控制，它主要涉及人们能否控制刺激事件及控制的程度，即一种控制判断，在这种评价过程中，经验起着重要的作用。再评价是以环境中新信息为基础，对所选择的应对策略和后果进行的再评估，其本质是一种反馈性的行为。

3．沙赫特-辛格的情绪认知理论

20 世纪 60 年代初，美国心理学家沙赫特（S. Schachter）和辛格（J. Singer）提出，对于特定的情绪来说，有三个因素是必不可少的。第一，个体必须体验到高度的生理唤醒，如心率加快、手出汗、胃收缩、呼吸急促等；第二，个体必须对生理状态的变化进行认知性的唤醒；第三是相应的环境因素。

沙赫特的情绪产生实验

实验证明，情绪状态是认知过程、生理状态和环境因素共同作用的结果，他们之间的关系如图 8-4 所示。大脑皮层将社会环境信息、内部生理变化信息，以及个体的经验、对情境的认知信息整合起来，产生一定的情绪。

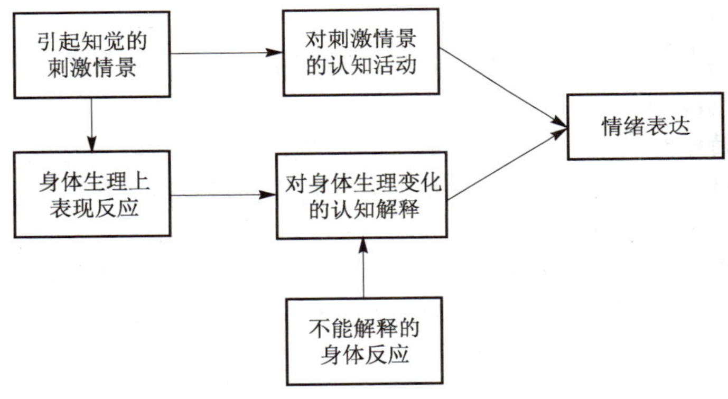

图 8-4　沙赫特的情绪认知理论

第二节　情绪和情感的分类

一、情绪的种类

根据情绪发生的强度、持续时间长短及外部表现，情绪可以分为心境、激情和应激。

1．心境

心境是一种比较微弱、平静而持久的带有渲染性的情绪。例如，最近心情舒畅或闷闷不乐等。心境具有以下明显的特点：

第一，心境是微弱的情绪体验，甚至有时人们觉察不到它的发生。

第二，心境比较稳定、持续时间较长，短则几天，长则数月。

第三，心境是一种非定向的、弥散性的情绪体验，即心境不具有特定的对象性，而是使自己的整个生活都染上某种情绪色彩，所谓“忧者见之而忧，喜者见之而喜”就是对心境特点的写照。

引起心境的因素多种多样，个人生活中的重大事件、事业的成功和失败、工作的顺境与逆境、人际关系的亲疏、生活条件的优劣、健康状况的好坏乃至时令环境景物、身体状况等，都是导致某种心境的原因。

心境对人的学习、工作、生活和身体健康都有很大影响。积极的心境会促使人主观能动性发挥，增强克服困难的勇气，提高活动的效率，同时有益于身体健康。消极的心境则会使人厌烦、意志消沉、颓废悲观，从而降低活动效率，并有损身体健康。人应该充分发挥主观能动性，正确认识和评价自己的心境，学会对心境的调节与控制，消除消极心境的不良影响，通过意志力锻炼，增强抵御外界不良刺激和干扰的能力，有意识地掌握自己的心境，提高学习、生活和工作的效率。

2．激情

激情是一种强烈的、短暂的、爆发式的情绪状态。例如，欣喜若狂、暴跳如雷、绝望等。它具有以下特点：

第一，激情具有爆发性和冲动性。激情一旦产生，人便完全被情绪所驱使，言行缺乏理智，带有很大的冲动性和盲目性。

第二，激情持续时间短暂，冲动一过，事过境迁，激情也就弱化或消失了。

第三，激情具有明确的指向性。激情通常由特定的对象所引起，如意外的成功会引起狂喜，理想破灭会引起绝望。

第四，激情常伴有生理变化和明显的外部表现。在激情状态下，人的内脏器官、腺体和外部表现都会发生明显的变化，如暴怒时“面红耳赤”，绝望时“目瞪口呆”，狂喜时“手舞足蹈”等。

引起激情的原因是多方面的，对人有重大意义的事件（如巨大的成功、亲人的亡故）、对立意向的冲突，都可能导致激情产生。

激情具有双重作用。积极的激情常常能调动人身心的巨大潜能，成为积极投入行动的动力。例如，许多诗人、艺术家常常在激情状态下出现灵感，妙思横溢，完成不朽的杰作；许多爱国志士也往往在激情状态下做出轰轰烈烈、可歌可泣的英雄壮举。而消极的激情会出现“意识狭窄”现象，产生不良后果。在激情状态下，人的认识活动范围往往会缩小，仅仅指向与体验有关的事物，理智分析能力减弱，不能正确地评价自己行为的意义和后果，自我控制能力减弱，往往不能约束自己的行为，惊慌失措，做出一些鲁莽的行为和动作，甚至酿成千古之恨，如青少年的激情犯罪。

激情是可以控制的，在激情发生的最初阶段有意识地加以控制，能将危害性减轻到最低限度。如转移注意、自我暗示、找人谈心、散步、听音乐、跳舞跑步等，都有利于宣泄怒气，降低激情的冲动程度。加强思想道德修养和意志力的锻炼，养成谦逊、豁达、冷静处理问题等良好品德，是控制激情最有效、最可靠的办法。

3．应激

应激是在出乎意料的紧急和危险的情况下所引起的高度紧张的情绪状态。应激是人对意外环境刺激所做出的适应性反应。例如，司机在驾驶过程中突然遇到危险情境，个体需动员机体各部分以适应紧急状态，使自己的精力集中于某事件，迅速做出抉择，并采取有效行动，这时其身心已处于应激状态。

应激状态的产生与人面临的情景及人对自己能力的估计有关。当情景对一个人提出了要求，而他意识到自己无力应付当前情境的过高要求时，就会体验到紧张而处于应激状态。

个体在应激状态下的反应有积极和消极之分。积极的反应表现为急中生智，能使人精力旺盛，使思想特别清楚、精确，使人动作敏捷，推动人化险为夷，转危为安，及时摆脱困境，做出平时几乎不可能做到的事情。消极的反应则表现为惊慌失措、意识狭窄，导致感知和注意产生混乱，思维迟滞，行动呆板，正常处事能力水平大幅度下降，甚至发生临时性的休克，降低人的应付能力。如刚刚学开车遇到危险时动作慌乱等。

布瑞迪的“执行猴”实验

人在应激状态下，会引起机体的一系列生物性反应，如肌肉紧张度、血压、心率、呼吸及腺体活动都会出现明显的变化。这些变化有助于适应急剧变化的环境刺激，维护机体功能的完整性。加拿大学者汉斯·塞里（Hans Selye，1907—1982）把这种变化称为适应性综合征，并指出这种适应性综合征包括动员、阻抗和衰竭三个阶段。动员阶段是指有机体在受到外界紧张刺激时，会通过自身生理机能的变化和调节来进行适应的防御。阻抗阶段是通过心率和呼吸加快、血压升高、血糖增加等变化，充分动员人的潜能，以对付环境的突变。衰竭阶段是指引起紧张的刺激继续存在，阻抗持续下去，此时必需的适应能力已经用尽，机体会被其自身的防御力量所损害，结果导致适应性疾病，如高血压、冠心病、消化性溃疡、癌症及各种神经症等。

应激状态的某些消极表现是可以通过提高认识、接受训练加以调节的。过去的知识经验、良好的性格特征、高度的责任感等都是在应激状态下阻止行为紊乱的重要因素。

二、情感的种类

情感是与人的社会性需要相联系的内心体验，反映了人的社会关系和生活状况，是人类特有的心理现象，人类高级社会情感主要有道德感、理智感和美感三种。

1．道德感

道德感是指个体根据一定的社会道德行为标准，在评价自己或他人的思想、意图和行为时产生的内心体验。例如，对见义勇为的赞叹，对爱国英雄的崇敬，对他人、集体、国家、工作的责任感，对违反社会道德和法律行为的厌恶和憎恨等都是道德感的表现形式。

道德感产生的基础是对社会道德规范的认识和接纳。对社会道德规范缺乏认识，不了解道德行为标准，道德感就无从产生。由于道德规范具有社会性、历史性和阶级性，因此，道德感受社会历史因素的影响，在一定程度上反映了社会的价值观念和价值取向。

2. 理智感

理智感是指在智力活动过程中，在认识和评价事物时而产生的主观体验。例如，人们对未知领域的好奇心和求知欲，在解决疑难问题时而产生的疑虑、惊讶和焦虑，在疑难问题解决后而产生的愉悦和满足感，在解决工作和学习中的问题时而产生的困惑、烦恼等都是理智感的表现形式。

理智感是人类特有的心理现象，是在人的认识活动中产生和发展起来的。同时，它对人的认识活动又具有推动作用，成为认识活动的一种内在动力。人的理智感的产生和发展与人的认识水平和经验有关，也与人的世界观、理想等相关联。

3. 美感

美感是指根据一定的审美标准评价事物时所产生的主观体验。青山绿水、奇峰异石等自然景观引发的人们的心旷神怡之感，恢宏的北京故宫、雄伟的长江大桥等引发的人们的惊叹，人类的善良行为、质朴的待人方式等引发的赞美等，都是美感的表现形式。

美感作为一种主观体验，是由客观情境引起的。在不同的社会、不同的风俗习惯和不同的历史时期，人们的审美标准不同，对美的感受也不同。因此，美感具有社会性、历史性和阶级性。

人的审美标准既反映事物的客观属性，又受到人们对审美对象的主观态度的影响。人们对美的需求有共性的一面，也有差异性的一面，在不同的文化背景下，不同民族的人对事物美的评价会有所不同。例如，在唐代，我们是崇尚以胖为美的，但是到了清朝，却又认为人苗条会更好看；以肤色而言，大多数汉族人认为肤色白皙是漂亮的，可是摩梭族的人却认为黝黑的皮肤是漂亮的象征。同时，由于个人经验的不同，对它们做出的审美评价也不尽相同。

生气实验

第三节　小学儿童的情绪和情感

一、小学儿童情绪情感发展的特点

学龄前儿童在家庭教育的影响下，情绪情感也在不断地发展着，他们各种高级情感或社会性情感也在初步发展着。但是，在整个学龄前期，儿童由于经验和智力水平的局限，情绪丰富性、深刻性和稳定性都还很差，并且情绪的自我调控能力也很弱。进入小学后，生活环境的改变、认知能力的提高，使其情绪也得到了显著的发展。

（一）小学儿童的情感内容不断丰富

1. 多样化的活动丰富了小学儿童的情感

小学儿童的情感更多地与人的社会生活需要相联系，内容不断丰富。儿童入学后，实

践活动的领域扩展了，学习活动、集体生活、文体活动、劳动和社会公益生活对儿童提出更多具体要求，促使小学生产生各种各样的情感体验。

儿童入学以后，学习成为他们的主导活动。儿童通过学习进入一个更广阔的天地，接受着各种社会性情感的陶冶。语文课本中战斗英雄不屈不挠的斗志、劳动模范忘我的劳动态度、科学家刻苦钻研的献身精神、医生救死扶伤的人道主义情感等都会感染和丰富小学生的情感。历史、地理、自然课上关于祖国悠久的历史文化、辽阔的国土、美丽多娇的大自然等，都会激发学生对祖国山河的热爱和民族自豪感，培养学生热爱大自然和热爱祖国的情感。

在集体生活中，良好的交往会使小学生体验到人与人、个人与集体的关系，从而使学生产生团结互助、责任感和集体荣誉感等。在劳动和社会公益活动中，可以培养儿童热爱劳动的思想感情和社会责任感。在文体活动中，小学生可表达各种社会角色的情感，发展学生的美感和勇敢顽强、乐观上进的进取精神。

一般说来小学儿童具有强烈的向师性，对教师充满着崇敬和热爱，所以师生之间的情感关系，对儿童心理的发展有着不可低估的作用，这为教师做好教育工作提供了良好的心理基础。

2. 小学儿童的情感进一步分化

随知识经验的积累，儿童情感的分化逐渐精细、准确，以笑为例，小学儿童会微笑、大笑外，还会羞涩地笑、偷笑、嘲笑、冷笑、苦笑、狂笑等。

3. 小学儿童的情感表现手段更为丰富

随着社会因素对情感制约性的增强，小学儿童开始体验到诸如悔恨、内疚、欣赏等比较复杂的高级情感。同时，表现手段也更为丰富。例如，学前儿童对不高兴的事，往往嘟起小嘴，又哭又闹；而小学生常常会采取侧过脸去表示他们的厌恶。

（二）小学儿童的情感深刻性不断增加

深刻性是指情感产生的原因所涉及的本质程度。一般来说，小学生的情感表现还是比较外露、易激动的，但其情绪体验逐步深刻。

1. 小学儿童情感深刻性的发展表现为情感受事物的直接影响到受事物的间接意义的影响

例如，学前儿童的互相友爱，是为了能在一起玩，而小学生的互相友爱，则更多是出于责任感，即我们是同学，应该互相友爱。对儿童恐惧的研究证明，学前儿童的恐惧主要涉及个人安全和对动物的恐惧。小学生更多的是来自学校的恐惧，例如，怕学业不佳、考试成绩不好，怕受到家长和老师的批评，怕遭到同学的讥笑等。

2. 随着儿童年龄的增加，儿童的归因能力不断增加，愤怒的情绪开始逐渐减少，并更加现实化

研究发现，同样一种消极情绪，小学儿童的体验比学前儿童要现实得多。例如，学前儿童会因为父母有事取消去游乐园的计划而感到愤怒，小学儿童则可能了解到实际原因即父母工作忙而产生失望感；学前儿童常因父母的一些日常生活规定如饭前洗手、常剪指甲等而产生不愉快情绪，小学儿童则常因在同伴交往中或在学校中受到讥笑、不公平待遇等

而产生不愉快情绪。

3. 小学生的情感体验逐渐内化了社会规则和道德标准

小学儿童的情感深刻性还表现在评价人和事的时候，开始使用一定的道德标准。例如，学前儿童喜欢谁或不喜欢谁，主要是从一些具体的关系出发。如：××爱跟我一起玩，我喜欢他；××不给我小人书看，我不喜欢他。而小学儿童则逐渐学会从一定的道德标准出发，确定自己喜欢谁或不喜欢谁，如“我喜欢××，因为他学习好，常为集体做好事；我讨厌××，因为他不守纪律。”特别是中、高年级，儿童已经根据一定的道德品质来评价好坏从而产生相应的情感。

总的来说，小学生的情感仍然具有一些具体性和表面性，不能从事物的本质方面产生更加深刻的体验。

（三）小学儿童的情感稳定性不断加强

小学生情感的体验由弱变强逐步发展，但整个小学阶段，小学儿童的情感带有很大的情境性，尤其是低年级学生容易受具体事物、具体情景的支配，表现出情感的不稳定。如有的低年级学生回答不出教师的提问会哭起来，而后教师生动形象的课堂教学又能使他破涕而笑。

小学儿童的情感具有短促爆发性的特点，如在与同伴的交往中，低年级儿童常常因为一点小事情使友谊破裂，但过一会儿又很容易得到恢复。这说明小学低年级的情感稳定性是比较差的。

随着儿童知识经验的丰富、抽象逻辑思维能力的发展及自我意识水平的提高，小学高年级儿童情感的稳定性逐渐增强，情感的境遇性减少，逐渐产生了较长时间影响整个行为的情感体验。例如，小学中高年级学生之间闹了别扭，有时一连几天甚至几个星期不和好，这就是他们情感稳定性在增强的明显表现。

（四）小学儿童的情绪可控性不断提高

小学低年级学生的情感带有很大的冲动性、不善于掩饰、可控性较差。例如，小学低年级儿童在玩得入迷时，会忘记做家庭作业，在春游的前一天他们会很难安心听课，晚上睡觉前都会很激动。这与儿童神经系统的尚未发育成熟——大脑皮层的兴奋与抑制不平衡有关。

在独立学习和集体生活的锻炼下，中高年级学生控制、调节情感的能力逐渐发展起来。他们能根据学校纪律的要求约束自己的激情；在发脾气时，不骂人，不打架；听课时能根据要求不随便讲话；在完成作业时，能抑制自己想去玩的愿望；有的小干部还能耐心地帮助他本不喜欢的顽皮、落后的同学。这都说明小学生情感的可控性在逐渐发展。

总的来说，小学儿童的情感与成人相比，还不够稳定、不够丰富、不够深刻，情感的调控能力还是比较低的。因此，教师要根据儿童心理发展的规律，采取有效的措施，促使他们的情感向更高的水平发展。

二、小学儿童高级情感的发展

学前儿童的高级情感刚刚开始和发展，直到小学以后，在学校教育的影响下，儿童的各种高级情感才进一步发展起来。

1．小学儿童道德感的发展

小学儿童的道德感处于不断的发展过程中，低年级儿童主要是以社会性反应作为自己情感体验的依据，中年级儿童主要是以一定的道德行为规范为依据，而高年级儿童则开始以内化的抽象道德观念作为依据。例如，评价他人时，小学儿童已不再像学前儿童那样仅仅根据表面的东西来把人界定为“好人”或“坏人”，而是能够初步运用一定的道德标准来评价他人，评价事物的好坏；也不再像学前儿童那样只看事物对自己是否有益，而是能够把事物同他人、集体的利益结合起来进行评价。

我国学者李怀美等人的研究揭示了小学生道德情感发展的特点。

① 每个年级都有道德情感的五级水平。随着年龄的递增，高级水平的比例逐步增加。低年级由第三级向第四级转化；中年级以第四级为主；高年级约有半数左右被试达到第五级水平。

② 小学三年级是道德情感发展的转折期。

③ 小学生对不同道德范畴所表现出的道德情感有差异，即道德情感的发展具有不平衡性，义务感最强烈，荣誉感次之，良心和爱国主义再次之，幸福体验最差。

小学生的道德感，从体验的内容或范围来看，是越来越丰富；从产生道德感的形式或条件来看，是从外部的、未被意识到的情绪表现逐渐转化为内部的、主动的、自觉意识到的道德体验。

2．小学儿童理智感的发展

小学生由于知识面扩大、学习责任感的产生，他们的理智感也相应地变化。儿童从对游戏活动和对事物的表面兴趣转入到从积极的思维活动中寻找乐趣，如解出了一道难题就会十分高兴，解不出时就会十分着急。高年级小学生已不喜欢解答太容易的题目，喜欢有一定难度的、需动脑筋的题目。由于小学生的抽象思维尚未发展，所以他们的理智感较多地与具体直观的事物相联系，产生了认识事实、认识具体事物的兴趣。小学生对不同学科已产生不同的兴趣，但这种分化尚不明显，也极不稳定。教师对学生的态度、学生对这门课掌握得好坏都直接影响儿童对课程的兴趣与爱好。

3．小学儿童美感的发展

小学儿童的美感的主要特点是具有直接性和对新奇事物更感兴趣，审美趣味格调还不高，需要经常性地给予引导，但切忌压制性的教育方式，否则会引起逆反心理。小学儿童美感的发展具体表现为：

（1）美感体验的直接性

小学儿童的美感体验受客观事物的形式和内容的影响很明显，经常接触的、具有明显美的外部特征的客观事物容易使其产生美的体验；而那些接触较少的、具有深刻内涵的、体现于内在特征的事物，则不易引起他们的美感体验。但是，随着年级的增加，小学儿童的美感体验越来越丰富。

（2）审美感受的模仿性

在现代社会中，由于各种媒体和资讯日益发达，小学儿童受其影响也很明显，如“网络语言”对他们的影响就不可小觑。而且，小学儿童具有很强的模仿性特点，这也影响着他们的审美体验。例如，小学儿童看电视后喜欢模仿电视中的形象，尤其是喜欢模仿反面形象，这与儿童对新奇事物更感兴趣有密切关系，需要教师加以教育引导。

情绪稳定性测验

总之，对小学生情感的发展不应作过高的估计，与成人相比，儿童情感的各个方面发展水平还是较低的。因此，教师要根据儿童心理发展规律适时帮助学生，使儿童的情感向更高的水平发展。

三、小学儿童积极情感的培养

教师应该遵循儿童情感发展的规律，进行有效的情感教育。要培养儿童积极、健康的情感，一般应该做好下述几方面的工作。

1．提高儿童的认识能力，促进其情感的发展

认识是情感的基础。小学生对人或事物的认识正确与否，直接影响着情感的发展。俗话说：“知之深，爱之切。”因此，教师应该有计划、有目的地向学生讲明道德规范和行为准则，使他们对事物的是非、好坏、美丑、善恶能够进行辨别和评价，从而产生相应的爱憎。例如，小学儿童越了解自己的家乡，就会越热爱自己的家乡；越了解自己的老师，就会越尊敬自己的老师。这就反映出认识提高对情感发展的促进作用。所以，教师在培养小学生的情感的过程中，要不断地提供必要的知识，提高他们的认识水平，使他们的情感体验逐步向更高水平发展。

一般而言，对低年级学生，采取在讲故事、做游戏过程中获取知识，以得到健康，积极的情感体验。对中高年级学生而言，以介绍优秀少儿读物为宜，让他在读物中受到健康、向上的启迪。

2．创设情境，陶冶小学儿童的情感

人的情感往往是在一定的情境中产生的。由于小学儿童的情感容易受具体事物的支配，所以，教师可以有意识地设计有关教育的情境，如以环境的布置、角色扮演、气氛的组织等来诱发儿童的情感。重要的是，要组织各种实践活动，让小学儿童在社会的、科技的、体育的、艺术的实践活动中反复感受，使情感具有实际效能。提高儿童情感实际效能的一个重要目标是使小学儿童明朗地表达自己的情感，不要人为地压抑情感；使小学儿童准确地体会他人的情感，避免体会错误。

3．在教育教学中正确地运用移情

移情是指人们在察觉他人情感时自己也体验到的与之相同的情感，即设身处地、将心比心。培养儿童移情的能力是教育教学的重要目标。因此，在教育教学中，教师要经常为儿童树立榜样，宣扬英雄、模范和身边的好人好事，用他们良好的感情感染学生，丰富儿童正确的情感体验；在班集体中坚持不懈地开展团结友爱、助人为乐的教育活动；引导儿童通过与别人比较，根据别人对自己的态度，以及通过自己活动的成果认识自己，不断地

对自己的情感作出客观的估价；教会学生从理智上防止或延缓不适当的情感，养成自我监督自己情感的习惯，提高小学儿童调节和控制情感的能力。

本章小结

情绪和情感是指人对客观事物是否符合自身需要而产生的态度体验。情绪和情感是复杂的心理现象，由独特的主观体验、外部表现和生理唤醒等三种成分组成的。认识过程和情绪情感过程既有区别又有联系，情绪和情感既有区别又有联系。情绪和情感有适应功能、调节功能和信息功能。

情绪的早期理论有詹姆士-兰格理论和坎农-巴德的情绪理论，情绪的认知理论有阿诺德的评定-兴奋学说、拉扎勒斯的认知-评价理论和沙赫特-辛格的情绪认知理论。

根据情绪发生的强度、持续时间长短及外部表现，情绪可以分为心境、激情和应激。人类高级社会情感主要有道德感、理智感和美感三种。

小学儿童情绪情感发展的特点体现在四个方面：小学儿童的情感内容不断丰富、情感深刻性不断增加、情感稳定性不断加强和情绪可控性不断提高。小学儿童高级情感的发展体现在小学儿童道德感的发展、理智感的发展和美感的发展。

小学儿童积极情感的培养要做到以下三个方面：提高儿童的认识能力，促进其情感的发展；创设情境，陶冶小学儿童的情感；在教育教学中正确地运用移情。

拓展阅读

1. 施塔，卡拉特. 情绪心理学 [M]. 周仁来，等译. 北京：中国轻工业出版社，2015：第 2 版.

2. 刘易斯，琼斯，巴雷特. 情绪心理学 [M]. 南莎，译. 北京：电子工业出版社，2015：(第 3 版).

3. 叶素贞，曾振华. 情绪管理与心理健康 [M]. 北京：北京大学出版社，2007.

4. 张素明. 小学语文教学中情感教育的实施策略探究 [J]. 教师，2017（20）.

5. 张晓怡. 小学课堂教学中情感教育现状与实施对策研究 [J]. 陕西学前师范学院学报，2016（11）.

6. 邱智慧. 小学英语教学中的情感教育 [J]. 江西教育，2016（3）.

练习与思考

一、单项选择题

1．“手舞足蹈，摩拳擦掌”属于（　　）。

A．言语表情　B．肢体表情　C．面部表情　D．音调表情

2．“手舞足蹈，摩拳擦掌”属于（　　）。

A．心境　B．应激　C．激情　D．道德感

3．“爱国主义情感、集体荣誉感、同志友谊感”属于（　　）。

A．美感　B．心境　C．道德感　D．理智感

4．“人逢喜事精神爽”属于（　　）情感。

A．心境　B．美感　C．激情　D．应激

5．小明解开了 3 道数学难题，心中感到无比欢乐，这种表现为（　　）。

A．美感　B．心境　C．激情　D．理智感

6．随知识经验的积累，儿童情感的分化逐渐精细、准确，以笑为例，小学儿童会微笑、大笑外，还会羞涩地笑、偷笑、嘲笑、冷笑、苦笑、狂笑等。这一表现说明了小学儿童情感（　　）。

A．丰富性发展　B．深刻性发展

C．可控性发展　D．稳定性发展

7．小红在小学二年级时，常因小事与同学吵架，升入三年级后，这种现象便逐渐少了，这说明小红的情感（　　）得到发展。

A．丰富性　B．深刻性　C．可控性　D．稳定性

8．小学低年级儿童常常以某同学是否跟自己一起玩，来确定是否喜欢他（她），而中高年级则从他（她）学习是否好，是否遵守纪律为集体做好事来确定是否喜欢他（她），这说明儿童情感的（　　）在逐步发展。

A．丰富性　B．深刻性　C．可控性　D．稳定性

9．“忧者见之而忧，喜者见之而喜”，这属于（　　）。

A．移情　B．心境　C．激情　D．美感

10．人们对风景的欣赏，对英雄人物的行为表现赞美、歌颂。这种情感是（　　）。

A．应激　B．道德感

C．理智感　D．美感

11．“知之深，爱之切”说明（　　）。

A．认识是情感的基础　B．情感是认识的基础

C．意志是情感的基础　D．情感是意志的基础

12．与社会性需要是否满足相联系的心理活动是（　　）。

A．情绪　B．情感　C．心境　D．应激

13．下面属于情绪而不属于情感的是（　　）。

A．对艺术作品的欣赏　　B．对祖国的热爱

C．助人为乐的幸福感　　D．高考被录取带来的喜悦

14．一岁左右的婴儿常常通过表情来表达自己的需要，这体现了情绪与情感的（　　）功能。

A．适应　　B．动机　　C．组织　　D．信号

15．“急中生智”是（　　）状态下的典型表现。

A．心境　　B．激情　　C．应激　　D.焦虑

二、填空题

1．情感依赖于________；但它又反作用于认识，既可以________又可以________认识的发展。

2．表情包括_______、_______和_______。

3. 根据情绪发生的强度、持续时间长短以及外部表现，情绪可以分为_______、_______和_______。人类高级社会情感主要有_______、_______和_______三种。

4．移情是指人们在_______他人情感时自己也体验到的与之_______的情感。

5．沙赫特的实验证明，情绪状态是_______、_______和_______共同作用的结果。

6．情绪情感是对_______的反映。

7．情绪一般与人的_______满足与否相联系，情感是指与人的_______相联系的复杂而又稳定的态度体验。

8．情绪是情感的_______，情感是情绪的_______，两者紧密联系。

9．人在应激状态下，会引起机体的一系列生物性反应，如肌肉紧张度、血压、心率、呼吸及腺体活动都会出现明显的变化，这种变化称为适应性综合征，包括___________、_______和_______三个阶段。

三、判断题

1．“知之深，则爱之切”，这说明情感依赖于认识过程。（　　）

2．情感的信号交际功能是通过表情实现的。（　　）

3．人们对英雄人物、模范人物的颂扬，是道德感的体现。（　　）

4．“临危不惧，舍己为人、化险为夷”这种情感状态称之为道德感。（　　）

5．小学低年级儿童常出现由一种表情转向另一种表情，如批评就不高兴，这说明他们的情感稳定性较差。（　　）

6．不懈地追求真理和坚决地维护真理是理智感的表现。（　　）

7．在教学中，教师富有情绪色彩、生动形象的讲述，激起儿童相应情感体验的产生。这种情感体验称之为理智感。（　　）

8．人的情感体验错综复杂，细腻多样，一般来说都很容易判断其内心体验。（　　）

四、简答题

1．小学儿童情绪情感发展的特点是什么？

2．如何培养小学儿童积极的情绪情感？

3．情绪情感与认识过程有什么关系？

五、案例分析题

实习生张老师今天下午第一节课是三（1）班的音乐课。课前也作了认真的准备。把今天这节课要教唱的新歌曲抄在两大张书写纸上，放在讲桌的抽屉里，上课了，张老师高兴地走进教室。当他从抽屉里拿出歌单挂在黑板上时，全班突然哄笑起来，他注意一看，才发现两张歌单中间都被扯破了一个大洞。原来是班上一个“小调皮”中午乘没有人时拿出来看后扯的。于是张老师“火冒三丈”，大发脾气，责令是哪个同学扯的，赶快把扯去的拿出来补上，否则查出来要严厉处分。全班同学开始窃窃私语，随后便鸦雀无声，任凭张老师吼，无人回答。张老师气得脸色铁青，课也没有上成。

请问，张老师发现歌单被扯烂后产生的是什么情感状态？这种情感会带来什么不良后果？为什么无人回答？假如你遇到这种情况应如何处理？

第九章 意志

学习目标

- 理解意志的概念、意志行动的特征和过程，了解意志与认识、情绪之间的关系。
- 理解挫折产生的原因，学会增强挫折承受力的方法。
- 理解意志品质和小学儿童意志发展的特点。
- 理解小学儿童意志的培养方法。

本章导读

海伦·凯勒是美国著名作家和教育家，一八八二年，在她一岁多的时候，因为发高烧，脑部受到伤害，从此以后，她的眼睛看不到，耳朵听不到，后来，连话也说不出来了。她在黑暗中摸索着长大。七岁那一年，家里为她请了一位家庭教师，也就是影响海伦一生的苏利文老师。苏利文在小时候眼睛也差点失明，了解失去光明的痛苦，在她辛苦的指导下，海伦用手触摸学会了手语，摸点字卡学会了读书，后来用手摸别人的嘴唇，终于学会说话了。

苏利文老师为了让海伦接近大自然，让她在草地上打滚，在田野跑跑跳跳，在地里埋下种子，爬到树上吃饭；还带她去摸一摸刚出生的小猪，也到河边去玩水。海伦在老师的关爱下，竟然克服失明与失聪的障碍，完成了大学学业。

这个奇迹是如何实现的？意志具有什么特点？如何面对人生中的挫折？如何培养小学生的意志力？让我们一起进入本章的学习。

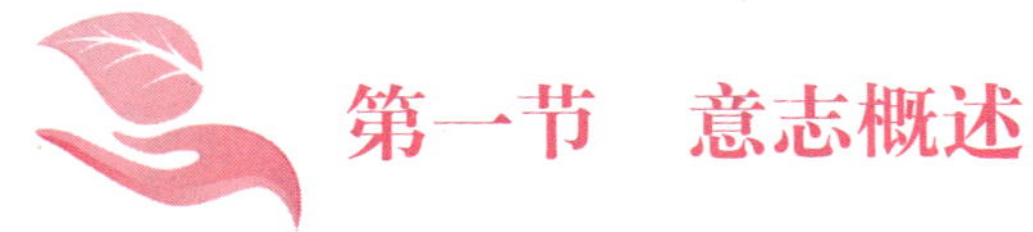

第一节　意志概述

一、意志的概念

意志是人在行动中自觉地克服困难以实现预定目的的心理过程。意志是人类独有的心理现象，是人的意识能动性的集中体现。人意识的能动性表现在两个方面：一是人能认识客观现实，也就是说人能通过感知、记忆、想象和思维认识客观事物，揭示其本质和规律；二是人能反作用于客观现实，能按照自己的意志去改造客观世界。即人能主动地提出目的，采取行动来积极地改造客观事物，满足自身的需要，表现出意识的能动性。

人的意志有两种表现，一是推动人们坚持完成困难的任务；二是制止改造与目的不符合的愿望和动机。意志作用的这两个方面，在实际活动中是对立统一、相互联系、相互制约的，人有所不为才能有所为，即必须克制一些诱惑，采取有效的行动实现预定的目的。例如，教师为了达到预定的教学目的，努力克服遇到的外部困难和内心矛盾，在备课中认真钻研教材并根据学生的发展特点选择有效的教学方法，设计必要的教学程序，以实现预定的教学目的。

二、意志行动的特征

意志和行动是不可分的，意志总是通过行动表现出来。意志行动是指在意志调节和支配下有目的、自觉的、有意识的行动，它具有以下特征：

1. 明确的目的性

由于人具有根据自觉的目的去行动的能力，因而人就能够调节自己的行动，实施符合自己目的的行动，制止不符合目的的行动。人的意志不仅能够调节人的外部动作，还可以调节人的心理状态。例如，一个人有复习功课的决心，就会一方面付诸行动，另一方面努力抵制外界的诱惑和干扰，达到复习功课的目的。正是这种目的的激励和抑制作用，意志才实现着对人的活动的支配和调节。

2. 以随意动作为基础

人的行动是由一系列的动作组成的，动作可分为不随意动作和随意动作两种。不随意动作是指不受意识支配的、不由自主完成的动作。如无条件反射、习惯性的动作等。随意动作是人能意识到的，具有一定的目的性、方向性的动作，是在生活中学会了的、较熟练的动作，如学习、打字、记笔记、提问题等。随意动作是意志行动的必要组成部分。如果没有掌握这些必要的随意动作，意志行动就无法实现。有了随意动作，人就可以根据目的去组织、调节、支配一系列的动作来组成复杂的行动，从而实现预定目的。随意动作掌握的水平越高，越容易实现意志行动。

3．与克服困难相联系

在意志行动中，为了达到目的，常常会遇到各种困难。克服困难是意志行动的核心。人的意志只有在实现预定目的的过程中，遇到困难而又坚定不移地加以克服时，才能显现出来。意志的强弱是以克服困难的数量和大小来衡量的，克服困难的难度越大，数量越多，人表现出来的意志越坚强。

困难可以分为内部困难和外部困难。内部困难是指干扰目的确定与实现的内在条件。它包括心理方面和生理方面的困难。心理方面的困难有信念的动摇、能力的缺乏、知识经验的不足及相反愿望的干扰等，例如，新教师在教育孩子的过程中遇到棘手的问题，常常产生畏难情绪。生理困难指身体健康状况不佳。

外部困难是指意志在完成预定目的采取行动时所遇到的客观环境中的障碍。例如，在教育工作中，教师遇到家长的不合作，学生某些问题行为的反复，或者学生智力发育不良或学习习惯不良等，要完成自己的教育孩子的任务，必须克服这些障碍才能顺利完成。

内部困难和外部困难在一定条件下可以相互转化，一方面内部困难往往由外部困难引起；另一方面，由于内部困难的存在，又往往会夸大外部困难。一般情况下，内部困难对人的意志干扰更大。如果内部困难得到解决，外部困难也容易解决。人的意志水平主要表现在克服困难的水平上。

意志行动的三个特征是密切联系在一起的。自觉的确定目的是意志行动的前提，克服困难从而实现目的是意志行动的核心，随意动作是意志行动得以顺利进行的基础和手段。

三、意志与认识、情感的关系

意志不是孤立的心理现象，它同认识和情感过程有着密切联系。三者共同构成了人的心理过程。

（一）意志与认识的关系

意志的产生是以认识过程为基础的。人的任何目的都不是凭空产生的，而是在认知活动的基础上形成的。目的虽然是主观的，但它们却是对客观事物认识的结果。人在选择目的和采取方法与步骤的过程中，都必须通过感知、记忆、思维、想象等认知过程才能实现。

另一方面，意志对认识过程也有很大影响。没有人的意志努力，就不可能有认识过程，更不可能使认识活动过程深入和持久。因为在认识活动过程中，人总会遇到这样或那样的困难，要克服困难，就需要做出意志努力。例如，观察的组织、有意注意的维持、解决问题时思维活动的展开等，都离不开人的意志参与。因此，积极的意志品质如自觉、坚定、毅力、恒心、自制等，会促进一个人认识能力的发展，而消极的意志品质如盲从、独断、执拗等，会阻碍一个人认识能力的发展。

（二）意志与情绪情感的关系

1．情绪和情感既可以成为意志行动的动力，也可以成为意志行动的阻力

当人们的某种情绪对一定行为起推动和支持作用时，情绪就是意志行动的动力；当个

体在情绪上极其不愿意干某件事情时，情绪就成为抑制过程的内部因素，成为意志行动的阻力。

2．意志对情绪和情感起着调节和控制作用

由于意志本身执行着组织和调节功能，因此意志也可以对情绪、情感起到控制作用。意志坚强者可以克服不利情绪的干扰，使行动贯彻始终，甚至对情绪直接控制。平时所说“理智对情感的驾驭”，其实就是由意志遵循理智的要求而实现的对情感的控制。

总之，认识、情感、意志过程是紧密联系的，意志过程包含着认识和情感的成分，认识和情感过程中也包含着意志的成分。

四、意志行动的过程

意志行动有其发生、发展和完成的过程，它可以分为两个阶段：一是决策阶段，即采取决定阶段；二是实施阶段，即执行决定阶段。

（一）采取决定阶段

采取决定阶段是意志行动的开始阶段，它决定着意志行动的方向和部署，是意志行动的动因。这个阶段主要包括动机冲突、确定行动目的、选择行动方法和制定行动计划等环节。

1．动机冲突

人的意志行动是由一定动机引起并指向一定目的的，动机是推动和指引人的意志行动的内部动力。动机是在需要的基础上产生的，由于人的需要多种多样并且是不断变化的，所以在同一时间内往往存在多种动机。有时，几种动机相互矛盾，就形成了动机冲突。

动机冲突是指个体在确定目的时对各种动机进行价值权衡并做出选择的过程。动机冲突的形式主要有以下四种。

（1）双趋冲突

双趋冲突又称接近—接近型冲突，是指个体必须对同时出现的两个具有同等吸引力的目标进行选择时产生的难以取舍的心理冲突。正如孟子所说：“鱼我所欲也，熊掌亦我所欲也”，暗指两者不可兼得时的内心冲突。例如，既想看电视又想去画画就是一种双趋冲突。解决这类冲突的方法是放弃一个目标，选择另一个目标；或者同时放弃这两个目标。

（2）双避冲突

双避冲突又称回避—回避型冲突，是指个体必须对同时出现的两个具有同样强度的负面目标进行选择时产生的心理冲突。这实际上是一种“左右为难”“进退维谷”式的由于选择困难而使人困扰不安的心理冲突，即前有悬崖，后有猛虎，两种结果都想避开，但却只能避开其中的一种。

双避冲突会出现两种状况：第一种是犹豫不决或优柔寡断，这是因为个体的选择移向其中一个目标时，这一目标的威胁性便增强，将个体推向另一目标，于是另一目标的威胁性又会增强，这样就会陷入左右为难的动机冲突，使个体产生焦虑。第二种是逃避或拒绝选择。逃避可以是离开冲突的实际情境，或在思想上逃避，如做白日梦。拒绝往往是在个体感受到一种无能为力的心理崩溃时发生的。这时的心理冲突对个体的心理健康影响很

大，缓解或化解的关键是找到其他出路或出现其他因素，选择回避程度较轻的目标，即“两害相权，取其轻者”。双避冲突的解决，既要依赖对所处情境的分析，也要依赖个体的价值观和道德规范。

（3）趋避冲突

趋避冲突又称接近—回避型冲突，是指个体对同一目标既想接近又想回避的两种相互矛盾的动机而引起的心理冲突。趋避冲突在日常生活中经常出现，一个人对同一个目的同时产生两种对立的动机，好而趋之、恶而避之。例如，喜欢甜食，但怕吃多会胖；遇到麻烦时想求人帮助，但又怕遭到拒绝；生病时想快些痊愈，但又怕打针。

当一个人同时具有求得成功或回避失败的动机时，实际上也存在着一定程度的趋避冲突。趋避冲突在心理上引起的困惑比较严重，因为它会使人在较长时间内一直处于对立意向的矛盾状态中，并可能导致行动不断失误。

（4）多重趋避冲突

多重趋避冲突又称多重接近—回避型冲突，是指由于面对两个或多个既对个体具有吸引力又遭个体排斥的目标或情境而引起的心理冲突。例如，一个人想跳槽到新的工作单位，因为新单位有较高的经济收入和优厚的福利待遇，只是工作性质和人际关系不太容易适应；如果继续留在原工作单位，有习惯的工作环境，人际关系也较好，但经济收入和福利待遇差些。这种对利弊得失所进行的考虑会产生多重趋避冲突。

一般来说，如果几种目标的吸引力和排斥力差距较大时，解决这种内心冲突就比较容易；如果几种目标的吸引力和排斥力比较接近，解决这种内心冲突就比较困难了，需要用较长时间来考虑得失、权衡利弊。

2. 确定行动目的

目的是意志行动所要达到的目标和结果。目的越明确、高尚、具有社会价值，则由这个目的所引起的毅力也就越大，就越能表现出人的意志水平。相反，一个没有明确目的而盲目行动的人，往往会患得患失、斤斤计较，无成就可言。但是，目的的确立并不是件容易的事情。通常，一个人在行动之前往往会有几个彼此不同甚至是相互抵触的目的，因此需要对其进行权衡比较，根据目的的意义、价值、客观条件和自身特点等最终确定一个目的。

一般来说，有一定难度、需要花费一定意志努力后可以达到的目的，往往是比较适宜的。一旦这个目的得以实现，可以带来心理上的满足感和成就感，并能够弥补由于在目的确定时发生的内心冲突所带来的损害，更好地为实现下一个目的做好准备。如果几种目的都很适宜和诱人，就可能会发生内心冲突，难以下决心做出抉择，这就需要合理安排，即先实现主要的、近期的目的，后实现次要的、远期的目的。或者先实现次要目的，创造条件，再集中力量实现主要目的。

确定目的和动机冲突是两个既有区别又有联系的过程。在确定目的之前往往要经过动机冲突，克服内心的矛盾和冲突，而在目的逐渐确定的过程中也会进一步引起动机冲突，随后逐渐趋于统一。要正确地确定目的，就必须排除各种内外部干扰，为此需要以正确的动机为基础，面对现实深思熟虑和权衡利弊，仔细分析、评价所追求目标的重要性，通过自己的意志努力，增强自信并果断作出决定，从而选择并决定行动目的。同时注意信息的反馈，以能够有效地修正行动，使目的顺利地达到。

3. 选择行动的方式及方法

个体经过动机斗争、确定目的之后，就要解决如何实现目的，即解决怎样做、怎样实现目标的问题，这需要根据主客观条件来选择达到目的的方式及方法。

选择行动方式和策略过程，一般要满足两方面的要求：为实现预定目的的行为设计是合理的；这种方式、方法符合客观事物的规律和社会准则要求。只有把这两个方面有机结合起来，才能顺利地实现预定目的。

4. 制订行动计划

在这个环节，主要是个体根据已确定的行动目的和已选择的方法，制定行动的具体计划，包括行动的程序。制订计划时，要注意广泛收集各种信息，全面了解情况，进行深入细致的调查研究，在此基础上认真分析，抓住重点，突出矛盾，制定出切实可行的行动计划。方式、方法选择和计划制定不仅受个人的动机和目的的影响，还与其知识经验以及能否掌握客观事物的发展规律密切相关。经过动机斗争、确定行动目的、选定行动的方式及方法、制定行动计划后，意志行动就从准备阶段过渡到执行决定阶段。

（二）执行决定阶段

执行决定，就是将准备阶段已作出的决定付诸实施，是意志行动的关键环节和完成阶段。它是将头脑中的愿望、确定的目的、制订的计划付诸实施的过程。意志行动只有经过执行决定，才能达到预定的目的。没有执行阶段，动机再高尚，目的再远大、再美好，方法再合理，计划再周密，都是一句空话，都不能达到预期目的。

在执行决定的过程中，意志对行动的调节表现在两个方面：一是采取积极的行动达到目的；二是制止那些不利于达到目的的行动。

在执行决定的过程中，除克服各种困难外，还要经受成功和失败的考验。成功给人带来成就感，使人心情愉快、精神振奋、自信心增强，有利于执行决定。同时，成功也往往使人骄傲自满，松懈斗志，使事业半途而废，面对胜利，意志坚强的人会时刻警惕自满情绪的发生，再接再厉，最终实现预定的目的。

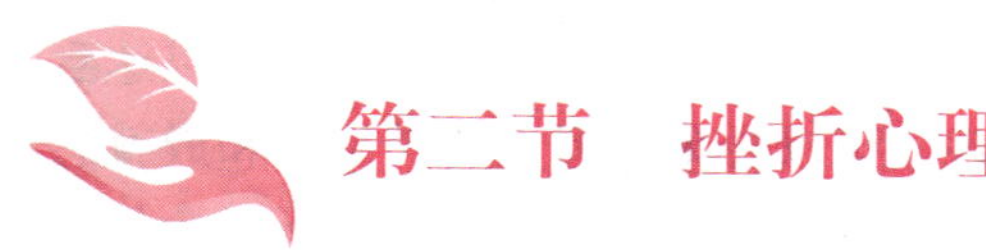

第二节　挫折心理

一、挫折的概念

挫折是个体的意志行为受到无法克服的干扰和阻碍，致使预定目标不能实现所产生的一种紧张的情绪反应。如当我们参加一项英语等级考试，由于准备不足，结果没考过，我们会感到伤心、沮丧等。

挫折包括三层含义：

一是挫折情境，即阻碍或干扰个体意志行动的情境。如考试不及格、比赛失利、失恋等。

二是挫折认知，即个体对挫折情境的认知、态度和评价，这是产生挫折和如何对待挫折的关键。挫折情境能否构成挫折，很大程度上取决于个体对挫折情境的态度和评价，如有的学生考 60 分已经很满足了，而有的学生却对同样的成绩感到失败和沮丧。

三是挫折行为，即伴随挫折认知而产生的情绪体验和行为反应。如愤怒、紧张、焦虑、犹豫、躲避或攻击等情绪和行为反应。

二、挫折产生的原因

挫折产生的原因是多方面的，包括主、客观因素。

（一）客观因素

客观因素包括自然环境和社会因素，自然环境因素是指无法克服的自然条件的限制，如由于恶劣的气候和严重的自然灾害所造成的损失或失败，也包括人世间生老病死等。如 2008 年南方雪灾导致很多人无法回家过年、汶川地震、舟曲泥石流导致很多人家破人亡等。

社会因素包括政治、经济、法律、宗教、道德、风俗习惯、人际关系等方面。如正义得不到伸张，长期蒙受冤屈，因得不到公正待遇而使个人才能无法发挥等。

（二）主观因素

1. 个人的生理条件因素

个人的生理条件因素是指个体生理上的某些缺陷或疾病带来的限制，使个体不能胜任某些工作或进行某些活动，如有人想当歌星，却没有好嗓子，想当运动员却没有好的体魄，眼睛近视的却想当飞行员。

2. 心理因素

① 自我认知偏差，对未来期望值过高或过低。有的人对自己的评价不够准确也不够全面，看不清楚自己的优缺点，要么对自己估计过高，从而对自己的未来期望值也过高，因而选择了力所不及的目标造成挫折，或对自己估计过低，畏缩不前，因而错过了成功的机会而产生挫折。

② 个人的挫折承受力差。如高一（2）班王某，初中时成绩一直比较优秀，上了高中后，她一直希望自己能保持学习领先的地位。但是“强中更有强中手”，在一次数学考试中，她却是班上倒数的第五名，这一打击使她感到空前的羞愧和失望，产生了自杀的念头。

③ 独立精神不够，不适应生活环境。如有些同学在家里过于依赖父母，独立性不强，刚到一个新的学校，不适应集体住校生活，产生挫败感。

④ 动机冲突。在人们的意志行动中，常常具有两个或以上的目标，但是又不能同时实现，于是就产生了冲突。一旦冲突出现，总会伴随着某种情绪状态，如紧张、焦躁、烦恼以及心神不定等。

挫折在人们的生活中是不可避免的。增强挫折承受力是培养良好意志行为的重要方面。意志行为的重要特征是勇于克服困难和阻碍，而正确对待挫折是克服困难的一个方面。因此能否经得起挫折不仅决定于个体经受挫折时的心理状态，对挫折的认识、评价和理解，还取决于个体对待挫折的态度以及应付挫折的行为方法。积极的态度和合适的方法等都有利于增强个体的承受力。

三、增强挫折承受力的方法

1. 正确对待挫折

首先要认识到挫折是普遍存在的，从某种意义上讲，挫折是生活中的一部分。自然界、社会中的万事万物是在曲折中前进、螺旋式上升，直线、顺利发展的事情几乎没有。挫折是客观存在的，关键在于人们怎样认识和对待它。如果认识到挫折是生活中不可避免的组成部分，就对挫折有了充分的心理准备，能面对挫折不灰心、不后退，敢于向挫折挑战；能把挫折作为前进的阶梯、成功的起点。应该认识到挫折具有两重性，挫折和磨难并不都是坏事，它促使人为了改变境况而奋斗，能磨炼性格和意志，增强创造力和智慧，使人对生活、对人生认识得更加深刻、更加成熟。同时，遭受挫折后认真总结经验教训也是十分必要的，应该尽量避免不必要的挫折。

2. 改善挫折情境

挫折情境是产生挫折和挫折感的重要原因，如果挫折情境得到改善和消失，挫折感也就会随着消失。改善挫折情境，首先应预防挫折的发生，即对一件事情的成功或失败做出正确的估价。挫折发生之后，认真分析引起挫折的原因，设法改变、消除或降低其作用的程度。改变情境的另一种办法是暂时离开挫折情境，到一个新的环境中去或改变环境气氛，给受挫折者以同情、支持和温暖。

3. 总结经验教训

善于总结挫折及失败中的教训，是增强挫折承受力的重要方面。一方面从失败中吸取教训，以积极的态度冷静地分析遭受挫折的主、客观原因，及时找出失败的症结所在，发现自己的弱点，力争改进。另一方面要发现自己的优点和长处，从而振作精神，鼓起战胜挫折的勇气，树立信心，提高对挫折的承受能力。

4. 调节抱负水平

抱负水平是指个体在从事活动前，对自己所要达到的目标或成就的标准。它是人们进行成就活动的动力，而能否成功则取决于抱负水平的高低是否适合个体的能力或条件。抱负水平过低或过高都不利于增强个体的自信心和自尊心。在过低的抱负水平下，即使成功了，人也不能产生成就感。抱负水平过高，在达不到预定的目标时，就容易产生挫折感。所以，要使个体在活动中产生成就感又不至于受到挫折，就要提出适合个体能力水平的、具有挑战性的标准。

5. 建立和谐的人际关系

建立和谐的人际关系对于增强挫折的承受力是有积极作用的。当一个人遭受挫折后，如果有几个在思想上、学习上、生活上志同道合的朋友，能向他们倾诉自己的心里话，便能使自己从挫折中解脱出来，内心的紧张也会逐渐减弱，同时还可以从朋友那里得到鼓励、信任、支持和安慰，重新振作精神，战胜困难和挫折。

测测你的意志力

第三节 意志品质与小学儿童意志的发展及培养

一、意志品质

意志品质是衡量一个人意志坚强与否的尺度，包括意志的独立性、果断性、坚韧性和自制性，它们在人的意志行动中贯彻始终，反映了一个人的意志水平，并影响人的行为结果。

1．独立性

独立性是指人体不屈服于周围人们的压力，不随波逐流，而是根据自己的认识与信念，独立地采取决定，执行决定。独立性是理智地分析周围人们的意见，吸收当中合理的成分。独立性的人对于自己的决定和执行这些决定是经过理智思考的。

与独立性相反的意志品质是易受暗示性与独断性。易受暗示性的人行动缺乏主见，容易被别人左右，因而会随便改变自己原来的决定。独断性的人则盲目自信，拒绝他人的合理意见和劝告，一意孤行、固执己见。易受暗示性与独断性都是缺乏对事物自觉、正确的认识，分不清是非曲直的表现。

2．果断性

意志的果断性是指一个人是否善于明辨是非，迅速而合理地采取决定和执行决定方面的意志品质。果断性强的人，当需要立即行动时，能迅速地做出决断对策，使意志行动顺利进行；而当情况发生新的变化需要改变行动时，能够随机应变，毫不犹豫地做出新的决定，以便更加有效地执行决定，完成意志行动。

与果断性相反的意志品质是优柔寡断和草率决定。优柔寡断的人遇事犹豫不决、患得患失、顾虑重重，在认识上分不清轻重缓急，思想斗争时间过长，即使执行决定也是三心二意。草率的人则相反，在没有辨明是非之前，便不负责任地做出决断，不考虑主客观条件和行动的后果。优柔寡断和草率决定都是意志薄弱的表现。

3．自制性

意志的自制性是指能否善于控制和支配自己行动方面的意志品质。自制性强的人，在意志行动中不受无关诱因的干扰，能控制自己的情绪，坚持完成意志行动；同时善于约束自己的言论，能有分寸地考虑各种影响，克制自己的行为，坚持执行已经采取的决定。“富贵不能淫，贫贱不能移，威武不能屈”就是意志自制性的表现。

与自制性相反的意志品质是任性和怯懦。任性的人自我约束力差，不能有效地调节自己的言论和行动，不能控制自己的情绪，行为常常为情绪所支配；怯懦的人胆小怕事，遇到困难或情况突变时惊慌失措、畏缩不前。任性和怯懦的共同特点是不能有效地调节、控制自己，自我约束力差，这也是意志薄弱的表现。

4．坚韧性

意志的坚韧性是指在意志行动中能否坚持决定，坚持不懈地克服困难，完成既定目的

的意志品质。坚韧性强的人能根据目的要求，在长时间内毫不松懈地保持身心的紧张状态，在任何情况下都坚持不变，直至达到目的；在遇到困难时，能激励自己树立起克服困难的信心，始终如一地完成意志行动。所谓“锲而不舍，金石可镂”，就是意志坚韧性的表现。

与坚韧性相反的意志品质是顽固执拗和见异思迁。顽固执拗的人对自己的行动不作理性评价，执迷不悟，或者是“明知不可为而为之”；见异思迁者则是行为缺乏坚定性，容易发生动摇，随意更改目标和行动方向，庸庸碌碌、终生无为。顽固执拗和见异思迁表面上不同，实质上都是对待困难的错误态度，是消极的意志品质。

二、小学儿童意志的发展

儿童入学以后，必须按照教师和学校的要求克服种种困难，完成各门学科的学习任务。不仅如此，他们还必须严格遵守学校的纪律和各项规章制度，积极参加劳动、体育活动及其他集体活动，并在活动中做出意志努力，完成集体交给的各项任务。就这样，在生活和教育的不断要求下，随着年龄的增长，小学儿童的意志进入了新的发展阶段。

（一）小学儿童意志发展的一般特点

1．意志行动的动机和目的的发展

首先，小学低年级儿童行动的动机和目的，多数是由家长、教师和学校集体提出的，还不善于自觉、独立地提出。随着儿童知识的增长和经验的丰富，以及思维水平的提高，中年级以上的儿童逐渐学会自觉、独立地向自己提出行动的动机和目的，并支配自己的行动服从行动目的，但仍具有一定的受暗示性。

其次，小学低年级儿童的行动动机和目的一般比较短暂、狭隘、具体，那些远大、抽象的行动动机和目的对他们来说还是不容易理解的，还不能对他们的行动起很大的作用。随着儿童知识经验的增长和思维能力的发展，逐步具有比较远大的、有较大社会意义的动机和目的。研究表明，对小学儿童来说，那些短近的、具体的学习动机和目的能够更好地推动儿童学习，而且年级越低，这个特点越显著。

再次，小学儿童特别是低年级儿童的行动动机和目的一般是很不稳定的，常随情境的变化而变化，还不能坚持较长时间为实现自己的动机和目的而积极地行动。例如，小学儿童可以为了做功课而不去看电视，但往往只能坚持比较短的时间。这与他们的行动动机和目的比较短近和具体相联系。例如，他们坚持做完功课的原因是“做完功课就可以随便玩了”“不做完功课去玩，家长和教师要批评的”等，他们还不能更好地用带有原则性的理由来支配自己的行动动机和目的，因而不能较持久地坚持实现自己的行动动机和目的。

最后，小学儿童在解决动机冲突、选择行为方案的过程中，常常表现出受具体事物影响，不善于运用抽象原则来解决动机冲突。在解决动机冲突时，当前的事件、眼前的利益往往比过去或将来的事件更有吸引力。在选择行动方案时，由于知识经验贫乏，思维能力水平较低，他们还不善于提出多种行动方案，比较多种方案的优劣。他们意志行动的决策大多依据兴趣爱好、教师或家长的态度。例如，面对某种情境怎样去做，小学儿童常常说：“老师讲过的，要这样做。”至于为什么这样做，他们还不能主动地加以思考，还不能做

到以道德标准作为意志行动决策的依据。

2. 克服困难的毅力增强

毅力是指人不屈不挠地克服困难，达到既定目的的能力。毅力顽强的人，深信自己的目的和为实现目的而采取的行动是符合客观发展要求的，能正视各种困难，百折不挠地为实现既定目的而努力，并坚决、果断地采取行动。

小学儿童克服困难的毅力是随着年龄的增长、年级的升高而逐渐增强的。观察表明，小学儿童在学习过程中，对待困难的态度是不一样的，有些儿童表现出克服困难的毅力，有些儿童则缺乏这种毅力。特别是低年级儿童，面对困难时表现得慌张、粗心、懦弱，屈服于困难。例如，在做作业的过程中，一遇到难题，小学低年级儿童常常显得紧张，不愿意做进一步的努力。这时有的小学生常常会哭闹，求助于家长和其他人的帮助。随着年龄的增长、知识经验的积累和思维能力的发展，中年级儿童克服困难的毅力也逐渐增强，面对学习中的困难，他们中的大多数已能做进一步的努力，以实现既定的目的。

面对挫折，小学儿童常不能正视现实，不善于分析产生挫折的原因，而把挫折的原因归因于无关的其他人或事物上。有的儿童则极力寻找理由来为自己辩解。例如，当写错了字或做错了题目，有的儿童说，是因为同学在边上吵闹，所以字写错了或题做错了。虽然，有些高年级儿童在挫折产生时，能够面对现实，鼓起勇气去克服困难。但是在整个小学阶段，小学儿童克服困难的毅力还是比较低的。因此，在教育、教学中，教师应该鼓励儿童克服外部和内部的各种困难，提高他们克服困难的毅力。

（二）小学儿童意志品质的发展

随着儿童年龄的增长，在生活和教学的不断要求下，他们的意志品质也逐渐发展起来。

1. 独立性的发展

小学低年级儿童的独立性比较差，他们不善于主动、独立地调节自己的行为，常常由家长、教师向他们提出行动目的和任务并在成人的督促下完成。中、高年级儿童意志的独立性逐渐发展，能够自觉地完成教师布置的作业和分配给他们的任务。但是整个小学阶段，儿童意志的独立性仍然较低，意志行动常离不开教师的启发帮助和具体的督促检查。

相对而言，小学儿童的盲从和独断性比较明显。由于他们的独立性较差，容易受暗示，因此，不分好坏地模仿别人的表情动作，如手势、姿势等。随着小学儿童思维能力的发展，他们开始喜欢独立思考，并逐渐相信自己的力量和行动的正确性，因而部分儿童也容易表现出任性、固执己见等特点。这说明，小学儿童对行动的原因、结果及意义还缺乏充分的认识，还不能主动、独立地调节、支配自己的行动，以实现既定的目的。

2. 果断性的发展

小学儿童意志的果断性较差，他们在做出决定和执行决定的时候，不善于仔细、全面地考虑问题，容易受到外力和情绪的影响，考虑不够周到就很快做出决定、采取行动。有时缺乏足够的力量去克服心理上的种种矛盾，担心行动会造成不良后果，怀疑自己所做决定的正确性，因而出现优柔寡断的现象。

在教学的影响下，小学儿童思维的果断性也得到了较好的发展。心理学研究表明，随着年龄的增长，儿童意志果断性的水平在逐步提高，优柔寡断和冒失的不良品质则逐渐减

少。但是，在整个小学阶段，要求儿童按照一定的观点、原则，经过深思熟虑而果断地处理一些充满矛盾斗争的问题还是比较困难的。教师应该在儿童知识经验和智力水平力所能及的范围内，引导儿童明辨是非、当机立断，克服贸然行事和优柔寡断的缺点。

3. 自制性的发展

小学儿童意志的自制性品质的发展是稳定的、迅速的，但总体水平并不高。小学儿童还不能有力地排除内外诱因干扰的影响，特别是内部诱因（疲劳）的干扰，这在中、低年级尤为明显。即便是高年级儿童，受内部诱因干扰的人数仍占比较高的比例。

知识链接

有关小学儿童意志自制性品质发展的实验

心理学工作者对小学儿童意志的自制性品质及其受内外因干扰时的表现进行了研究：各选每个年级相应语文课本中一篇或一段没有学过的大约需要 40 分钟识记才能背诵的课文，事先清除生字障碍后，要求小学儿童默读记忆。15 分钟后出现外部诱因（诱惑），即附近学生在表演文艺节目（事先组织），凡想看演出的小学儿童，可以允许去看（5 分钟后劝其回来继续默读记忆）；再过 15 分钟，出现内部诱因（疲劳），被试想出来活动，可允许出去活动一次（5 分钟后劝其回来继续默读记忆）；再过 10 分钟，默读记忆活动结束。如果外部诱因和内部诱因出现后，被试都出去活动，说明受到了内外诱因的干扰；如果两组诱因出现后均不受影响，说明其自制性较强。

研究结果表明，小学儿童意志的自制性品质随年级升高而稳步发展。这种稳步发展的趋势呈迅速发展（一至三年级）→平稳（三、四年级）→迅速发展（四、五年级）→平稳（五、六年级）的状态。小学低年级儿童自制性品质发展较快，到了小学中年级，自制性品质发展趋于平稳，保持在一个水平线上，中年级以后又出现了一个快速发展时期，使意志自制性品质达到了一个新的更高水平。这时，小学儿童已经能进一步克服困难、懒惰等消极情绪，较好地克服因各种诱惑引起的冲动行为，能自觉地按照任务的要求去进行默读记忆活动。到了高年级，自制性品质发展又出现了一个新的稳定时期。

4. 坚韧性的发展

小学低年级儿童的意志比较薄弱，坚韧性比较差，他们更多地依靠外部影响来坚持完成一件工作或一个行动。例如，在教师或家长的鼓励、督促下，坚持写好字词或演算数学题等。到了中、高年级，由于教育教学和平日的意志锻炼，小学儿童逐渐能在学习、生活中坚持克服困难、完成任务。例如，他们遇到数学难题和较难的命题作文及考试，能够持久地进行思考，直到解决为止。心理学研究证明，小学儿童意志的坚韧性品质是随着年级升高而迅速发展的，呈迅速发展（一至三年级）→平稳（三至五年级）→明显发展（五、六年级）的状态。

举水耐力比赛

但是，与青少年相比，小学儿童的坚韧性品质还是比较差的，往往表现出一种冲动性和不稳定性。例如，有的学生在体育运动和劳动

中表现出良好的坚韧性，而在学习中却害怕困难，缺乏克服困难的决心，以致不能很好地完成学习任务或轻易许诺言而不坚决执行等，特别是那些溺爱型家庭的孩子，坚韧性更差。

三、小学儿童意志的培养

（一）开展理想教育，提高小学儿童行动的自觉性

开展理想教育活动有利于学生正确地确定自己行动的目的，并对一切个人的、团体的思想和行为做出实事求是的正确评价，明辨是非、善恶和荣辱，使学生具有高度的责任感，提高行动的自觉性。教育实践证明，那些缺乏理想，对自己的学习抱着“做一天和尚撞一天钟”思想的学生，学习目的性不明确，行动缺乏自觉性，常处于被动状态。行动中遇到困难常表现出畏难情绪，缺乏克服困难的信心，甚至有错误和糊涂的动机。因此，在小学阶段要重视理想教育，提高儿童对行动意义的认识，是培养儿童坚强意志的根本途径。

由于小学儿童按照一定的原则、观点来调节自己行动的能力还很差，因此进行理想教育时不能单独用讲道理的方法，而要注意把抽象的道理和小学儿童的具体行动结合起来，把崇高的理想融合在学生的行动中，渗透在他们的日常生活中，成为他们行动的目标。例如，在教学过程中，向学生讲明，按时上下学、专心听讲、坚持按时完成作业等具体学习任务都与实现自己的理想有密切关系，并帮助学生制定切实可行的行动计划，指导学生按照预定目的计划采取适当的措施，这样的理想教育就符合儿童心理发展的年龄特征，更能为儿童所理解接受，增强其行动的自觉性。

（二）加强养成教育，培养小学儿童的自制能力

初入小学的儿童，由于生活环境和所受教育的不同，形成了不同的行为习惯和心理特征。儿童有的表现天真活泼、幼稚可爱、好动好说；有的表现窘迫、羞怯、拘谨且茫然不知所措；有的甚至已萌发了一些不良行为习惯，如骂人、说谎等。他们对学校生活不熟悉，不善于控制和支配自己行为，不懂学校要求和课堂纪律，甚至连基本的生活要求都显得生疏、困难或不习惯。从意志行为发展看，这是一个养成教育的问题。

养成教育就是通过培养儿童自觉遵守纪律和生活制度的常规训练，使儿童形成自动控制的良好的行为习惯。例如，上课前要准备好学习用具，书本、文具放在指定的位置上，课上要专心听讲，不做小动作，发言要先举手；课堂上坐、立、走姿势要端正。课间玩正当游戏，不许追、跑、打等。在集体生活中，同学要团结友爱、讲礼貌、要爱护公物、讲卫生等。儿童为了要遵守规定的纪律制度，必须抑制自己，不做违背纪律和制度的行动。这样儿童在自觉遵守学习和生活纪律的过程中，自制的能力也就得到了锻炼。

在养成教育这个方面，有经验的教师通常采取以下做法。

1. 从小事入手，循序渐进

培养儿童的意志，要从日常生活小事做起，从学生生活中的点滴入手，从做人的一言一行开始，逐渐养成文明礼貌的习惯。如从爱护自己的文具开始，逐步养成爱护班级物品、爱护公物的良好品质；从爱父母、爱班级开始，逐步养成爱学校、爱家乡、爱祖国的情感；

从自尊自律开始，逐步养成遵守课堂纪律、学校规章制度和社会公德及国家法律的习惯。

2．耐心指导，反复训练

对于常规要求，要反复训练，严格执行，教师要苦口婆心反复讲，耐心细致地做示范。常规要求一旦提出后就训练执行，长期坚持下去，逐步提高要求；对违反行为规则的现象，要正确对待，防止急躁，要采取有效的方式进行教育。例如，用遵守纪律的典型，形象鲜明地进行教育，使学生有榜样可学。

3．教师要以身作则

儿童善于模仿，因此必须要给他们树立良好的榜样。学生学习的主要榜样是教科书中的典型人物。另外，教师和家长的意志行动也时刻影响着儿童，他们的工作态度、言行举止都会成为今后学生对待困难的态度和行为方式。因此教师要严格要求自己，以身作则，做学生意志行动的榜样。例如，要求学生写字端正，教师自己的字要写端正。要求学生不迟到早退，教师自己就应坚持早上班、晚下班，上课铃响时准时上课等。

（三）进行挫折教育，培养小学儿童的耐挫力

儿童在生活和学习中，遭受挫折是难免的。由于小学生知识经验的贫乏，自我意识水平比较低，常不能正确地对待行动过程中的挫折，有时会寻找不正当的理由为自己辩解，推诿自己应负的责任，甚至会产生攻击性行为，使人产生不良的情绪反应，使一个人减少自尊心和自信心，增加失败感、愧疚感和思想负担。

因此，教师要帮助儿童正确地对待挫折，提高耐挫力。首先，要帮助学生正确分析挫折产生的原因，尽量避免或减少挫折。其次，要鼓励儿童充满信心地战胜挫折，有时候也可以用限制批评或惩罚的方法来制止某些不良的表现，但最好是具体指导学生掌握战胜挫折的方法，引导儿童从成功的体验中增强战胜挫折的信心和勇气。最后，在教育教学中，要注意培养儿童调节和控制自己心理活动的能力，提高小学儿童的挫折耐受力。

（四）创设困难情境，锻炼小学儿童的意志

良好的意志品质是在克服困难中体现，并在克服困难中形成的，因此，教师除结合教学内容或通过主题班会等方式向学生讲述意志锻炼的意义，更要让儿童在各种活动中，通过克服困难来磨炼意志。教师在学校的各学科学习中，在课外学科小组、公益活动、体育锻炼和日常规范中都可以为儿童创设克服困难的情境，为其意志品质的发展提供机会。在组织活动中，教师应当注意如下几点：

第一，教师必须遵守循序渐进的原则，向学生提出的任务要有一定的难度，同时又是他们力所能及的。例如，要求他们坚持独立完成各种作业，坚持参加科技小组的活动，坚持参加体育锻炼等。对小学儿童来说，这些要求都有一定的难度，但又是他们能够做到的。要求过高，超出小学儿童的可能性，则不利于意志的锻炼。

第二，当儿童在活动中遇到困难时，要给予鼓励和必要的指导，但不要代替他们去解决问题。例如，当儿童在社会工作中遇到困难时，教师应及时给予指导，让他们独立完成任务。这样可以提高儿重克服困难的信心。

第三，根据小学儿童意志品质上的差异，注意采取不同的锻炼措施。做到因人、因不

同发展时期而异。例如，对于容易盲从、轻率行事的学生，应多多启发他们的自觉性，培养他们对社会、集体和劳动的责任感和义务感；对于怯懦的学生，则应多多鼓励他们增强克服困难的信心和勇气。又如自觉性品质在小学二年级到五年级有下降趋势，应有针对性地加以培养；坚持性品质在小学低年级比较薄弱，自制力品质在二年级到四年级这个时期发展缓慢。在这一时期，应加强相应的锻炼和培养，可以使儿童的各种良好意志品质迅速而全面地发展起来。

培养小学儿童良好的意志品质是素质教育的重要任务和内容。在教育实践中，教师应充分运用心理学提供的知识，有意识、有计划地锤炼小学儿童的体魄和心理素质，从而提高儿童的意志品质，使他们成为栋梁之材。

本章小结

意志是人在行动中自觉地克服困难以实现预定目的的心理过程。意志和行动是不可分的，意志总是通过行动表现出来。意志行动具有以下特征：明确的目的性、以随意动作为基础、与克服困难相联系。意志同认识和情感过程有着密切联系，三者共同构成了人的心理过程。

意志行动可以分为采取决定阶段和执行决定阶段，采取决定阶段主要包括动机冲突、确定行动目的、选择行动方法和制定行动计划等环节。动机冲突主要有双趋冲突、双避冲突、趋避冲突和多重趋避冲突四种形式。

挫折是个体的意志行为受到无法克服的干扰和阻碍，致使预定目标不能实现所产生的一种紧张的情绪反应，挫折包括挫折情境、挫折认知和挫折行为。挫折产生的原因既有客观因素，又有主观因素。主观因素有个人的生理条件因素和心理因素等。增强挫折承受力的方法有正确对待挫折、改善挫折情境、总结经验教训、调节抱负水平和建立和谐的人际关系。

意志品质是衡量一个人意志坚强与否的尺度，包括意志的独立性、果断性、坚韧性和自制性。小学儿童意志发展的一般特点表现为意志行动的动机和目的的发展和克服困难的毅力增强。小学儿童意志的培养包括：开展理想教育，提高小学儿童行动的自觉性；加强养成教育，培养小学儿童的自制能力；进行挫折教育，培养小学儿童的耐挫力；创设困难情境，锻炼小学儿童的意志。

拓展阅读

1．鲍迈斯特，蒂尔尼．意志力：关于自控、专注和效率的心理学［M］．丁丹，译．北京：中信出版社出版，2017.

2．刘志军．如何在小学体育教学中对学生进行意志品质的培养［J］．学周刊，2016（8）.

3．董洋，张晓丽，史惠瑄．竞技类动画片对小学男童意志的影响［J］．心理技术与应用，2015（2）.

4．王少平．小学数学计算题教学中学生学习意志的培养［J］．课程教育研究，2015（1）.

练习与思考

一、单项选择题

1．孟子曰“鱼，吾所欲也；熊掌，亦吾所欲也；二者不可得兼，舍鱼而取熊掌也”这种冲突是（　　）。

A．双趋冲突　B．双避冲突　C．趋避冲突　D．双重趋避冲突

2．某学生想参加娱乐活动，又怕耽误学习而影响成绩，这种冲突是（　　）。

A．双避冲突　B．双重趋避冲突

C．趋避冲突　D．双趋冲突

3．意志行动的最重要环节是（　　）。

A．确定行动目的　B．制订行动计划

C．作出行动决定　D．执行决定

4．善于迅速地辨明是非、合理地采取决定和执行决定的品质是意志的（　　）。

A．自觉性　B．果断性　C．坚韧性　D．自制性

5．与意志的自制性相反的意志品质是（　　）。

A．优柔寡断　B．任性　C．顽固　D．盲从

6．下面哪种活动是意志行动？（　　）

A．吹口哨　B．背诵课文　C．摇头晃脑　D．膝跳反射

7．“化悲痛为力量”“不要意气用事”，这是（　　）。

A．意志对认识的影响　B．情感对认识的依赖

C．意志对情感的作用　D．情感对意志的影响

8．中国女排奋力拼搏，终于获得五连冠，表明中国女排具有的意志品质是（　　）。

A．独立性　B．果敢性　C．坚韧性　D．自制力

9．意志的（　　）是指能否善于控制和支配自己行动方面的意志品质。

A．自觉性　B．果断性　C．自制性　D．坚韧性

10．几位朋友邀你去看电影，而你却需要准备第二天的演讲。最后你终于克制了自己，谢绝了邀请。这主要是一种（　　）。

A．知觉过程　B．思维过程　C．感情过程　D．意志过程

11．儿童能在没有督促的情况下独立地完成各项作业，反映了意志的（　　）品质。

A．自觉性　B．果断性　C．自制性　D．坚韧性

12．“前怕狼后怕虎”这是意志品质（　　）差的表现。

A．自觉性　B．果断性　C．自制性　D．坚韧性

二、填空题

1．意志行动的基本过程包括：________和________。

2．“优柔寡断”“冒失”与意志的________品质相反。

3．________是指个体的意志行为受到无法克服的干扰或阻碍，致使预定目标不能实现时所产生的一种紧张状态和情绪反应。

4．意志和行动不可分，意志________着行动，同时也在________中得以实现。人的意志行动有三个特征：________、________和________。

5．小学儿童意志自制性品质的发展趋势呈________、________、________和________的状态。

6．小学儿童意志坚持性品质的发展趋势呈________、________、________和________的状态。

7．与意志独立性相反的不良品质是________和________。

8．意志行动的基础是________。

9．________是意志行动最重要的特征。

10．挫折包括三层含义：________、________和________。

三、判断题

1．意志是人所特有的心理现象。（　　）

2．一个人口渴了，就伸手拿杯倒水，然后喝掉，这种行动可称为意志行动。（　　）

3．在行动过程中，没有困难，该行动不属于意志行动。（　　）

4．意志活动的中心环节是动机斗争阶段。（　　）

5．困难越大，越有利于学生的意志培养。（　　）

6．教师严格要求自己，以身作则做表率，对小学儿童良好行为习惯的养成是有积极影响的。（　　）

7．只要是有目的的行动都是意志行动。（　　）

8．新教师在教育小学生的过程中，遇到棘手的问题所产生的畏难情绪，这便形成了教育过程中的内部困难。（　　）

9．受意识支配的动作叫随意动作，这些随意动作是意志行为的基础。（　　）

10．养成教育就是通过培养儿童自觉遵守纪律和生活制度的常规训练，使儿童养成自动控制的良好行为习惯。（　　）

四、简答题

1．在教育中如何培养小学儿童的意志？

2．阐述意志与认知、情感的关系。

3．简述意志行动的主要特点。

4．简述如何提高挫折承受力。

5. 小学儿童意志发展的一般特点表现在哪些方面？

五、案例分析题

1. 小明是小学五年级的学生。他有积极向上的愿望，也有未来的理想，可他常常管不住自己，学习坚持不了多长时间就去玩，之后又会因为浪费了太多时间而愧疚。于是他下定决心要好好学习，他写了计划书，可每次坚持两天就会全盘废弃，别人说他“常立志，不如不立志。”小明为此感到非常苦恼。

思考：请运用意志的相关知识解释小明在学习中存在的问题，并提出合理的建议。

2. 有一位小学一年级男生，平时非常好动，就是在上课时也不能好好安静下来，总显得手脚不停，影响别的同学听讲。为此，老师一连给他换了三次座位，但仍收效不大，这个毛病总也改不掉，这个小朋友自己也很苦恼，为了改掉这个老毛病，早日加入少先队，他自己画了一条红领巾，放在桌角上，以此来约束自己，努力改掉这个坏毛病。渐渐地，他果然不再那么好动了。

思考：请运用意志品质的有关理论加以分析。

第十章

个性及其倾向性

学习目标

- 理解个性的概念、特征和心理结构。
- 理解需要的概念和种类，掌握需要层次理论，学会如何正确引导小学儿童的需要。
- 理解兴趣的概念、种类和品质，掌握小学儿童兴趣的培养方法。
- 理解志向和价值观的含义及小学儿童志向价值观的特点。

本章导读

星期五的最后一节班队活动课，红领巾小学五一班教室里热闹非凡，孩子们正在举行击鼓传花的猜谜语活动，掌声、击鼓声、欢呼声响成一片，而张小宁双手捧着一本书，正津津有味地看着，周围一切对他来说似乎都不存在。张小宁是中途转学到这个班的，他喜欢看书、绘画，喜欢一个人独自安静的活动，很少和周围的小伙伴合作游戏，对集体的事情漠不关心，不爱劳动，而且对其他小伙伴的行为还表现出嘲讽的意味，学习上有时候会有偷懒的行为，自己上课不专心听讲，然后做题时照搬别人的答案；在活动中我行我素，对老师的批评不屑一顾，非常固执。

每个人的个性各不相同，需要、兴趣爱好都不一样，什么是个性？个性具有什么特点？下面让我们一起进入本章的学习。

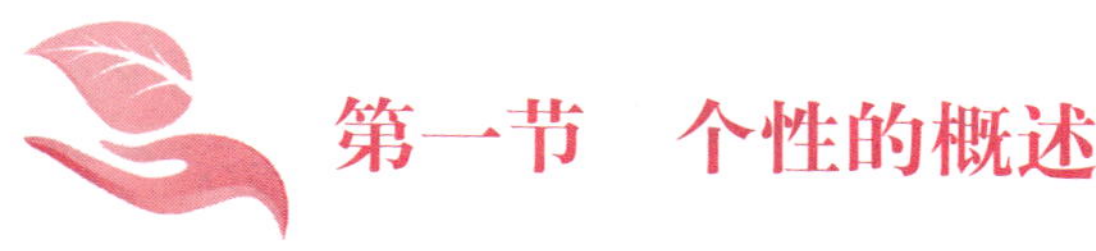

第一节　个性的概述

一、什么是个性

（一）个性的概念

生活中我们有时会说一个人“有个性”，是形容这个人和别人不同。在心理学中，个性又称人格，从词源上讲，人格“Personality”一词，最初源于古希腊语“Persona”，原意是指古希腊戏剧中演员戴的面具，面具随人物角色的不同而变化，体现了剧中人物的身份、性格等角色特点，如狡猾、诚实、鲁莽。心理学沿用了面具的含义，把它转译为个性，指一个人在人生舞台上所扮演的角色，包括个体表现出来的种种言行和未展现出的心理。目前在心理学中，个性被看成是探讨完整个体与个体差异的领域。

个性是指一个人的整个精神面貌，包括心理活动的动力倾向性与个性心理特征等方面组成的有层次性的、动力性的整体结构。它反映了一个人的独特的心理面貌。个性是在长期心理活动过程中形成和发展起来的，同时也是在当前心理过程中表现出来。

（二）个性的特征

1. 整体性

个性是人的整个精神面貌的表现，是一个人的各种个性倾向性和个性心理特征的有机结合，构成个性的各因素之间往往是相互联系、相互制约、相互影响的，它们有机地结合在一起，共同构成一个人完整的个性心理结构系统（因此，个性不是各个成分的简单相加）。如果其中任何一部分发生变化，其他部分也将随之发生变化。在一个活生生的人身上，孤立的个性因素是不存在的。因此说，个性是由各个密切相关的心理成分所共同构成的一个多层次、多水平、多侧面的统一整体。人的个性（人格）的整合性也是心理健康的重要指标，否则，个性的各个结构成分彼此不能和谐一致，会使人出现社会适应困难。个性的整体性有多方面的表现。

首先，个性具有内在统一性。一个有血有肉的活生生的正常人，总是能够正确地认识和评价自己，能及时地调整在个性中出现的相互矛盾的心理冲突。正因为如此，在一个人的内心世界，他的动机和行为之间才能经常保持和谐一致。一个人失去了个性的内在统一性，他的行为就会经常由几种相互抵触的动机所支配。这个人的个性是不正常的，是一种人格分裂现象，这种现象在临床心理学中叫“二重人格”或“多重人格”，是一种病态心理现象。

其次，只有从整体出发，在和其他个性特征联系中，才能认识个别，使其具有确定的意义。如沉默寡言这一特征，在不同的人身上，可能有不同意义。甲可能由于怕羞，不愿出头露面，这是怯懦的表现；乙可能是不想暴露自己的真实面目，这是虚伪的表现；丙可

能是想靠别人的努力，获得自己的满足，这是懒惰的表现。

2. 社会性

个性是一个人在生理基础上，在一定的社会生活条件下形成的。它既受遗传因素的影响，又受社会因素的制约，社会生活条件是个性形成和发展的决定性因素。

人既是一个生物实体，又是一个社会实体。其与生俱来的生物特性是种族发展和遗传的产物。人在社会生活中所处的社会关系和所从事的实践活动，使得人由单纯的生物实体逐渐成长为有意识的具有社会本质的社会实体。出生婴儿只不过是一个生物的自然实体，他们没有意识，没有个性。但他一旦来到人类社会，就自然地被置身于复杂的社会关系之中，时时处处要受到物质资料生产和消费所形成的各种关系的影响，受到一定政治关系的制约，接受社会上各种意识形态的宣传和教育的作用。人们在这种社会关系中生活着，逐渐学习和掌握一定的立场、观点和道德准则，形成各自的人生观、世界观，从而成为复杂社会关系的体现者。这正如马克思所说的："人的本质并不是单个人所固有的抽象物，实际上它是一切社会关系的总和。"

3. 稳定性

个性是在一个人整个生活经历中形成的一贯和经常表现出来的心理倾向和心理特点，是一个人精神面貌的有效体现。个性倾向性与心理特点的结合形成这两者的稳定统一，这种稳定的统一可以构成一个人稳定的心理结构。俗话说："江山易改，禀性难移。"个性是在一个较长的时间内逐渐形成的，一旦形成，就相对稳定下来了，要想改变它是比较困难的事情。个性的稳定性表现为具有跨时间的持续性和跨情境的一致性。例如，一个学生，他不仅在家人面前表现的活泼开朗，在学校里也喜欢交际，有很多朋友。

个性的稳定性是相对的，仍有一定的可塑性。一个人的个性倾向性和个性心理特征是可以随着他的思想、情感、愿望等的不断变化而改变，也可以随年龄的增长、生活环境的变化、教育的作用和自己的主观要求的不同而在一定程度上发生改变。

需要注意的是，稳定性是从个性的功能角度讲的，稳定的个性使得人在生产交往活动中担任的角色和发挥的作用日益明显。若从个性的发展角度看，则个性又具有可变性。所以说个性是稳定性与可塑性的统一。

4. 独特性

个性的独特性是指每个人都有与他人不同的个性特征。一个人的个性是在遗传、环境、教育等先天后天因素的交互作用下形成的。遗传因素的不同、生活及教育环境的差异，形成了每个人各自独特的个性特征。在日常生活中，每个人都有各自的需要、爱好、认知方式、情绪、意志和价值观，每个人的行为表现也各不相同。例如，有人内向，有人外向；有人做事稳重细致，有人做事急促马虎。即使是再类似的个性也会表现出独特的色彩。所谓"人心不同，各如其面"，正说明了人格是千差万别、千姿百态的。这就是人格的独特性。

但是，个性的独特性并不是说人与人之间在心理上毫无共同之处，个性指一个人的整个心理面貌，它既包括人与人之间在心理面貌上的不同方面（差异性），同样也包括了人与人之间在心理面貌上的相同的方面（共同性）。也就是说，个性中的共同部分包括人类共同的心理特点、民族共同的心理特点，同一阶层、同一性别、同一年龄具有诸多的共同心理特点，如中华民族是一个勤劳的民族，这里的"勤劳"品质就是共同的人格特征。所以说，个性是人心理共同性和差异性的统一体。

二、个性的结构

个性是一个多层次、多维度的、复杂的统一体，它主要包括个性倾向性系统、个性心理特征系统和自我意识系统三个组成部分。这三大部分有机结合，使个性成为一个整体结构。

1．个性倾向性系统

个性倾向性系统是一个人对现实态度和积极性行为的动力结构。它决定着人对现实的态度，决定着人的认识和活动对象的趋向和选择，是最积极、最活跃的个性因素。就人的整个心理现象而言，个性倾向性系统是人的一切心理活动和行为的调节系统，也是个性积极性的动力源泉。主要由需要、动机、兴趣、理想、信念和世界观等因素构成。在个性倾向性的各个组成因素中，需要是基础，是个性倾向性乃至整个个性积极性的最初源泉。只有在需要的推动下，个性才能形成和发展。动机、兴趣、信念等都是需要的各种表现形式；世界观居于最高层次，处于主导地位，它制约着一个人的思想倾向和整个心理面貌，是人们言论和行动的总动力和动机系统的最高调节者。

2．自我意识系统

自我意识系统是个性中的自我调控系统，是指自己对自我身心状况的意识的总称，包括自我认识、自我体验、自我调控等方面，是个性系统的自动调节结构。

3．个性心理特征系统

个性心理特征是个性结构中最稳定的、经常表现出来的特征因素，是具有决定意义的成分，它表明一个人比较典型的心理活动和行为特征，是特征结构。个性心理特征主要包括能力、气质和性格。个性心理特征是个体心理活动的特点以某种机能系统或结构的形式在个体身上巩固下来而形成的，因此带有经常、稳定的性质；但在人与环境相互作用的过程中，个性心理特征又缓慢地发生变化。

个性倾向性与个性心理特征之间不是彼此孤立的，而是错综复杂地交织在一起。它们直接相互渗透、相互影响，一方面，个性心理特征受个性倾向性的调节；另一方面，个性心理特征的变化也会在一定程度上影响个性倾向性的变化和发展。因此，个性是一个各因素有机联系的统一整体。

第二节　需　要

一、需要的概念

需要是个体在生活中感到某种欠缺而力求获得满足的一种紧张状态，它是个体活动的源泉。

需要的产生源于个体对客观事物的某种要求，体现为机体内部的不平衡状态。个体对客观事物的要求既可能来自内部，也可能来自个体周围的环境。如人对水、食物的需要是由机体内部的要求引起的，而由于父母对子女的期望而使孩子努力学习、积极向上，这种对学业的需要是由外部要求引起的。当人们感受到这些要求，并引起自身某种内在的不平衡状态时，需要就产生了。

需要引起的这种不平衡状态包括生理和心理的不平衡。例如，血液中血糖成分的下降会产生饥饿求食的需要；水分的缺乏会产生口渴想喝水的需要；社会秩序混乱和战争的爆发会产生安全的需要；亲人的丧失会产生爱的需要。一旦机体内部的某种缺乏或不平衡状态消除了，需要也就得到了满足。当产生新的某种缺乏或不平衡状态时，又会出现新的需要。

需要是个体活动的基本动力，人的各种行为活动，从饮食、学习、交往到文学艺术创作、科技发明，都是在需要的推动下进行的。需要激发人去行动，使人朝着一定的方向、追求一定的目标，以求得自身的满足，需要越强烈、越迫切，由它所引起的活动动机就越强烈。同时，人的需要也是在活动中不断产生和发展的。当人通过活动使原有的需要得到满足后，人和周围现实的关系就发生了变化，又会产生新的需要。这样，需要推动着人去从事某种活动，在活动中需要不断地得到满足又不断地产生新的需要，从而使人的活动不断地向前发展。

人的需要和动物的需要有着本质区别。人的需要主要是在社会生活条件下产生的，需要对象和满足需要的方式要受社会历史条件的制约，具有社会性；人还具有意识能动性，能调节和控制自己的需要。动物的需要多体现为个体本能的反应。

二、需要的种类

人的需要是一个多维度多层次的结构体系，根据不同的标准有不同的分类，按照需要的起源，可分为生理性需要和社会性需要；按照需要的对象，可分为物质需要和精神需要。

1. 生理性需要和社会性需要

生理性需要也称本能需要，是机体维持生命和延续种族所必需的需要，包括对饮食、休息、运动、睡眠、排泄、繁衍后代等的需要。这些需要主要是由机体内部的某些生理的不平衡状态所引起。人类的生理性需要具有重要的生物学意义。

如果生理性需要不能满足，将严重地影响一个人的身心健康。人和动物均有生理需要，但人的生理需要和动物的生理需要有本质的区别，人的生理需要的满足要受社会环境因素、行为规范、文化风俗等的制约，具有一定的社会性。例如，不同的民族、国家有不同的文化礼仪，在满足饮食需要上有很大的差异。

社会性需要指与人的社会生活相联系的一些需要，如对劳动、交往、成就、奉献的需要等。研究表明，社会性需要通常是从各种各样的社会要求转化来的，当个人认识到这些社会要求的必要性时，社会要求就可能转化为个人的社会性需要。社会性需要是后天习得的，源于人类的社会生活，属于人类社会历史的范畴，并随着社会生活条件的不同而有所不同。社会性需要也是个人生活所必需的，如果这类需要得不到满足，就会使个人产生焦虑、痛苦等情绪。

2．物质需要和精神需要

物质需要是个体对生存和发展所必需的物质生活的需要，既包括对自然界产物的需要，又包括对社会文化产品的需要。如对衣、食、住、行及相关日常生活必需品的需要。人体的物质需要既有自然性需要的内容，也有社会性需要的内容。例如，在对服装的需要中，既有满足人们防寒、防晒等自然性需要的内容，也有满足人们自尊、追求美的需要的内容。

精神需要是个体对生存和发展所必需的精神生活的需要。如对劳动、交往、审美、道德、创造等的需要。随着社会的进步和社会生产力的发展，人类所特有的精神需要不断发展。人类对劳动和交往的需要是最早形成的精神需要。这些需要对人类历史的发展起着十分重要的作用。精神需要有高尚与低级趣味之分。高尚的精神需要可以使人不断取得进步，而低级趣味的精神需要会消磨人的意志，使人走向歧途。

三、马斯洛的需要层次理论

马斯洛是著名的美国人本主义心理学家，1954 年，他提出需要层次理论，该理论对教育和管理等方面都产生了巨大的影响。

马斯洛认为人的需要包括不同的层次，按照其强弱和出现的次序分为生理的需要、安全的需要、归属和爱的需要、尊重的需要、认知的需要、审美需要和自我实现的需要。

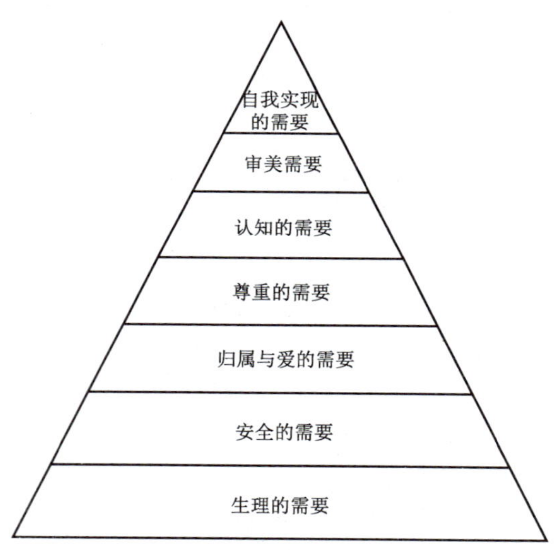

图 10-1　马斯洛的需要层次理论

1．生理的需要

生理的需要是最基本的需要，是指维持个体生存与种族繁衍的需要，如对于食物、水分、氧气、性、排泄和休息等的需要。这些需要在所有需要中占绝对优势。如果生理需要没有得到满足，此时有机体将全力投入为满足生理需要的服务之中。例如，一个长期处于饥饿状态的人，对他而言，食物就是他所追求的目标，其他的需要都会被放到次要地位。

2. 安全的需要

安全的需要是指对安全的环境、恒定的秩序、避免伤害和威胁的需要。例如，基于稳定、安全、秩序、受保护的需要，免受恐吓、焦躁和混乱的折磨等的需要。如果生理需要相对充分地得到了满足，就会出现安全需要。

3. 归属和爱的需要

归属和爱的需要是指个体希望获得别人的爱和爱别人的需要，也就是希望与别人交往并与别人建立亲密关系的需要。如需要朋友、爱人或孩子，渴望在团体与同事间有深厚的关系等。如果生理需要和安全需要都很好地得到了满足，归属和爱的需要就会产生。

4. 尊重的需要

尊重的需要是指个体追求体现个人价值的需要，包括自尊和他尊两方面。自尊就是个体对自己的尊重。如自强、自信、自主、支配他人、胜任工作、取得成就等，都是自尊的具体表现。他尊是指别人对自己的尊重。如追求名誉、地位、尊严、威信、获得别人承认、引起别人注意和欣赏等，都是他尊的具体表现。这些需要一旦受挫，就会使人产生自卑感、软弱感和无能感。

5. 认知的需要

认知的需要是指通过认识事物、探究未来、发现问题、解决问题来满足人们的需要，给人带来快乐，它是人类的高级需要之一。

6. 审美的需要

马斯洛认为审美需要是人的本性，它既在各个年龄阶段的人们身上得到体现，也在不同历史时期不同民族的人们身上得到体现。它是人类高级需要之一。

7. 自我实现的需要

自我实现的需要是指促使自己的潜能得以发挥，追求实现自我理想的需要，希望自己越来越成为期望的人物，完成与自己的能力相称的一切，即人的价值的完满实现。例如，音乐家必须奏音乐，画家必须绘画，这样他们才感到最大的快乐。但是，为满足自我实现需要所采取的途径是因人而异的。另外，在人生道路上，每个人的自我实现的形式是不一样的，歌唱家与家庭主妇都有机会满足自己的需要，满足自我实现的需要。自我实现需要的产生有赖于前述几种需要的满足。

自我实现的需要是人类基本需要中最高层次的需要，不是每一个成年人都能成为自我实现者。能成为自我实现者的人是极少数，仅为百分之一。

马斯洛认为，这七种需要都是人的基本需要，它们构成了不同的等级或水平，成为激励和指引个体行为的动力。其中，生理需要、安全需要、归属与爱的需要、尊重需要被称为缺失性需要，认知的需要、审美的需要和自我实现需要被称为成长性需要。

需要具有层次性，需要的满足是由低层向高层不断发展的，只有低层的需要得到基本满足，才会有动力促使高一层次需要的产生和发展。生理需要是其他各种需要的基础，自我实现的需要是人类需要发展的顶峰，是最高层次的需要。需要的层次越低、越基础，对人的影响也就越大。随着需要层次的上升，需要的力量相应减弱。但高层需要也不是与人的健康毫无关系的。这种需要满足能使人健康、长寿、精力旺盛，产生更深刻的幸福感、宁静感及内心生活的丰富感。

四、小学儿童需要的发展及培养

儿童入学以后，在新的学校环境和教育任务面前，必定要发生重要的心理变化。其中，需要的发展占有十分关键的地位。根据我国心理学工作者的研究，小学儿童的需要发展并不是单一的，而是具有多角度、多层次的统一体，各类需要层次的强度趋向是在不断变化发展的，其总的趋势是由低向高发展的。

（一）小学儿童需要的发展

1. 小学儿童活动需要的发展

小学儿童的活动需要包括对游戏活动的需要和对运动活动的需要。在整个小学阶段，儿童有着强烈的活动需要，这一点应受到教师和家长的高度重视。小学儿童对活动的需要与幼儿相比已有所不同：幼儿主要是对活动过程本身感兴趣，而小学儿童则开始注重活动的结果，他们也逐步地表现出更喜欢对抗性、竞赛性的游戏和运动，并且对下棋、猜谜等智力游戏也日益感兴趣。他们尤其喜欢结合教学开展一系列活动，这些活动既能满足他们对活动的需要，也能满足他们认识的需要。

小学儿童对游戏和运动的强烈需要，是儿童身心发展的固有特点。他们都处在长身体的时期，肌肉和骨骼都在日益增长，尤其是小学高年级儿童接近于青春期，身体发育进入第二次加速期（第一次生长的加速期在婴儿期），活动对于他们生理和心理的发展都是必不可少的。

2. 小学儿童认知需要的发展

认知需要是小学儿童的主导需要，表现在他们对学校生活的向往、热爱，对学习任务的重视和完成等日常行为中。学生是一个特定的社会角色，具有一定的责任和要求。因此，儿童一入学，便在社会（包括家庭、学校）的要求下，产生掌握读、写、算、画、唱等技能和获取新知识的主导需要。

我国学者的研究发现，小学儿童认知需要的发展表现为由低级向高级发展的趋势。小学低年级儿童把有一位好老师、好的课本、学好功课作为认知需要中最基本的内容，而高年级儿童则把探求丰富的知识、培养多方面的能力、培养优秀品质作为认知需要中最重要的内容。

小学儿童的认知需要的内容也是变化的，有些需要变成个性的稳定特性，形成个人行为的动机，表现出对某些事物持久的、特殊的兴趣。例如，有些儿童从小就爱绘画，直到长大后成为画家。而有些需要到一定的时候会消失。

3. 小学儿童交往需要的发展

交往需要是一种最基本的社会需要。儿童入学之后，交往需要主要向教师和同学两个方面发展。小学儿童与教师交往需要的发展是婴幼儿期与父母交往需要的延续。婴幼儿对父母产生一种稳定的情感关系，称作依恋。在他们心目中，父母处于一种权威状态，儿童不得不表现出服从。儿童入学之后，心目中的权威人物逐渐转移到教师身上。他们尊重教师的作用、接受教师的劝告、执行教师的指示、学习教师的言行、重视教师的评价。尽管

儿童与教师之间的交往需要在不同年龄阶段有不同的表现形式，但就本质而言，小学儿童很重视与教师的交往，一般来说是乐于接近教师的。

小学儿童与同学之间的交往需要是促进同伴关系发展的内因，也是保证儿童个性形成的重要条件。在整个小学期间，与同学之间的交往需要日益强烈，表现为儿童日益重视同学之间的评价，日益增加集体内部的共同活动，交往失败对儿童心理发展产生的消极影响也会日益加剧。

4. 小学儿童成就需要的发展

成就需要是交往需要与自我实现需要相结合而产生的一种具体表现，是一种克服障碍、施展才能、力求尽好尽快地解决某一难题的需要。儿童在学校的学习成绩乃至今后的工作成就，不仅有赖于他们的能力，而且有赖于他们的成就需要。小学儿童的成就需要主要表现在学业成就范围内。研究表明，小学儿童入学的最初几年对于成就需要的发展尤为重要。

小学儿童在入学的最初几年，成就需要的发展表现如下：

第一，小学生的期望变得更加现实。小学二、三年级儿童对学业成就的期望通常是高于现实的，尽管他们中的不少人经受过学业上的失败，但儿童对于成功的可能性仍抱乐观态度。直到小学后几年，儿童对自己学习成绩的估计才越来越多地考虑到过去客观成绩的反馈。

第二，小学生更多使用社会比较来评价自己的成绩。小学一年级的儿童往往把学习成绩——分数看作使自己和父母高兴的东西，而不太懂得分数与自己掌握的知识之间的关系。中、高年级儿童逐步懂得把自己的学习成绩与学习任务相联系，与教师和班级的评价相比较，并使用社会比较来评价自己的学习成绩。

第三，随着年龄的增长，小学生的抱负水平有所提高。具体表现在低年级儿童倾向于选择低难度的任务，并且热衷于重复他们曾获得成功的任务，而年长的小学儿童倾向于选择中等难度或高难度的任务，并且倾向于重复他们曾经失败过的任务。

第四，小学生对学业失败的焦虑增长。刚入学的一年级儿童，某种程度上还保留着幼儿注重操作过程而忽视结果的特点。但随着学习环境的要求和儿童对学习认识的发展，他们对自己的努力程度、能力高低、成绩好坏日益关注，并对自己的学业能否符合标准产生不同程度的焦虑。通常，那些有高度焦虑的儿童比只有轻度焦虑的儿童的成绩差。而且，有高度焦虑与有轻度焦虑儿童之间的差异随着儿童的成长变得更加显著。在一般情况下，中等程度焦虑有助于促进儿童取得较好的成绩。

（二）小学儿童需要的引导与培养

1. 满足小学儿童的合理需要，抑制其不合理的需要

小学儿童的需要既有普遍性，也有特殊性。教师应该高度重视小学儿童需要的特点，满足他们的活动需要、认知需要、交往需要和成就需要。在学校和班集体的教学及其他一切活动中，创造各种条件，使儿童身心健康地成长。如果学校不能为儿童创造良好的满足各种正当需要的条件，或者教师过多地干预儿童需要的满足，那么学校的作用将受到损害，儿童的发展也会受到压抑。

如果一个教师不能很好地组织教学，难以向学生传播正确的知识和有效地指导学习，儿童的认知需要和交往需要就会受到压抑，他们学习的积极性就会下降，师生关系也会出现僵局，导致学生的学习成绩滑坡，影响学生的自我评价，班集体中的同伴关系也会因此改变，严重的还会波及学校与学生家长的关系，不可避免地产生一系列不良的心理冲击。所以，满足儿童的合理需要，既有利于儿童的身心发展，也有利于教育功能的发挥和教育目的的达成。

儿童是发展中的个体，有时也会出现不合理需要。凡是不符合儿童发展的年龄特征、不利于其身心健康、不符合具体客观条件的需要，都属于不合理需要。例如，小学儿童让成人代做作业，向家长乱要钱、乱花钱等。对于儿童的不合理需要，必须通过说服教育的方式加以遏制，采取的措施要果断、态度要坚决、分析要中肯，以提高儿童对不合理需要的认识并养成纠正不适当行为的决心和习惯，保证儿童的正常发展。

2. 引导和培养小学儿童新的更高层次的需要

儿童的各类需要层次的强度趋向是在不断发展的，其总的趋势是由低向高发展。因此，教师除了要满足儿童的合理需要之外，还要不断地培养儿童新的需要，推动他们的身心发展朝着教育目标和社会要求的方向不断前进。

我国心理学工作者的研究发现：小学各年级儿童强度最大的需要，除对维持生存的需要之外，小学低年级儿童对父母和教师的爱心及良好的学习用品（如新书包、好图书等）有强烈的需要；中年级儿童有强烈的为他人做好事的需要；高年级儿童有掌握丰富的知识，形成各方面能力和优秀品质的需要。

儿童的特定需要产生于儿童身心发展的特定阶段和特定环境。教师应根据儿童需要发展的特点，创造良好的客观环境，给予正确的教育，不断向他们提出更高的要求，引导他们的需要向更高层次发展。同时，儿童的需要也是有个体差异的，教师在教育和教学过程中要注意调查、观察、分析、研究，根据不同儿童的不同特点，做好个别工作。

第三节　兴趣、志向和价值观

一、兴趣

（一）兴趣的概念

兴趣是指人们探究某种事物或从事某种活动的心理倾向。它以认识或探究外界的需要为基础，对人们认识事物、探究真理有巨大的推动作用。

兴趣是在需要的基础上，在社会实践过程中形成和发展起来的。

首先，兴趣的产生与主体的需要是密切相关的。当主体产生某种需要的时候，他就会对周围环境中能满足其需要的事物产生兴趣。人的需要是多种多样、因人而异的，所以人的兴趣也会多种多样、各不相同。需要发生改变，兴趣也随之改变。

其次，实践活动是兴趣产生的源泉。人的任何兴趣都是在社会实践活动中形成和发展起来的，由于人们实践活动的领域不同，兴趣也就有不同的表现。由此可见，兴趣不仅存在着个体差异，也存在着职业差异。

兴趣在人们生活、工作和学习等活动中具有重要的意义。

第一，兴趣可以丰富人的心理生活内容。当一个人对生活有兴趣时，就会觉得生活内容丰富多彩，心情愉快，充满热情。相反，如果一个人对什么都缺乏兴趣，他的生活就会变得枯燥无味，处在苦闷和厌倦之中。

第二，兴趣对丰富知识、开发智力具有重要意义。兴趣是一种特殊的认识倾向，它激发人的求知欲望，推动人去探索和学习，并在获取知识的同时发展着智力。

第三，兴趣可以给人行为以巨大的推动力量，有助于活动效率的提高甚至创造性地完成活动任务。美国华裔物理学家，诺贝尔奖金获得者丁肇中教授结合自己的科研经历深有感触地说过："任何科学研究，最重要的是看对于自己所从事的工作有没有兴趣……比如物理实验，因为有兴趣，我可以两天两夜，甚至三天三夜待在实验室里，守在仪器旁，我急切地希望发现我所要探索的东西。"

（二）兴趣的种类

人的兴趣是多种多样的，根据不同的标准，可以划分许多种类。

1．物质兴趣与精神兴趣

根据兴趣的内容来划分，兴趣可以分为物质兴趣与精神兴趣。物质兴趣是以人的物质需要为基础的兴趣，物质兴趣使人对某些事物产生偏好和渴望，并促使人去追求这些东西。对个人的物质兴趣必须加以正确指导和适当控制，否则会发展成畸形的、贪婪的形式。

精神兴趣是以人的精神需要为基础的兴趣，主要表现为认知方面的兴趣，如好奇心、求知欲、对科学技术和文化艺术的喜好等。

2．直接兴趣与间接兴趣

根据兴趣的起因来划分，兴趣可以分为直接兴趣与间接兴趣。直接兴趣是对事物或活动本身感到需要发生的兴趣。由于事物或活动本身的特点能满足人的需要，而需要的满足又反过来增强人的直接兴趣，所以，直接兴趣会越来越浓。一般来说，在具有直接兴趣的活动中，不需要或很少需要意志的努力。

间接兴趣是对事物或活动的预期结果感到需要而产生的兴趣，例如，对通过学习考取大学的兴趣，对工作后取得报酬的兴趣。间接兴趣与直接兴趣相比，有较强的目的性，努力的程度也较高。

直接兴趣和间接兴趣在生活中都是不可缺少的。如果没有直接兴趣的支持，活动将变得枯燥无味；没有间接兴趣的支持，活动便不可能长久地持续下去。只有将直接兴趣和间接兴趣正确地结合，才能充分发挥个人的积极性。直接兴趣和间接兴趣可以相互转化，两者的有机结合对个体积极而有效地进行活动是非常重要的。

（三）兴趣的品质

1．兴趣的倾向性

兴趣的倾向性是指个体对什么发生兴趣。人们在兴趣倾向性方面表现出很大的个体差异，不同的人的兴趣在指向的方向和内容上都会有很大的不同。例如，有的人对自然科学感兴趣，有的人对社会科学感兴趣，这就是人与人之间兴趣的倾向性不同。可见，兴趣的倾向性不仅反映了人们兴趣多样化，也反映了人们兴趣在质上的高低优劣。兴趣在倾向性方面的品质，是形成兴趣其他品质的前提。兴趣的倾向性与人的生活实践和所受的教育相关，并且受一定的社会历史条件的制约。

2．兴趣的广泛性

兴趣的广泛性是指兴趣范围大小方面的品质。有的人兴趣广泛，对许多事物都乐于探求，对许多活动都积极参与。广泛的兴趣对于扩大一个人的知识面，丰富生活，成就事业都是非常有利的。相反，兴趣狭隘，就会使人知识贫乏、生活单调，不仅个性不能健康发展，而且事业上也很难有较大的建树。例如，我国汉代杰出的科学家张衡，正是由于有着广泛的兴趣，才使他不仅在天文学、地理学、数学、机械学方面有所成就，而且在文学和绘画方面也很有造诣。

广泛的兴趣并不意味着兴趣没有中心，在广泛兴趣的基础上，个体极易对某方面或几方面的事物或活动特别感兴趣，形成中心兴趣。广泛兴趣和中心兴趣有机结合，才能互相促进，最佳地发挥兴趣的整体功能。

3．兴趣的稳定性

兴趣的稳定性是指兴趣持续时间长短方面的品质。持续时间长的兴趣是稳定的兴趣，否则就是不稳定的兴趣。稳定的兴趣有利于活动的持续进行，也利于取得良好的活动效果。有的人对事物的兴趣能够长时间保持稳定，可以做到数年乃至数十年如一日，不懈地努力和追求，最终取得成就。例如达尔文说过：“我一生的主要乐趣和唯一事业就是科学工作。”短暂而易变的兴趣使人一遇到困难就会半途而废，即使勉强完成工作或学习，效果也不会理想。一般来说，成人的兴趣比较稳定，儿童的兴趣容易转移，随着年龄的增长，儿童的兴趣会逐渐稳定。

4．兴趣的效能性

兴趣的效能性是指兴趣在人的活动中发挥作用大小方面的品质。依据兴趣能效水平，可将兴趣分为积极的兴趣和消极的兴趣两种。能使人积极主动地从事活动并取得成效的兴趣是积极的兴趣，或者是具有效能的兴趣；那种停留在观望上的、被动的兴趣，或虽然能使活动进行，但不能有效地提高活动效率的兴趣是消极的、低效能的兴趣。积极的兴趣是主动学习和促进个性发展的一种动力。

（四）小学儿童兴趣的发展

1．学习上由直接兴趣向间接兴趣转化

小学儿童对学习的兴趣有一个从直接兴趣向间接兴趣逐渐转化的过程。刚入学的学生对上课感兴趣，往往是因为在课堂上老师要讲故事。此外，教师的教态、师生间的交往都

能引起小学儿童对学习的直接兴趣。这种兴趣对于维持学生的注意力，保持最初的学习倾向和认识事物的外部特征都是必要的。但学习是一种艰苦的、复杂的智力劳动，单凭直接兴趣是不能持久的。

到了中、高年级，随着儿童认识能力的发展，对学习的目的性的认识有所提高。他们对学习除了保持直接兴趣外，也产生了由某种目的而引起的间接兴趣。例如，在教师的教育下，小学儿童能克服单凭直接兴趣而产生的偏科学习的倾向，开始培养对各门课程的兴趣，用掌握文化知识、长大建设祖国的目的来培养对各门课程的兴趣。

要注意：一是从直接兴趣向间接兴趣转化，与人的认识能力直接联系；二是直接兴趣与间接兴趣对于小学儿童的学习都很重要。由于小学儿童的认识能力还在不断发展，他们对学习目的的认识还在不断深化，因此，小学儿童对学习的间接兴趣的发展是有限的。

2．兴趣广泛性的发展

在教育的影响下，小学儿童兴趣的广泛性逐步扩大，如从课内学习兴趣扩展到课外学习兴趣；从阅读童话故事的兴趣扩大到阅读文艺作品的兴趣；从对儿童玩具的兴趣扩大到对科技制作活动的兴趣；从校内活动的兴趣延伸到校外活动（如少年宫、少年科技站、少年体校等）的兴趣。

小学儿童兴趣广泛性的扩大与他们的认识能力、交往能力的提高，以及需要的发展是密不可分的。兴趣广泛性扩大，会增强小学儿童认识活动的积极性，扩大他们的知识面。但由于他们的认识能力还在发展中，一时还难以形成中心兴趣，需要教师在实际活动中加以培养和引导。儿童只有形成中心兴趣，并围绕中心兴趣扩大兴趣的广度，才能完成一定的目标，切实提高他们的活动质量，增长他们的知识，培养他们的才干。否则，可能形成浅尝辄止的不良学习习惯，难以收到实效。

3．兴趣稳定性的发展

小学低年级儿童的兴趣稳定性差，带有很大的情境性，受偶然因素的影响较大，因而表现为兴趣来得快、去得也快。这类稳定性差的兴趣往往不是产生于儿童自身的需要，而主要是受外界影响的引发，如同学的启发和示范、教师的介绍或家长的要求等。到了中、高年级，兴趣的稳定性有所增强，表现为已形成的兴趣可以保持很久，尤其是一些特殊兴趣，如对艺术、体育、制作的兴趣可以保持终生。儿童兴趣稳定性的发展，为他们保持良好的认知定向、知识积累和技能形成提供了保证。

4．兴趣效能性的发展

小学低年级儿童受认识能力和动作水平的限制，对事物或活动较少采取主动、积极的行为。即使有趣的事物或活动，儿童也只是对其个别事实、孤立的现象感兴趣，难以探究现象之间的因果关系。兴趣的效能性较低，表现为消极兴趣为主。到了中年级之后，儿童兴趣的效能性增强，表现出积极兴趣。儿童能在学习过程中提出大量的“为什么”，表现出浓厚的探究事物因果关系的兴趣，并且对感兴趣的事物进行实际操作，甚至有所发明创造。

（五）小学儿童兴趣的培养

1. 在活动中发展儿童的兴趣

本质上来说，兴趣是动态的。这是因为：第一，兴趣是发展的；第二，兴趣可以激发人的活动。因此，儿童的兴趣只有在活动中才能得到发展，也只有在活动中才能发挥它对认识和活动的推动作用。成功的经验是发展儿童兴趣的重要途径，教师应该在活动中让儿童体验到成功的快乐。学校和教师要为儿童创造多种活动的机会，让他们在活动中形成和发展兴趣。

在教学中，教师应调动一切积极手段，让小学儿童在课堂中充分活动，开动脑筋、手脑并用，使他们生动、活泼、主动地学习。最大限度地利用儿童对学习的直接兴趣是提高低年级儿童学习积极性和学习效果的有效措施，也是将他们的直接兴趣逐步转化为间接兴趣的必要途径。如果教师在课堂上限制甚至剥夺儿童的活动，他们很快就会对学习感到厌倦、乏味，从而降低学习积极性。对中、高年级儿童，也同样要注意组织生动的活动，调动他们的学习兴趣。

此外，学校要充分利用课外活动和少先队活动，组织各种有趣的游戏、参观、比赛、游览、访问、公益劳动等活动，并且把校内活动与校外活动结合起来，为儿童开辟一个广阔的活动天地，在活动中发展儿童的兴趣。

2. 激发和保护儿童的有益兴趣

在兴趣的发展过程中，有些兴趣能促使他们从事正当的、有益于身心健康的活动，也有些兴趣导致儿童从事不正当的、不利于身心健康的活动。教师要善于激发和保护儿童的有益兴趣，把他们的兴趣纳入培养目标、道德纪律和身心健康允许的范围中加以发挥和引导。例如，某校一个班集体中突然兴起唱歌热，几乎走到哪里都在唱歌，甚至上课时都有同学哼唱，这位班主任并没有禁止唱歌，而是把同学们组织起来，请来音乐老师辅导组建合唱团，举办唱歌比赛，很快便把这一自发活动变成了有组织的有益活动，有效地引导和保护了学生的有益兴趣。

对于儿童从事的一些不利于健康的活动，如赌博游戏等，教师要向他们晓之以利害，并用正当的活动替代这些无益的兴趣。值得重视的是，教师本人的兴趣对学生的兴趣有直接的影响。为了正确引导和培养小学儿童的兴趣，教师自己应该发展多方面健康有益的兴趣。

3. 利用原有兴趣迁移

兴趣的迁移是指将已有的兴趣延伸到相关的事物上，对它也产生兴趣。例如，将小学儿童对活动的兴趣迁移到学习上，使他们形成对学习的兴趣，是教师做好教育工作的责任和技巧之一。

兴趣迁移的条件有三个：第一，要善于发现小学儿童感兴趣的事物或活动是什么；第二，要善于寻找新的事物或活动与原有兴趣之间的相通点；第三，要在实际活动中循循善诱，促使儿童产生新的认识需要，并指导他们克服困难。

在小学教育实践中有一批学习困难的儿童，究其原因往往是由于某种因素造成他们缺乏学习的兴趣。教师要善于运用迁移的方法培养他们的学习兴趣，这是从根本上改善其学

习境遇的有效措施。

4．适当的表扬和鼓励

适当的表扬和鼓励是强化小学儿童兴趣的有效手段。每当学生取得成功时，教师的表扬和鼓励能使学生产生一种强烈的成功体验，使他们认识到自己的能力与价值，从而进一步增强原有的兴趣。表扬和鼓励体现的是一种社会评价，这种评价能为儿童提供反馈信息，让他们对自己的行为有一个正确的认识。

表扬和鼓励的要点是“适当”。适当有两层含义，一是以表扬和鼓励为主，二是表扬和鼓励要适度，不可过头和不足。表扬过头或不足，都不能达到激励兴趣的目的。

二、志向

1．志向的概念

志向是关于将来做什么事、当什么人的有进步意义的意图和决心。志向是理想的初级阶段，因此，志向是个性发展的一种动力。

小学儿童的志向集中表现在职业志向上。这种志向产生于小学低年级阶段。影响小学儿童职业志向的因素分外因和内因两类。外因包括家庭影响、宣传媒介（如电视、广播、书报等）的影响、人物范型（如英雄模范人物、各行各业先进人物等）的影响、学校教育的影响；内因包括小学儿童的兴趣、对某种职业的意义和作用的初步认识、个人的心理品质（如意志、性格等）和学习成绩。以上各因素对不同年龄的儿童有不同的影响。研究发现，家庭和亲友、人物范型、宣传媒介对三年级儿童的影响大于五年级儿童。至于教师的影响和个人心理品质对职业志向的影响没有发现年龄上的差异。

2．小学儿童志向的特点

小学儿童的志向有以下特点。

第一，主要属于职业志向，而涉及道德和政治方面的理想比较少。这一事实表明儿童的志向受儿童认知能力和认识水平的影响。

第二，小学儿童的职业志向来源于他们自身的直观体验，因而带有很大的模仿性，同时，又带有幻想的性质。

第三，带有很大的易变性。

第四，部分小学生（约占四分之一）能把职业志向与当前学习结合起来，落实到行动上。

3．小学儿童志向的培养

志向是理想的基础，所以小学教育应该认真地培养儿童的志向。

第一，要加强志向教育，让儿童从小就面向世界、面向未来、面向现代化。开阔眼界，扩大心胸，把自己的志向与四个现代化的建设大业紧密联系起来，使他们产生紧迫感、使命感和责任感，产生较高的抱负水平。

第二，要帮助儿童把志向与实际行动结合起来，即把志向与自己的日常学习、生活、劳动结合起来；与锻炼身体、锻炼意志、锻炼品德结合起来；与为集体服务、为社会服务、为人民服务结合起来；与克服困难、顽强斗争结合起来。并在这些实践活动中进行自我检查和自我调整。

第三，要充分运用榜样的力量，为小学儿童树立切实可信、可钦可敬的英雄模范、先进人物的榜样，尤其是树立同辈的榜样，激发他们效仿榜样的愿望和行动，不断提高他们志向的动力效能。

三、价值观

1．价值观的概念

价值观是人们关于客观事物价值的观点和信念，是一个人思想意识的核心，是在个体社会发展过程中逐步形成的。价值观决定着个人对事物的态度、意见和行为等，影响着价值判断。

2．小学儿童价值观的特点

小学儿童价值观的特点表现为从个人价值观向群体价值观过渡。一般说来，幼儿的价值判断以直观感觉为标准。这种标准属于个人的体验，是以自我为中心的，而青春期儿童的价值观是一种群体价值观，如同伴团体内的规则、共同的决定等。小学儿童的价值观处于这两者之间的过渡阶段，集中表现在小学儿童的价值观逐步倾向于同伴关系的协调和团体准则的维护。

小学二三年级的儿童由于渡过了适应学校环境和学习任务的阶段，与同班同学的联系密切，不仅开始形成同伴团体，而且班集体在共同活动中逐渐形成，有了共同的目标和利益，因而变得注重与同伴和集体的关系。例如，明显地表现在儿童对老师或家长在同学面前提出的批评意见极为敏感，注重于力图改正，以便改善自己在同学心目中的形象和在集体中的位置。小学儿童对班集体的荣誉、集体的利益也变得日益关注，许多儿童变成社会工作的积极分子。

小学儿童的群体价值观的发展不仅可以促进他们的交往活动，而且还有利于形成他们正确的自我评价。研究表明，小学儿童的自我评价是在同伴交往中形成和校正的。在班级中处于良好社会地位的儿童往往对自己的评价比较客观或者稍有偏低，而适应不良的儿童往往有自我拔高的倾向。教师要善于发现学生自我评价的特点，培养学生批判地对待自己的态度，学会分析和控制自己言行的技能。这对于儿童价值观的发展具有重要意义。

3．小学儿童价值观的发展

小学儿童价值观的发展是适应身心发展的良好教育的结果。作为思想意识的核心，儿童的价值观是社会经济和文化的产物。我国正处在改革开放的时代，生产力的飞速发展必将给儿童的价值观的发展注入新的活力和内容，对儿童的心理发展带来新的推动力。我们应该教育儿童一方面继承我国文化传统中的精华，一方面适应改革，吸收新思想、新文化，掌握人类知识宝库中一切有利于国家发展、民族振兴、社会进步、人民幸福的知识，形成正确的价值观，为将来形成科学的世界观而不懈努力。

本章小结

个性是指一个人的整个精神面貌，包括心理活动的动力倾向性与个性心理特征等方面组成的有层次性的、动力性的整体结构。个性具有整体性、社会性、稳定性和独特性等特点。个性主要包括个性倾向性系统、个性心理特征系统和自我意识系统三个组成部分。

需要是个体在生活中感到某种欠缺而力求获得满足的一种紧张状态，它是个体活动的源泉。按照需要的起源，需要可分为生理性需要和社会性需要；按照需要的对象，可分为物质需要和精神需要。马斯洛认为人的需要包括不同的层次，按照其强弱和出现的次序分为生理需要、安全需要、归属和爱的需要、尊重的需要、认知的需要、审美需要和自我实现的需要。

小学儿童需要的发展包括活动需要的发展、认知需要的发展、交往需要的发展和成就需要的发展。小学儿童需要的引导与培养包括两个方面：一是要满足小学儿童的合理需要，抑制其不合理的需要；二是引导和培养小学儿童新的更高层次的需要。

兴趣是指人们探究某种事物或从事某种活动的心理倾向。根据兴趣的内容来划分，兴趣可以分为物质兴趣与精神兴趣；根据兴趣的起因来划分，兴趣可以分为直接兴趣与间接兴趣。兴趣的品质包括兴趣的倾向性、广泛性、稳定性和效能性。

小学儿童兴趣的发展体现在四个方面：学习上由直接兴趣向间接兴趣转化；兴趣广泛性的发展；兴趣稳定性的发展和兴趣效能性的发展。小学儿童兴趣的培养包括四个方面：在活动中发展儿童的兴趣；激发和保护儿童的有益兴趣；利用原有兴趣迁移和适当的表扬和鼓励。

志向是关于将来做什么事、当什么人的有进步意义的意图和决心。小学儿童的志向集中表现在职业志向上。价值观是人们关于客观事物价值的观点和信念，是一个人思想意识的核心，是在个体社会发展过程中逐步形成的。小学儿童的价值观的特点表现为从个人价值观向群体价值观过渡。

拓展阅读

1. 迟春华．提高小学生语文阅读兴趣的策略［J］．吉林教育，2018（Z2）．

2. 房后年．巧用白板提高小学生学习数学的兴趣［J］．陕西教育（教学版），2018（4）．

3. 孟蕊蕊．兴趣培养的本质回归——对中小学生兴趣培养实践误区的反思［J］．当代教育科学，2017（3）．

4. 赵琳．快乐学习，兴趣为引——论小学生语文兴趣的激发［J］．教育现代化，2017（48）．

5. 羿燕飞．小学阶段开展志向教育探究［J］．基础教育研究，2017（22）．

6. 张登俊．论小学美术课堂教学对学生的个性培养［J］．教育现代化，2017（11）．

练习与思考

一、单项选择题

1. “人心不同，各如其面”，是指人的个性具有（　　）。
A. 整体性　　B. 社会性　　C. 个别性　　D. 可变性

2. 个性从功能上讲，具有（　　）性。
A. 稳定性　　B. 整体性　　C. 社会性　　D. 可变性

3. 个性从发展的角度看，具有（　　）。
A. 稳定性　　B. 整体性　　C. 社会性　　D. 可变性

4. 儿童兴趣的（　　）发展，与儿童认知水平和情感的发展相一致。
A. 稳定性　　B. 整体性　　C. 社会性　　D. 可变性

5. 小学儿童希望得到老师的信任和同学的友谊，这是他们的（　　）。
A. 活动需要　　B. 交往需要　　C. 成就需要　　D. 认知需要

6. 个性是在社会生活实践中对各种社会关系的反映而形成的社会特征，因此，个性的本质是（　　）。
A. 稳定性　　B. 整体性　　C. 社会性　　D. 可变性

7. 个性的稳定性、整体性和社会性，构成了个性（　　）。
A. 可变性　　B. 发展性　　C. 普遍性　　D. 特殊性

8. 个性是（　　）统一。
A. 稳定性和社会性　　B. 整体性和社会性
C. 普遍性和个别性　　D. 普遍性和特殊性

9. （　　）反映的是个人发展的意图和决心的表现，是个性发展的一种动力。
A. 需要　　B. 志向　　C. 兴趣　　D. 世界观

10. “浪子回头金不换”说明人的个性具有（　　）。
A. 可变性　　B. 稳定性　　C. 个别性　　D. 整体性。

11. 小学儿童都希望学习成绩好并评上三好学生，这是（　　）。
A. 认识需要　　B. 活动需要　　C. 成就需要　　D. 交往需要

12. 在马斯洛的需要层次理论中，（　　）是指个体希望最大限度地实现自己潜能的需要。
A. 生理的需要　　B. 安全的需要
C. 尊重的需要　　D. 自我实现的需要

13. （　　）需要是小学儿童的主导需要。
A. 活动需要　　B. 认识需要
C. 交往需要　　D. 成就需要

14. （　　）是最基本的社会需要。
A. 活动需要　　B. 认识需要　　C. 交往需要　　D. 成就需要

15. 儿童对学业失败的焦虑增长，一般情况下，（　　）程度焦虑有助于促进儿童取得较好的成绩。

A. 很高　　B. 中等　　D. 很低　　D. 较低

16.（　　）是一种内在的决定着人对事物的态度和行为的动力系统。

A. 个性心理特征　　B. 自我意识

C. 心理状态　　D. 个性倾向性

17. 同是沉默寡言的特征，有的人是冷眼看世界，不是知音不与谈；有的人是胸无点墨，故作高深。这说明个性具有（　　）的特征。

A. 整体性　　B. 社会性　　C. 生物性　　D. 独特性

18. 诗人歌德对文学有研究，而且对自然科学也很热爱，经常弹钢琴、吹笛子、练习击剑等。这说明他的兴趣具有（　　）。

A. 高尚性　　B. 广泛性　　C. 效能性　　D. 稳定性

19. 学生喜欢看电视是属于（　　）。

A. 物质需要　　B. 自然需要　　C. 精神需要　　D. 社会性需要

20. 兴趣的（　　）是指兴趣推动认识深化过程所起的作用。

A. 倾向性　　B. 广泛性　　C. 稳定性　　D. 效能性

二、填空题

1. 按照需要的对象性质，可以把需要分为______和______，按照需要的起源，可以把人的需要分为______和______。

2. 心理的______水平保证了个性的稳定性。从功能上讲，个性具有______性，从发展的角度看，个性又具有______性。

3. 个性最本质的特点是______的，而不是______的。

4. 个性是一个系统，包括______结构、______结构和______结构。

5. 个性心理特征系统包括______、______和______等心理成分。

6. 美国心理学家马斯洛提出需要层次说，将需要分为______、______、______、______、______、______和自我实现的需要。

7. 根据兴趣的内容来划分，兴趣可以分为______和______，根据兴趣的起因来划分，兴趣可以分为______和______。

8. 儿童的兴趣只有在______中才能得到发展和发挥动力作用。

9. 小学儿童的价值观的特点表现为从______向______过渡。

10. 成就需要是______需要和______需要相结合而产生的一种具体表现。

三、判断题

1. 个性具有稳定性，所以人的个性是不变的。（　　）

2. 个性是心理发展到一定水平后形成的。（　　）

3. 一个人身上偶然出现的心理方面的特点，同样属于这个人的个性特征。（　　）

4．“人心不同，各如其面”，这说明人的个性存在个别差异。（　）
5．日常生活所说的“个性”与心理学中所说的个性是相同的意思。（　）
6．个性是一个人独有的，而别人绝对没有的心理特征。（　）
7．人的需要是一成不变的。（　）
8．客观事物引人入胜，使人感兴趣，这是间接兴趣。（　）
9．小学生的需要发展是单一的，其总趋势是由低向高发展。（　）
10．儿童是一个发展中的个体，有时也会出现不合理需要。（　）
11．认识需要是小学生的主导需要，因此，小学儿童的活动需要相比之下并不强烈。（　）
12．交往需要是一种最基本的社会需要。（　）
13．在整个小学阶段，儿童交往的需要强度日益强烈。（　）
14．小学儿童入学的最初几年对于成就需要的发展尤为重要。（　）
15．满足儿童的一切需要，能促进个性和谐地发展。（　）
16．小学儿童的志向集中表现在政治志向上。（　）

四、简答题

1．小学儿童需要的发展包括哪几个方面？
2．小学儿童成就需要的发展有什么特点？
3．如何培养小学儿童的兴趣？
4．如何引导和培养小学儿童的需要？

五、分析题

1．某班主任发现他班上的学生学习积极性不高，纪律涣散，但是男孩子们具有做海员的理想。于是他就把少先队中队看作是海员部队，开展游戏活动，对他们提出任务，例如，做一名海员要好好学习，守纪律，团结友爱，学习造船和航海技能。后来，班上的学习状况有了很大的改善。

试问，这是为什么？

2．基斯等人做了个“挨饿实验”，让36个被试者在24个星期中处于半饥饿状态。实验期间，这些被试的主要食物包括面包、地瓜、萝卜等。每天获得的能量不到正常人的一半，但他们仍从事劳动和其他活动。挨饿的结果是：体重减轻了25%左右，在心理上变得冷淡，忧虑代替了幽默，对社交失去了兴趣，有的变得神经过敏，心情暴躁易怒，注意力不集中，自信心下降，乃至产生了自卑感。实验期间唯一能使他们关心的就是食物。

思考：这一实践说明了什么？

第十一章

能力

学习目标

- 理解能力的概念和种类。
- 熟悉各种能力理论和能力测量的相关知识。
- 理解能力发展的一般趋势与个体差异。
- 掌握影响能力形成的因素及小学儿童能力培养的方法。

本章导读

小梦是一位小学学生，老师、家长都反映他是个“不开窍”的孩子。一道应用题，老师在课堂上讲过，家长又帮他复习过，可做起来还是错误百出，一到考试就更不行了。别的同学背课文，能一下子背诵出来，可他读了好多遍，还是记不住，丢三落四，常用字也经常会写错，渐渐地，他就对学习提不起兴趣。他真是一个不开窍的孩子么？还是智力有问题呢？智力是什么？它有什么类型？如何提高学生的能力？让我们进入本章的学习。

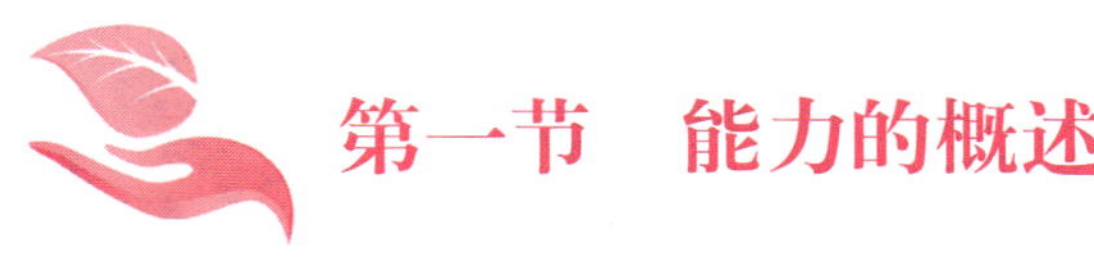

第一节　能力的概述

一、能力的概念

1. 什么是能力

能力是人成功地完成某种活动所必备的直接影响活动效率的个性心理特征。例如，画家绘画除需要基本的物质条件外，还必须具备色彩鉴别能力、形象记忆能力、估计比例的能力。现代心理学上所指的能力，包含两种意义：一种是指个人已经具备并在行为上表现出来的实际能力，又称之为成就。例如，某人会说英语，能操作电脑等。另一种是个人将来可能发展并表现的潜在能力，又称之为性向。如人们常说，某人是“可造之才”，或某人具有文学、音乐方面的“天赋”，就是这种意义。潜在能力是实际能力形成的基础和条件，实际能力是潜在能力的展现。两者有着密切联系。

能力和活动是紧密联系的。个体的能力是在活动中形成、发展起来的，并在活动中得以表现。因此，只有在分析特定的实际活动的基础上，才能揭示一个人的能力；人与人之间能力的高低、强弱，也只能在活动中才能加以比较。

同时，能力是保证活动得以顺利完成的基本条件，是影响活动效率的基本因素。在知识、技能、时间及健康等条件基本相同的情况下，能力强的人比能力弱的人更能快速、有效地完成活动，并取得成功。不过，并非个体在活动中表现出来的所有心理特征都是能力。如认真、急躁等对活动任务的完成可能会产生一定的影响，但它们却不是完成活动最必需的心理特征，而观察敏锐、记忆准确、思维灵活等特征对于完成活动才是最必需的心理特征。若缺乏这些心理特征，个体就难以顺利完成活动任务。可见，能力是直接影响活动效率、完成活动最必需的心理特征。

2. 才能与天才

人要顺利完成某种活动，必须综合多种能力才能实现。为成功地完成某种活动，多种能力的完备结合称为才能。比如教师要很好地完成教学活动，仅有良好的口头语言表达能力是不够的，还需要有准确的记忆能力、敏锐的观察能力、严谨的逻辑思维能力、整洁的板书能力及课堂监控能力等。只有这些能力密切结合，才能保证教学活动得以顺利完成。

天才是才能的高度发展，它是多种能力最完备的结合，表现为能够独立、创造性地完成某些活动。天才是在良好素质的基础上，通过后天环境和教育的影响，加上个体在生活实践中艰苦努力发展起来的。例如，马克思、爱因斯坦等都是天才人物，他们的共同特征是能够高效率、创造性地解决前人未曾解决的问题，无论是一般能力还是特殊能力，都达到了创造性水平。

需要指出的是，某种单一能力即使达到很高的发展水平，也不能称为天才，而应称为“偏才”。天才不是先天资质的结果，先天素质只是天才形成的基础，多种才能的培养离

不开后天环境、教育、训练等因素，同时还需要自己的主观努力及社会历史条件——社会进步、时代发展的要求。

二、能力与知识、技能的关系

为了正确地理解能力概念，有必要弄清能力与知识、技能的关系。能力与知识技能既有区别又有联系。

1. 能力与知识、技能的区别

首先，能力与知识、技能属于不同范畴。能力是完成活动必备的个性心理特征，是心理活动的可能性；知识是个体与环境相互作用而获得的信息，是信息在人脑中的储存；技能是个体通过练习而获得的动作方式。例如，解答算术题时，所应用的公式、定理、定义等属于知识范畴；而解题过程中思维的敏捷性、记忆的准确性等属于能力范畴；解题的基本思路和方式方法等属于技能的范畴。

其次，能力的发展与知识、技能的掌握并不同步。具有同等知识技能的人，却不一定具有同等的能力；有相同能力的人，知识技能有差异。能力的发展比较慢，而知识技能的获得速度较快。在人的一生中，知识可随年龄的增长不断积累、增多，而能力则随年龄的增长呈现出发展、停滞、衰退的变化过程。

2. 能力与知识、技能的联系

能力与知识、技能有密切联系。一方面，能力是在掌握知识技能的过程中形成发展起来的。俗话说：“无知必然无能”。任何能力的发展都要以知识技能为基础。缺乏必要知识技能是发展能力的障碍。实践也证明，组织得当、方法合理的教学，不仅能让学生获得知识技能，同时也发展着学生的能力。

另一方面，能力是掌握知识技能的前提和内在条件。人的能力发展水平直接制约着掌握知识技能的难易、快慢、深浅和巩固程度。同一个班的学生对老师所讲知识的领会、理解程度的差异，很大程度上与个体能力差异状况有关。

鉴于能力与知识技能之间的这种关系，为满足新世纪社会发展需求，培养富有创造能力的人才，现代教育要避免单凭知识性考试成绩确定学生能力高低，把知识技能传授与能力培养有机结合起来。

三、能力的种类

1. 一般能力和特殊能力

按能力所表现的活动领域划分，可以把能力分为一般能力与特殊能力。一般能力又称智力，是个体完成多种活动所必备的基本能力。如观察力、记忆力、思维力、注意力、想象力等。一般能力的适用范围广，符合多种活动要求，是工作、学习、生活、创造发明等活动顺利完成不可缺少的最基本能力。一般能力和认识活动有密切联系，保证人们容易和有效地掌握知识。

特殊能力又称专门能力，指个体完成某种专门活动所必备的能力。如数学能力、音乐能力、科研能力、教学能力、人际交往能力等。它只在特殊活动领域内发挥作用，是完成有关活动必不可少的能力。

人要顺利地完成某项活动，既要具备一般能力，也要依靠特殊能力。一般能力和特殊能力是不可分割的统一体，存在有机联系。一般能力的发展能为特殊能力发展创造条件，而特殊能力的发展，也会促进一般能力的提高。但有研究表明，一般能力和特殊能力之间的这种联系也有例外，其突出的例子就是“白痴学者”。

知识链接

白痴学者

在人类当中时常发现所谓“白痴学者”——愚鲁的人具有一种或几种高度发达的特殊才能。希尔安、罗斯曼等从 1937 年起曾对一名“白痴学者”进行了六年追踪研究，发现他的身体健康，一切正常，但智力检查却发现了许多极端矛盾的地方。他能说出从 1880 年到 1950 年任何一天是星期几。能正确地加算 10 个到 12 个两位数。能把许多字顺着拼音或倒着拼音而正确无误，并且告诉他一次某字的拼音后，他从来不忘。他仅能用耳朵欣赏某些音乐作品，并且能从头到尾地唱出奥赛罗歌剧中的某些段落。但另一方面，他不能跟上学校的正规课程。他的一般常识极度贫乏。他认识很少几个字。他几乎完全缺乏逻辑推理和解决问题时的抽象能力。他的智商只有 50!

2. 认知能力、操作能力和社交能力

按功能的不同，可将能力分为认知能力、操作能力和社交能力。认知能力是个体用于学习、理解、分析和概括的能力。它是掌握知识、完成各种活动所必备的最基本、最重要的心理条件。

操作能力是个体用于操纵、制作和运动的能力。如劳动能力、体育能力、实验能力、制作能力等。

社交能力是参加社会生活、与他人相互交往、保持协调的能力。如组织能力、管理能力、领导能力、言语感染力等。

3. 模仿能力和创造能力

按创造性成分的不同，可把能力分为模仿能力和创造能力。模仿能力又称再造能力，是仿效他人的言行举止，并用与之相似的行为方式进行活动的能力。例如，学画、习字时的临摹。美国心理学家班杜拉认为，模仿是人们彼此之间相互影响的重要方式，是学习必备的一种能力。模仿能力是个体早期获得知识技能的重要方式。

创造能力是能创造出具有社会价值的、独特的、新颖的产品的能力。例如，文学创作、技术革新、方法改进等都富含创造能力。创造能力是成功完成某种创造性活动所必需的条件。模仿能力与创造能力有密切联系。

第二节 能力理论与能力测量

一、能力理论

（一）能力的因素说

1．二因素说

英国心理学家和统计学家斯皮尔曼（Spearman）根据人们完成智力作业时成绩的相关程度，提出能力由两种因素组成：一种是普通因素（G 因素），它是人的基本的心理潜能（能量），是决定一个人能力高低的主要因素。正是由于这种因素，人们在完成不同智力作业时的成绩才会出现某种正相关。另一种是特殊因素（S 因素），它是保证人们完成某些特定的作业或活动所必需的。由于这些因素起作用，人们的作业成绩才没有完全的相关。由许多特殊因素与某种普遍因素结合在一起，就组成人的智力。人们在完成任何一种作业时，都有 G 和 S 两种因素参加。活动中包含的 G 因素越多，各种作业成绩的正相关就越高；相反，包含的 S 因素越多，成绩的正相关就越低。

斯皮尔曼的二因素理论对我们理解能力的结构有重要的启发。由于能力包含着一般因素和特殊因素，两者并不相同，这就为研究一般能力与特殊能力的实质及其相互关系、制订测验这些能力的手段，奠定了理论和实验的基础。当然，斯皮尔曼强调一般因素与特殊因素的区别，把它们绝对对立起来，而没有看到它们之间的联系和关系，这种看法是不可取的。

2．群因素说

群因素说是由美国心理学家塞斯顿提出的，塞斯顿反对斯皮尔曼的强调能力的二因素说。他认为任何活动都是依靠彼此不相关的许多能力因素共同起作用的，1938 年，塞斯顿通过研究把能力分解为 7 种基本因素，即词的理解、言语流畅性、数字计算能力、空间知觉能力、记忆能力、知觉速度和推理能力，但后来塞斯顿发现所谓的 7 种原始能力之间仍有一定的相关性，并不是完全独立的。

3．流体智力和晶体智力理论

美国心理学家卡特尔（R. B. Cattell）等研究发现，智力由两种成分构成，一种是流体智力，另一种是晶体智力。他认为液体智力是人的一种潜在智力，主要和神经生理的结构和功能有关，很少受社会教育影响，它与个体通过遗传获得的学习和解决问题的能力有联系。例如，瞬时记忆、思维敏捷性、反应速度、知觉的整合能力等，神经系统损伤时，液体智力就会发生变化。这种智力几乎可以转换到一切要求智力练习的活动中，所以称为流体智力。

晶体智力则主要是后天获得的，受文化背景影响很大，与知识经验的积累有关，是流体智力运用在不同文化环境中的产物，例如，知识、词汇、计算等方面的能力，它包括大量的知识和技能，与学习能力密切联系着，这种智力表现为来自经验的结晶，所以称为晶体智力。

研究发现，流体智力在人的成年期达到高峰后，随年龄的增长而逐渐降低，晶体智力随年龄增长、知识经验的积累而提高，从个体差异上看流体智力水平的差异要比晶体智力

的差异大。

4. 多元智力理论

多元智力理论是由美国心理学家加德纳（Gardner）在 1983 提出的。他认为，智力的内涵是多元的，由 7 种相对独立的智力成分构成。这 7 种成分为：① 言语智力，包括阅读、写文章或小说以及日常会话的能力；② 逻辑-数学智力，包括数学运算与逻辑思考的能力；③ 空间智力，包括认识环境、辨别方向的能力；④ 音乐智力，包括对声音的辨别与韵律表达的能力；⑤ 身体运动智力，包括支配肢体完成精密作业的能力；⑥ 社交智力，包括与人交往且能和睦相处的能力；⑦ 自知智力，包括认识自己并选择自己生活方向的能力。

每种智力都是一个单独的功能系统，这些系统相互作用，产生外显的智力行为。

（二）能力的结构说

1. 能力的层次结构理论

1961 年，英国心理学家弗农提出了能力的层次结构理论。他以一般因素为基础，设想出因素间的层次结构。他认为，智力的最高层次是一般因素（G）；第二层次为大因素群，分为两大群，即言语和教育方面的因素、操作和机械方面的因素；第三层为小因素群，包括言语、数量、机械信息、空间信息、用手操作等；第四层次为特殊因素，即各种各样的特殊能力。弗农的能力层次结构理论像生物分类学的分类系统那样来设想能力的结构。

2. 智力三维结构理论

美国心理学家吉尔福特（J. P. Guilford）基于 20 多年的因素分析，于 1967 年提出了智力的三维结构模型理论（见图 11-1）。这一理论是把一般智力活动所共有的操作方式、操作内容和操作的产品作为智力的三个维度，并把这三个维度作为长、宽、高，构成一个智力的三维立体结构模型。在这个模型中，智力的三个维度是内容或信息类型、操作或心理活动表现的类型、产品或信息表征的方式。这一模型中有 5 个内容、5 种操作、6 种结果。

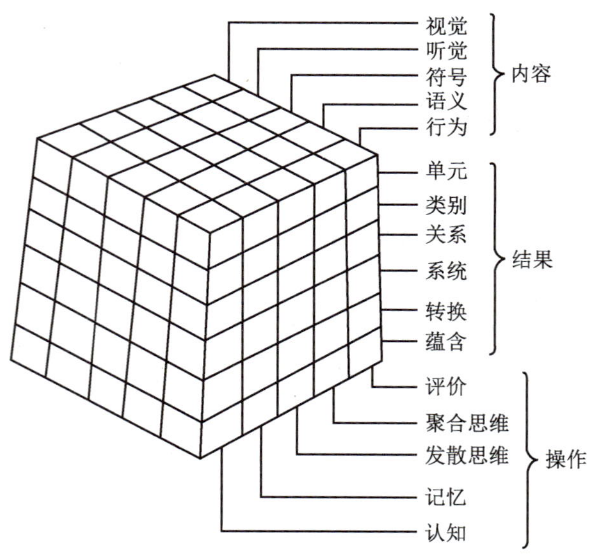

图 11-1　智力的三维结构模型理论

5 个内容（即信息材料的类型）包括：视觉的（看到的具体材料）、听觉的（听到的具体信息）、符号（字义、数字及其他符号）、语义的（语词的意义和观念）和行为的（本人或其他人的行为）；5 种操作（即智力的加工活动）包括认知（理解或再认）、记忆（短时记忆、长时记忆）、发散思维（对一个问题寻求多种答案或观念、思想）、聚合思维（对一个问题寻求最佳答案或最普遍答案）、评价（对人的思维品质或事物性质作出某种鉴定）；6 种产品（即运用智力操作信息后得到的结果）包括：单元（一个单词、数字或概念）、类别（系列有关的单元）、关系（单元与单元之间的关系）、系统（运用逻辑方法组成的概念）、转换（对安排、组织和意义的修改）和蕴含（从已知信息观察某个结果）。每一智力成分都包含这三个维度。而且吉尔福特相信，每一个内容－结果－操作的结合代表一个独立的心理能力。例如，语词测验可以测定你的语义内容的认知单元，学习一个舞蹈动作需要行为系统的记忆。

这一理论模型与化学的周期元素相似。根据这一系统框架，智力因素可以像化学元素一样，在他们发现之前被假定。由此可见，吉尔福特的智力概念具有预测价值。

吉尔福特的智力三维结构极大地促进了智力测验研究的深入发展，特别是在教育实践中，使教师能够有效地区分学生智力的优势与欠缺，为因材施教提供了理论依据。

（三）智力的信息加工理论

美国心理学家斯滕伯格（R. J. Sternberg）认为，人的智力活动总是在一定社会文化背景下发生发展的，不同文化条件下判断智力活动的标准不同，但是，相同的智力活动的内在心理机制是相同的。智力活动不但与个体所处的社会文化环境有关，而且也与其内在的心理机制有关，一个人的经验是实现自身内心世界与外部环境之间联系的纽带。他提出智力三元理论，认为人的智力包括成分智力、情境智力和经验智力三个部分。

1. 成分智力

成分智力是指思维和问题解决等所依赖的心理过程，主要有三种重要的成分对信息进行加工：知识获得成分，主要用于学习新的事实；操作成分，作为问题解决的策略和技巧；元认知成分，主要用于策略选择。

2. 情境智力

情境智力是指在日常情境中具有适应当前环境、选择新环境和改变旧环境的能力。研究表明，没有较高智商的人，一般也会具有较高的情境智力。

3. 经验智力

经验智力是指个体在极端情况下处理问题的能力，特别是处理新情境的能力，以及处理常规性问题的能力，如顺利完成阅读、驾车、打字时的能力等。

二、能力测量

古代学者孟子有句名言：“权，然后知轻重；度，然后知长短。物皆然，心为甚。”能力具有可测量的特性，人的能力高低及差异完全可以用数量加以权衡。能力测验对于鉴别学生能力差异，评定能力高低，预测未来发展，指导职业选择，因材施教和社会上选才任事都具有极大的价值。由于测量的对象不同，能力测验存在着多种不同的类型。按照能力的种类，可将其划分为一般能力测验、特殊能力测验和创造力测验。

（一）一般能力测验

智力测验是用标准化测量工具评定个人智力高低，它是测验人的能力的一种较常用的方法。世界上最早的智力测验是从我国开始的。西汉的扬雄以语言反应速度为标准判断人的智力高低。民间广为流传、迄今已为世界一些国家采用的“九连环”“七巧板”也是测定智力的方法。但如何用科学方法测量人的智力水平的高低？法国的心理学家比纳（A. Binet）和医生西蒙（T. Simon）解决了这个难题。1905 年，受法国政府聘请，根据鉴定低能儿童的需要，比纳和西蒙编制了世界上第一个智力量表——比纳-西蒙智力量表。比西量表问世后，许多国家将其译成本国文字并加以修订。目前西方国家使用最为广泛的有斯坦福-比纳量表和韦克斯勒智力量表。

1. 斯坦福-比纳智力量表

斯坦福-比纳智力量表是美国斯坦福大学心理学家推孟（L. M. Terman）在 1916 年主持修订比纳-西蒙量表编制而成的用于测验儿童智力水平的智力量表。此量表经多次修订，成为国际上最有影响的智力量表。这个量表是一个年龄量表，它以年龄为测验标尺，分年龄组编定条目，每个年龄组都有六个条目，每个条目代表两个月的智力。起初，此量表沿用比纳创造的智力年龄（心理年龄）表示儿童智力发展水平。由于智力年龄只能说明儿童智力发展的绝对水平，但不能表示智力发展的相对水平，为了清楚地表示儿童智力年龄与实际年龄之间的关系，便于不同年龄儿童智力发展水平的比较，推孟首次采用了斯特恩（Stern.W）提出的智力商数概念，用智力商数表示智力高低。智力商数或简称智商（Intelligence Quotient，简称 IQ）指个人通过测验得到的心理年龄（MA）除以实际年龄（CA）所得商数，再乘以 100。其计算公式：

智商（IQ）＝智力年龄（MA）/实际年龄（CA）×100

若一个 8 岁儿童，通过 9 岁组全部测验条目，其智力年龄为 9 岁，这个儿童的智商为 9/8×100=113。商数乘以 100 是为了去掉小数，以整数表示人的智商。智商是智力年龄与实足年龄的比值，因而称为比率智商。

2. 韦克斯勒智力量表

韦克斯勒智力量表是美国心理学家韦克斯勒（D. Wechsler）从 1939 年起编制的较完整、具有各年龄代表性的智力量表。该量表包括三种：韦氏成人智力量表（简称 WAIS）；韦氏儿童智力量表（简称 WISC）；韦氏学前儿童智力量表（简称 WPPSI）。韦氏每种量表都有言语和操作两个分量表。韦氏智力量表适用年龄从幼年到老年，是西方国家最常用的智力量表。该量表废弃了智力年龄概念，首创并采用了离差智商。离差智商是根据标准分数计算出来的智商，即指将一个人的成绩和同年龄组被试的平均成绩相比较而得出的相对分数。

韦氏假定，人们的智商是以平均数为 100 和标准差为 15 正态分布。离差智商的计算公式是：IQ＝15×（X－$\bar{x}$）/S＋100。其中，X 代表个体测验得分，$\bar{x}$代表团体平均分数，

S 代表团体分数的标准差。$(X-\bar{x})/S$ 代表标准分数，是一种以标准差为单位的相对量数。假定某年龄组的平均分为 75，个体测验得分 85，标准差为 10，那么其 IQ 是 115。用离差智商表示智力高低，可以确定一个人的智力在同龄人中的相对位置。

（二）特殊能力测验和创造能力测验

智力测验提供了对人的一般能力的了解，这种了解还远远不能满足社会对选拔和使用各种专业人才的迫切需要。在现代化的生产和生活的要求下，人的社会分工越来越精细，形成了不同实践领域所需要的特殊能力，如机械操作能力、音乐能力、艺术能力等。特殊能力测验主要用于测量个体某方面特有的职业活动能力和潜在能力。例如，通过测定一个人对音调、音响、和谐、节律的感受与分辨，可以了解他的音乐能力；通过测定视觉阅读速度和手指灵活性，可以了解一个人的打字能力；通过测定人对仪表的认读、空间定向、对仪器的理解、对物体运动速度的判断和手指的灵活性等，可以了解一个人的飞行驾驶能力；通过测定一个人在调度、安排、意外处理、判别决策方面的表现，可以了解他的管理能力等。可见，测定特殊能力同样要对某种能力的结构成分作出正确的分析，然后采取适当的手段来进行度量。

特殊能力测验具有较强的针对性，因而对职业定向指导、安置和选拔从业人员、发现和培养具有特殊能力的儿童，有重要意义。但这种测验发展较晚，因而测验的标准化问题尚未得到较满意的解决。

创造能力测验主要用于测量被试的求异思维水平，了解被试思维的流畅性、变通性和独创性。自 20 世纪 50 年代末期开始，美国心理学家吉尔福特研究发现，智力是创造力高度发展的前提，但创造力发展却不是智力高低的线性函数，高智商的人创造力并不一定高，智商低的人不可能有高创造力。而智力测验只能测出人的一般智力，不能测出高级的创造能力，于是许多心理学家着手编制了侧重测量人的发散思维的创造能力测验，主要有：芝加哥大学创造力测验、托兰斯创造思维测验和南加利福尼亚大学发散思维测验等。创造能力测验的题目多属于开放型，以 1962 年盖茨尔斯和杰克逊（Getzels & Jackson）设计的一套创造力测验为例，包括词汇联想、物体用途、隐蔽图形、寓言解释和组成问题五个项目。其答案也不固定，一般要求回答得越多越好，且要有新颖性和创造性。

以华莱奇（M. A. Wallach）和科甘（N. Kogan）1965 年的研究为例，他们用一系列测验测量了儿童思维的流畅性，具体测验方法如下：① 尽量说出几种常用东西的用途，如鞋子、软木塞等；② 尽量说出两个物体相似的地方，如火车与拖拉机、马铃薯与胡萝卜等；③ 尽量列举一个抽象范畴所具有的各种实例，如圆形的东西有水珠、皮球、碗盖等；④ 在看到某个抽象的图形或线条画后，尽量说出他所想到的全部意义。研究者记录了儿童所作的实际反应数量和具有创造性的反应数量。通过这两方面的度量，就可以了解儿童思维的流畅性与独创性。

尽管创造力测验在评分和测验效度、信度的确定方面有难度，全面测定一个人的创造能力是相当困难的，但创造力测验在一定程度上还是能够预测人的创造成就大小。

第三节 能力发展的一般趋势与个体差异

一、能力发展的一般趋势

心理学研究表明，在人的一生中，能力的发展趋势如下：

1. 在总体趋势上，智力是随着年龄的增长而变化的

美国心理学家桑代克曾绘制过学习能力与年龄的关系曲线，指出学习能力到 23 岁左右达到最高峰，一直到 45 岁，学习能力并不低于 17～18 岁的学生。但 45 岁以后，学习能力就显著下降。根据美国心理学家贝利的研究，从出生到 14 岁以前，智力发展一直随年龄增长呈直线上升，随后才减慢速度。

2. 智力发展速度是不均衡的

众多研究表明，智力发展速度时快时慢。通常，从 3、4 岁到 13、14 岁之间呈等速发展，之后改为负加速（即随年龄增加而渐减）发展。心理学家本特纳（R. Pintner）指出，从出生到 5 岁是智力发展最迅速的时期，从 5 岁到 10 岁，发展也很快，并且容易测量，再过 5 年，发展就逐渐减慢。美国著名心理学家、教育学家布鲁纳（B. Runer）根据对 1 000 名被试跟踪研究提出，从出生到 5 岁是人的智力发展最为快速的时期，若一个人在 17 岁时，智力水平可达到 100%，那么，5 岁之前就可达到 50%，5～8 岁又增长 30%，剩余的 20%是 8～17 岁获得的。智力发展有关键期，也有相对稳定性。儿童青少年时期是智力发展最重要的时期。

3. 能力结构中不同成分的发展是不一致的

能力的某些成分发展较早，某些成分发展较迟。通常感知能力达到高峰和下降的时间比较早，而推理能力发展较慢，下降也较迟。心理学家塞斯顿在考察了 7 种基本能力基础上发现，知觉速度、空间知觉、推理能力、计算能力和记忆能力发展较早，语词理解和语词流畅发展较迟。个体智力结构的变化，从儿童到成人，是从一般能力到特殊能力逐渐发展的。

二、能力发展的个体差异

人与人之间在能力发展上存在着明显的个体差异。研究能力发展的个体差异，可为教师因材施教，使学生“各尽所能”提供理论依据。一般认为，能力发展的个体差异主要表现在发展水平、类型和表现早晚三个方面。

（一）能力发展水平的差异

1. 智力的分布

能力发展水平差异是指个体之间同种能力的发展在量上存在着差异，表明每个人的能

力有高低之别。能力发展的水平差异主要指智力发展差异（即一般能力差异）。美国心理学家推孟等曾对 2 904 个儿童进行智力测验，将结果按智商高低把人的智力划分为 9 类（见表 11-1）。

表 11-1　智力的分类

智　商	类　别
140 以上	天才
120～140	上智
110～120	聪颖
90～100	中材
80～90	迟钝
70～80	近愚
50～70	低能
25～50	无能
25 以下	白痴

从表中可见，在一般人群中，若把智力从最高到最低的差异全部计算出来，那么智力在全人口中的表现呈正态分布：两头小，中间大。智商为 90～110 者称为中等智力，约占总人数的 50%；智商在 130 以上者称天赋优异，智商在 70 以下者称智能不足，它们在全人口中各约占 2%～3%。在一般人群中，天赋优异和智能不足者虽然是少数，但他们在能力上与一般人相差很大，所以往往需要给予特殊教育。

2．超常儿童的心理特点

超常儿童指智力明显超出同年龄的儿童。通常智商在 130 以上可确定为超常儿童。我国心理学工作者对许多超常儿童进行了追踪研究，总结出他们的心理特点主要表现在以下：

① 有浓厚的认识兴趣和旺盛的求知欲。这些儿童很早就表现出好奇心，爱追根究底。很小就有了学习知识的浓厚兴趣。例如，许多超常儿童对大自然兴趣浓厚，爱观察小昆虫、小动物的生活，喜欢搜集植物的花叶制作标本。

② 思维敏捷，理解力强，有独创性。超常儿童的类比推理和创造性思维，都不同程度地超过了比他们大 2 到 5 岁儿童的平均成绩。例如，有的超常儿童在演算数学方面表现的突出特点是善于思考分析，捕捉关键性的东西，压缩运算过程，使运算步骤简化，概括化。

③ 敏锐的感知觉，良好的观察力。超常儿童的视觉、听觉能力发展突出，主要表现在对汉字的形、音细微差异的区别上。他们空间知觉和反应速度都超过同年龄儿童。

④ 注意集中，记忆力强。这些儿童注意既广，又能高度集中，特别是对他们感兴趣

的事物，更是专心致志，往往集中注意可达两三小时。在记忆方面表现的特点是善于发现规律，寻找记忆的方法，因此记得既快又牢。

⑤ 有进取心，勤奋，有坚持性。这些儿童都比较自信，爱与别人比，事事不甘落后。他们一般都积极上进而有毅力，学什么，干什么，就非学会非干好不可。

教育工作者必须了解超常儿童的心理特点，注意德、智、体的全面发展，有目的有计划地对他们进行培养。对超常儿童能力的养和教育，可采取以下几种方法：

① 加速学习。加快学习速度，准许学生在已经学习了有关年级的教材内容后跳级，以缩短学习时间。

② 充实学习内容。这种方式是让超常儿童留正规的班级中，同时，用各种方法来充实他的学习内容。一方面从量上增加学习材料，另一方面从质上增加学习材料的深度。

③ 设置特别班。把超常儿童集中在一起设班。这种班级通常应由擅长特殊教育的教师来担任。我国科技大学少年班即是采取的这种方式。

3. 智力落后儿童的心理特点与产生的原因

智力落后儿童指智力明显低于同年龄的一般儿童。他们的智商在 70 以下。据统计，智力落后者约占总人口的 1%～3%。其发生率大都在学龄期。

智力落后儿童的一般心理特点为：知觉速度缓慢、范围狭窄，而且内容贫乏；记忆缓慢、遗忘快、再现时错误多；言语发展慢，语言混乱，词汇贫乏，缺乏连贯性；思维缺乏概括性，只就外部特征进行综合，不会就事物内部特点进行概括。这些特点表明，智力落后儿童不是某一种心理过程的破坏，而是心理活动各个方面的分析综合活动水平低下。

智力落后儿童按其程度的不同可分为三个等级：

① 轻度的智力落后儿童，智商 50～69。这些儿童生活能自理，可从事简单的劳动，其心理年龄大致与 11 岁正常儿童的能力相等。

② 中度的智力落后儿童，智商 25～49。这些儿童生活不能完全自理，6 岁时，心理年龄小于 3 岁的水平。他们成年后也难于从事某项简单的劳动。

③ 重度的智力落后儿童。智商在 25 以下。这些儿童生活完全不能自理，通常称之为白痴。他们的智力不会超过 4 岁。

智力落后产生的原因，一方面是由于先天的因素造成脑机发育不全。例如，先天愚型的儿童是由于染色体畸变；有的是由于中枢神经系统受到感染；也有的是在产程中缺氧造成的。另一方面是由于后天的因素造成脑损伤。例如，脑疾病、脑外伤都导致儿童智力发育迟缓。

在中小学中，不能把学习成绩差的儿童与智力落后儿童混一谈。学习成绩差的儿童中大多数是由于学习不专心、不认真、注意力不集中等因素造成的。主要是学习态度问题，而不是智力愚笨，只要教师根据学生的特点，采取不同的方法加强教育，他们的成绩是能够提高的。

（二）能力发展的类型差异

能力类型差异是指个体的能力结构差异，表明每个人的能力各有所长。能力是由多种不同因素构成的，各种因素发展的不平衡性，导致人的能力发展存在质的差异。一般能力

发展的类型差异是较为明显的，特殊能力的发展也存在类型差异。

此外，能力类型差异在性别上表现明显。研究发现，女性在知觉速度、语言理解、机械记忆能力、形象思维和模仿能力等方面占有优势，而男性在空间想象力、理解记忆能力、抽象逻辑思维能力和创造能力等方面占有优势。

（三）能力表现早晚的差异

我国汉代哲学家、教育家王充曾说：“人才早成，亦有晚就。”个体能力发展有早有晚。有些人在童年期就表现出某方面优异能力，称能力的早期表现，也称人才早熟。能力的早期表现在音乐和美术领域中最常见。例如，我国唐朝诗人李贺 7 岁时能即席赋诗，明末夏完淳，9 岁善诗赋，新中国成立以后，也出现了不少才华出众的儿童。孙玉 6 岁时，表现出拉胡琴的突出能力。陈雷 4 岁时能画出思想性强，内容丰富、色调鲜明的中国彩墨画。能力早期显露的事例，在国外也很多。例如，奥地利作曲家莫扎特 6 岁就主演演奏会。德国作曲家贝多芬 13 岁创作出三部奏鸣曲。法国数学家、物理学家帕斯卡 13 岁成为伟大的思想家。能力的早期表现，在音乐和绘画中最为常见。

有些人的才能表现较晚，常被称为“大器晚成”。例如，李时珍于 60 多岁才写成《本草纲目》，达尔文 50 多岁写出他的名著《物种起源》。

人的能力表现虽有早晚差异，但就多数人来说，中年时期则是成才或出成果的最佳年龄。美国心理学家莱曼（H. C. Lehman）曾研究了几千名科学家、艺术家和文学家的年龄与成就，认为 25 岁至 40 岁是个体成才的最佳年龄。他的研究还表明，从事不同学科的人最佳创造的年龄是不同的。

我们知道，人们的能力表现为“人才早熟”还是“大器晚成”受许多因素的影响。有的儿童具备了某一方面的先天素质，给能力的发展提供了有利的前提，但起主要作用的还是后天环境的影响，特别是早期的家庭教育的作用。即使才能得到早期表现的儿童，如果缺少必要的教育和培养的条件，没有掌握必需的知识和技能，不经过刻苦学习和辛勤劳动，才能也不会得到发展。

同时对于早期没有突出才能表现的儿童，也不能断定他将来不会取得突出成就。有的儿童因为早期不努力，但后来加倍勤奋努力以后也会显露出优异的才能。

至于“大器晚成”的原因可能是多方面的，有些到晚年才有成就的人，他们在童年和少年时间，由于不合理的社会制度和阶级地位使他们得不到学习机会，当他们有机会显露出优异的才能时，已经到了成年。例如，我国著名画家齐白石，小时候由于家庭生活困难，从小就要为家庭生活分忧愁，没有条件绘画，只能在劳动之余在沙地上练习绘画。当发挥其绘画才能时，已经 40 多岁了。我国优越的社会制度，为每一个人提供了发展能力的条件。因此，家庭、学校都应创造各条件，从小培养儿童的各种能力，使他们的各种才能得到充分发展。

第四节　影响能力形成与发展的因素和小学儿童能力的培养

一、影响能力形成与发展的因素

（一）遗传素质的作用

一切生物，无论植物或动物、高等动物或低等动物，它们的后代和前代之间在形态结构和生理特征上，总要表现出某些相似的特征。这种把生物所具有的性状，相对稳定地传给后代的现象就叫遗传。遗传是通过遗传物质的载体——细胞内的染色体来实现的。人体细胞的染色体共 23 对。在卵子受精时，23 对染色体一半来自卵子，一半来自精子。遗传学上把染色体上的遗传因子叫基因。由基因决定着性状的遗传。

关于遗传在能力发展和个别差异形成中的作用，心理学家曾从三方面进行研究。一是研究血缘关系疏密不同的人在能力上的类似程度。如果遗传对能力有作用，那么血缘越密切的人，能力发展的水平应该越相似，这种研究经常用同卵双生子和异卵双生子来进行。二是研究养子、养女与亲生父母和养父母能力发展的关系。如果遗传对智力有作用，那么孩子与亲生父母能力的相关应该比与养父母能力的相关高。三是对同卵双生子进行追踪研究。这些孩子从小就被分开生活在不同环境里，若干年后，将他们进行比较。如果遗传确有作用，那么同卵双生子即使生活在不同环境中，他们能力的发展仍应保持较高的相关。

这些结果表明，血缘关系接近的人在智力发展水平上确实有接近的趋势。遗传素质对能力发展有极为重要的影响，是能力发展的物质前提。同卵双生子智力的相关高于异卵双生子和同胞兄弟姐妹，亲生父母与子女的智力相关高于养父母；无血缘关系的人的智力相关很低。相反，在不同环境下长大的同卵双生子，智力的相关仍很高。这说明，遗传因素对智力的发展的确有一定的作用。当然，这些材料同样也表明，对所有被试来说，在同一环境中生活者，他们智力的相关都比在不同环境中生活者智力的相关要高些。即使没有血缘关系的人，如养父母与子女，由于生活在同一环境，他们的智力也有一定程度的相关。这说明在智力发展中，环境的作用也是很重要的。

我们认为，智力本身是不能遗传的。遗传对智力的影响主要表现在身体素质上，如感官的特征、四肢及运动器官的特征、脑的形态和结构的特征等。我们都知道，身体素质是能力发展的自然前提，这个前提，对能力的发展有重要的影响。比方说，个人指头的长短是一种身体素质，是由前代人遗传给后代的。一个人的指头具有了某种适当的素质，对发展音乐和书法的才能是有影响的。感官的特性、神经系统的特性，对能力的发展也都有作用。但是，身体素质不等于能力本身。具有相同身体素质的人，可能发展多种不同的能力；而良好的素质由于没有受到良好的培养、训练，能力也可能得不到应有的发展。可见，否

定遗传的作用是不对的，这不是科学的态度。同样，夸大遗传的作用，那种认为能力可以直接通过生物学的方式遗传给后代，也是不正确的。

（二）环境和教育对能力形成的影响

1．产前环境的影响

胎儿在出生之前生活在母体的环境中，这种环境对胎儿的生长发育及出生后智力的发展，都有重要的影响。我国古代早有“胎教”的主张。现代科学的研究也证明，重视产前环境的影响有重要意义。许多研究发现，母亲怀孕的年龄常常影响到儿童智力的正常发展。以唐氏综合征的发病率为例，母亲年龄低于 29 岁的，其发病率只有 1/3 000。而母亲怀孕年龄在 45～49 岁间的，其发病率为 1/40。这种儿童的脑袋小而圆，眼睛向外、向上斜，鼻翘，嘴巴小、嘴角向下，舌头突出在外，他们的智力大部分低下。唐氏症不是遗传病，而是母体内的卵子长期暴露在体内环境中，受到损害，因而出现额外染色体的结果。

产前环境的另一些影响，是由母亲服药、患病等因素造成的。例如，怀孕期间服用某些药物，能造成染色体受损，使胎儿发育受到影响。怀孕期间母体营养不良，不仅会严重影响胎儿脑细胞数量的增加，而且还会造成流产、死胎等现象。营养不良发生的时间越早，它对婴儿的影响也越严重。用动物做的实验还表明，缺乏维生素 C、D，会影响胎儿生长的速度，引起肢体缺陷和学习能力降低等现象。

2．早期经验的作用

从出生到青少年时期，是个人生长发育的时期，也是能力发展的重要时期。据儿童身体发育的资料表明，人的神经系统在出生后的头四年内获得迅速发展，到 12 岁左右，已达到成人的水平。身体的发展特别是神经系统的发展，为能力的发展提供了物质的基础。发展能力要重视早期环境的作用，这已为越来越多的事实所证明。由动物哺育大的孩子，能力发展明显落后，这已是大家熟知的事实。人们发现，孩子落入动物环境的时间越早，智力发展所受的损害就越严重。这种孩子即使回到人类社会，也难以发展到正常人的智力水平。

在一些资本主义国家里，孩子进入育婴院后，因其教育条件很差，往往失去与成人进行社会交际的机会，所以在这种环境中长大的儿童，智力一般要比在正常环境中长大的儿童差些。

某些实验研究还表明，丰富的环境刺激有利于儿童能力的发展。孩子出生后，如果睡在有花纹的床单上，床上吊着会转动的音乐玩具，他们仰卧时，就能自由观察这一切。那么，两星期后，他们就试着用手抓东西。而没有提供刺激的婴儿，这种动作能力要五个月时才出现。研究还发现，缺乏母亲抚爱的婴儿，可能出现智力发展上的问题。有安全感的孩子喜欢探索环境，而探索环境正是能力发展的重要条件。

3．学校教育的作用

学校教育是对年轻一代施加有目的、有计划、有组织的影响。学生通过系统地接受教育，不仅要掌握知识和技能，而且要发展能力和其他心理品质。能力不同于知识、技能，但又与知识、技能有密切关系。对儿童和青少年来说，发展能力是与系统学习和掌握知识技能分不开的。列宁说过：“我们不要死记硬背，但是我们需要用基本事实的知识来发展和增进每个学者的思考力。”这说明掌握知识对发展能力有重要作用。

在学校中，课堂教学的正确组织有利于学生能力的发展。有些优秀教师要求学生回答问题必须准确、严密、迅速，作业必须一丝不苟。经过长期训练，学生的思维和言语能力都有明显的提高。“强师手下出高徒”，也说明了教育、训练对发展能力的意义。开辟第二课堂，吸引学生参加课外科技小组、绘画小组、体操小组……丰富校内外生活内容，也有利于学生能力的发展。在课外活动小组中，常常会涌现出许多小发明家、小气象家、小农艺家、小画家，这对他们能力的发展和一生的事业都将产生深远的影响。

（三）实践活动在能力发展中的作用

人的各种能力是在社会实践活动中最终形成起来的。由于实践的性质不同，实践的广度与深度不同，就形成了各种不同的能力。长期从事管理工作的人，组织领导的能力能得到发展，他们善于觉察群众的情绪和思想动向，善于处理人群中的各种人际关系，善于在纷繁复杂的情况下作出正确的决策。长期工作在高炉前的炼钢工人，发展了根据火焰颜色判断炉壁温度的能力，他们能从火焰颜色的变化，正确判断炉壁温度的变化。整天和漆油打交道的油漆工人，辨别漆色的能力得到高度发展，他们可分辨的种类多达 400～500 种。这些都说明长年累月、坚持不懈地参加某种社会实践，相应的能力就能得到高度的发展。

（四）人的主观能动性的作用

能力的提高离不开人的主观努力，离不开人的自觉能动性。一个人刻苦努力，积极向上，具有广泛的兴趣和强烈的求知欲，他的能力就可能得到发展。相反，一个人饱食终日、无所用心，工作上没要求，事业上无大志，对周围的一切事物态度冷淡、没兴趣，他的能力就不可能有较好的发展。因此，人的能力发展与其心理品质的发展分不开。

高尔基指出：才能不是别的什么东西，而是对事业的热爱。当人们迷恋自己的工作，对工作情绪洋溢时，会给能力的发展提供巨大的动力。坚强的意志对能力发展也有重要意义。一些人的成功往往不是因为他们具有高于常人的天分，而是由于他们有坚强的意志品质，具有明确的目的性、果断性、自制力和独立性。我国著名数学家华罗庚先生说得好：“根据我自己的体会，所谓天才就是坚持不懈的努力。”

最后还应指出，能力的发展还依赖于自我分析与自我评价的能力。一个善于进行自我评价的人，才能及时发现自己在能力方面的优点与弱点，并通过自己的努力提高自己，使能力朝向确定的目标发展。

二、小学儿童能力的培养

1. 通过教学活动来培养学生的各种能力

知识是构成能力的重要因素，也是能力发展不可缺少的条件。知识、技能的关系告诉我们：能力是在掌握和运用知识、技能的过程中得到发展的，因此，在教学中教师必须首先注重基础知识的教学。通过语文课的教学培养和发展学生的理解力、语言表达能力、记忆力、材料的组织能力；通过数学知识的教学，培养学生的概括能力、空间想象力、计算能力和判断推理能力。

其次，要注意开阔学生的视野，拓宽知识面。教师在教学中要把基础知识、基本概念、基本原理讲清楚，并予以适当的归类、组织，使之具有一定的概括水平。因为只有经过高度概括和合理组织的知识，才有利于学生良好认知结构的形成，才有利于学生学习迁移的产生。

再次，教学中重视学生智力技能的训练，这对学生学习能力的提高也是必不可少的。因此，教师要善于指导学生掌握解答各类课题的程序、课题的解题规则、方法和步骤，经过反复强化训练，形成较稳固的智力技能，以促进学生的思维能力和概括能力的发展。

2．在实践活动中培养学生的各种能力

人的各种能力是在社会实践活动中最终形成起来的。离开了实践活动，即使有良好的素质、环境和教育，能力也难以形成和发展起来。正是有了各种性质不同的实践，形成了各种不同的能力。大量资料表明，绘画能力只有在绘画实践活动中才能得以发展。个体不参加实践活动，就谈不上能力发展。实践活动是能力发展的重要基础。人的能力是在主体的实践活动中得到发展的。高尔基的聪明才智得益于实践活动，他自豪地把实践称为“我的大学”。

另外，对于学生而言，丰富多彩的实践活动远比枯燥乏味的书本更有吸引力，实践活动能将学生的学习兴趣持久地保持在某一种能力上，促使学生在做中学，从而提高其能力。

3．培养学生优良的个性品质

影响学生能力发展的不仅只是能力本身，还有许多优良的个性品质，优秀的个性品质能将学生注意力及全部智力倾注于活动对象上，从而产生愉快的情绪和坚强的意志力，最终达到提高活动的效率，发展相应能力的目的。勤奋的性格特征对能力的发展也有重大的意义。因为能力的形成是一个比较长期的学习和锻炼过程，只有孜孜不倦地学习和锻炼，才能形成和发展能力。同时，对学生教育时，还应考虑性别的教育。因此，教师在教学中，除注重发展学生能力因素外，还要特别重视对学生良好个性品质的培养与引导，因为这两方面都是我们的教育目标。

4．根据能力差异因材施教

能力差异规律使我们认识到，学生的能力发展存在着差异，因此，教师可以通过观察、测验等方法了解并掌握学生能力的差异，从而对学生采取不同的教育教学措施和方法，进行个别指导。

首先，在教学中根据学生的不同特点分别提出不同的要求。对能力发展水平较高、学习成绩优良的学生，应提供较难的学习任务，鼓励他们独立进行思考，创造各种条件发挥他们的才智；对智力发展较差的学生，要给他们更多的帮助，对作业进行具体的指导，使他们树立起信心；对那些智力水平不差，但学习成绩差的学生，要针对他们各自的特点，主要从端正学习态度和培养良好学习习惯入手，不断完善其良好的个性品质。

其次，教师不应歧视在某些能力方面有缺陷的学生，要树立一种观念，即任何儿童都有可能发展某种活动所需要的能力，要鼓励他们树立信心，扬长避短，同时采取适当的方法使学生长善救失，人尽其才。

最后，教师要善于发现和培养有特殊兴趣和才能的学生，对于有某方面特长的学生，应给予机会，通过组织各种课外活动来促进他们的特长进一步发展。

本章小结

能力是人成功地完成某种活动所必备的直接影响活动效率的个性心理特征。能力和活动是紧密联系的。个体的能力是在活动中形成、发展起来的，并在活动中得以表现。为成功地完成某种活动，多种能力的完备结合称为才能。天才是才能的高度发展，能力与知识、技能既有区别又有联系。

按能力所表现的活动领域划分，可将能力分为一般能力与特殊能力；按功能的不同，可将能力分为认知能力、操作能力和社交能力；按创造性成分的不同，可将能力分为模仿能力和创造能力。

能力理论包括因素说、结构说和信息加工理论。因素说包括二因素说、群因素说、流体智力和晶体智力理论及多元智力理论；能力的结构说包括能力的层次结构理论和智力三维结构理论；能力的信息加工理论主要有智力三元理论。

能力测验存在着多种不同的类型。按照能力的种类，可将其划分为一般能力测验、特殊能力测验和创造力测验。

能力的发展趋势表现在三个方面：在总体趋势上，智力是随着年龄的增长而变化的；智力发展速度是不均衡的；能力结构中不同成分的发展是不一致的。能力发展的个体差异主要表现在发展水平、类型和表现早晚三个方面。

影响能力形成与发展的因素有遗传素质、产前环境、早期经验、学校教育、实践活动和人的主观能动性。小学儿童能力的培养包括通过教学活动来培养学生的各种能力；在实践活动中培养学生的各种能力；培养学生优良的个性品质；根据能力的个别差异因材施教。

拓展阅读

1．胡黎娜．浅析中小学生朗读能力培养策略［J］．教育理论与实践，2018（8）．

2．冯虹．小学生创新能力培养与评价［J］．天津科技，2017（4）．

3．杨娜娜，孙洪洋．新媒体环境下培养小学生数学阅读能力［J］．中国教育技术装备，2018（3）．

4．牛广华．提高小学生运算能力的研究［J］．现代中小学教育，2018（1）．

5．朱晓磊．小学生审美启蒙教育和创造能力的培养［J］．黑龙江科学，2018（8）．

6．沈立文．小学生培养口语交际能力的训练策略［J］．福建教育学院学报，2017（12）．

练习与思考

一、单项选择题

1.（　　）是人们在从事各种活动时必须具备的、普遍的、共同的能力。

A. 操作能力　　B. 一般能力　　C. 特殊能力　　D. 创造能力

2. 下列哪一项不属于认识能力？（　　）

A. 观察力　　B. 记忆力　　C. 操作能力　　D. 想象力

3. 教师的教学能力属于（　　）。

A. 一般能力　　B. 特殊能力　　C. 认识能力　　D. 社会交往能力

4. 王勃十岁能诗，齐白石三十岁才开始学画，有的人早慧，有的人大器晚成，这种差异属于（　　）。

A. 能力类型的差异　　B. 能力发展水平差异

C. 能力表现早晚差异　　D. 都不是

5. 比率智商是指（　　）。

A. 一个人的智力实际达到的年龄水平

B. 个体的智商在其同龄人中的相对位置

C. 个体的智力年龄与实际年龄之间的关系

D. 随着个体实际年龄变化而变化的智商分数

6. 离差智商是指（　　）。

A. 一个人的智力实际达到的年龄水平

B. 个体的智商在其同龄人中的相对位置

C. 个体的智力年龄与实际年龄之间的关系

D. 随着个体实际年龄变化而变化的智商分数

7. 能力的发展存在个体差异，下面不属于能力发展差异的是（　　）。

A. 天才儿童　　B. 大器晚成　　C. 多愁善感　　D. 过目不忘

8. “高分低能”说明（　　）。

A. 知识与能力无关

B. 能力低的人同样可以获得高的成绩

C. 掌握过多的知识反而会阻碍能力的发展

D. 知识并不等同于能力

9. 智商低于（　　）的儿童是低常儿童。

A. 90　　B. 60　　C. 80　　D. 70

10. 心理学家卡特尔将基于先天禀赋、主要与神经系统的生理机能有关、较少受到后天文化教育影响的智力称为（　　）。

A. 流体智力　　B. 情绪智力　　C. 晶体智力　　D. 空间智力

11. 下列选项中，不属于多元智力理论成分的是（　　）。

A. 逻辑—数学智力　　B. 空间智力

C. 社交智力　　D. 成功智力

12. 世界上第一个智力测验量表是（　　）。

A. 斯坦福-比奈智力量表　　B. 比奈-西蒙智力量表

C. 韦克斯勒智力量表　　D. 瑞文智力测验

13. 某5岁小孩在斯坦福-比奈量表智力测验中智商为120，他的智力年龄（　　）。

A. 5岁　　B. 6岁　　C. 7岁　　D. 8岁

14. 通过观察别人的行为和活动，再以相同的方式作出反应的能力是（　　）。

A. 一般能力　　B. 创造能力　　C. 模仿能力　　D. 特殊能力

15. 多元智力理论是（　　）提出的。

A. 斯腾柏格　　B. 吉尔福特　　C. 卡特尔　　D. 加德纳

二、填空题

1. 才能的____________即天才。

2. 按能力所表现的活动领域或倾向不同划分，可以把能力分为__________和__________；按功能的不同，可将能力分为___________、操作能力和____________；按创造性成分的不同，可把能力分为_________和_________。

3. “勤能补拙”这个成语在心理学上恰好说明了人的_________和___________之间的关系。

4. 小学儿童智力发展水平符合统计学上所说的____________。

5. 根据能力在人的一生中的不同发展趋势以及能力和先天禀赋与社会文化因素的关系，可以分为_________和_________。

6. 一般认为，能力发展的个体差异主要表现在发展水平、_________和_________三个方面。

7. 斯滕伯格提出智力三元理论，认为人的智力包括成分智力、________和___________三个部分。

8. 能力测验可将其划分为一般智力测验、________和________。

三、判断题

1. 能力是使某活动任务得以顺利完成的生理条件。（　　）

2. 能力的早期表现是智力优异的标志，人称“早慧”，没有早慧的人，就不会有优异的智力。（　　）

3. 教师的职责是早发现超常儿童，加以精心的培养。（　　）

4. 知识就是力量，但更主要的是培养学生获取和利用知识的能力。（　　）

5. 成绩优异的学生，说明他的智力是超常的。（　　）

6. “早慧”的儿童长大后一定会取得很大成就。（　　）

7. 能力是人的个性心理特征，知识是人类社会历史经验的总结和概括。（　　）

8．能力是在掌握知识、技能的过程中发展起来的。（　　）
9．能力随知识技能的增长而成正比例增长。（　　）
10．“天才出于勤奋”，说明能力的形成和素质无关。（　　）
11．俗话说：“时势造英雄”，说明环境对人的能力发展起着决定作用。（　　）
12．特殊能力是顺利完成某种专门活动所必备的能力。（　　）

四、简答题

1．能力与知识、技能有什么区别和联系？
2．能力的发展有什么趋势？
3．影响能力形成与发展的因素有哪些方面？
4．如何培养小学儿童的能力？
5．如何根据能力差异进行因材施教？

五、案例分析题

陶行知先生曾告诫教师：“你的教鞭下可能有瓦特，胸的冷眼中可能有牛顿，你的讥笑声中可能有爱迪生，你的骂声中可能有爱因斯坦。”我们应怎样理解这句所蕴藏的心理学含义？

第十二章

气质和性格

学习目标

- 理解气质、性格的概念和类型。
- 了解气质和性格的测量方法。
- 根据学生不同的气质和性格类型进行因材施教。
- 掌握小学生的气质和性格特点，并学会培养小学生良好的性格。

本章导读

当你阅读《红楼梦》《水浒传》《三国演义》和《西游记》这四大古典名著时，你会被小说中各具风采、性格鲜明的人物形象所吸引。宝玉的多情，黛玉的抑郁与聪慧，曹操的雄心与奸诈，关公的勇猛与忠诚……栩栩如生的人物流传数百年。在现实生活中，我们也能发现性格迥异的人，有的泼辣开朗，有的性情温柔；有的冲动莽撞，有的畏惧退缩；有的公而忘私，有的自私自利……气质和性格有什么区别和联系？为什么会“人心不同，各如其面”？为什么说“江山易改，禀性难移”？为什么说性格决定命运？性格都有哪些类型？如何培养良好的性格？本章将对这些问题一一做出回答。

第一节 气 质

一、气质的概念和特征

气质源于拉丁语，原意是混合、掺和的意思，后被用于描述人们的兴奋、激动、喜怒无常等心理特征。气质一词应用的领域较多，在不同的领域中有不同的内涵。心理学中的气质概念内涵较窄，它与日常生活中运用的“脾气”“秉性”“性情”等意义近似。在日常生活中，我们可以看到，有的人总是活泼好动，反应灵活；有的人总是安静稳重、反应缓慢；有的人不论做什么事总显得十分急躁，有的人情绪总是那么细腻深刻。人与人在这些心理特性等方面的差异，叫作气质差异。

气质是一种比较稳定的心理特征。它是心理过程的强度（如情绪体验的强度、意志努力的程度）、心理过程的速度和稳定性（如知觉的速度、思维的灵活程度、注意力集中时间的长短）及心理活动指向性（有的人倾向于外部事物，从外界获得新印象；有的人倾向于内心世界，经常体验自己的情绪，分析自己的思想和印象）等方面在行为上的表现。理解此定义时应注意以下四点：

1．气质是个体心理活动和行为的动力特征

气质的这种动力特点，并不是推动个体进行活动的心理原因，也不以个体活动的目的和动机为转移，更不决定其活动的具体方向，而是一种稳定的心理活动特征，它总是在人的心理和行为活动中表现出来并具有个人色彩。具有某种气质类型的人，常常在内容很不相同的活动中都显示出同样性质的动力特点。例如，一个学生具有安静迟缓的气质特征，这种特征会在学习、工作、考试、演说、比赛等各种活动中表现出来。

2．气质具有天赋性和稳定性

人的气质特点，几乎在初生后不久就能看到。在儿童生命最初几星期内，对刺激的敏感度、对新事物的反应等就有明显的差异，例如，有的婴儿好哭、好动，有的婴儿安静、很少哭闹；同为哭叫，在声音大小、急缓和持续时间上也各有不同。研究表明，年龄越小，气质的表现越明显，气质的特征也越清楚。具有某种气质特征的人，常常在不同内容的活动中，在不同目的的支配下，都会表现出同样方式的心理活动的特点。由于气质较多地依赖于先天因素，因此，气质在个性中具有较大的稳定性，人们通常所说的“禀性难移”就是指气质的稳定性与难以改变。

3．气质具有一定的可塑性

气质虽然具有先天性，但并不意味着它完全不起变化，在生活环境和教育的影响下，在性格的掩盖下，气质可以得到相当程度的改造。例如，生活的坎坷或事业的挫折，可能会使一个活泼好动的青年变成一个沉默寡言、行动拘谨的人。

人的气质不仅随环境、教育、职业、主观努力的变化而变化，而且还会随着年龄的变

化而变化。一般来说，少年时期兴奋性较强，抑制性较弱，表现为好动、敏捷、热情、积极、急躁、轻浮；中年兴奋与抑制平衡，表现为坚毅、深沉；老年兴奋性弱，抑制性强，表现为沉着、冷静、动作缓慢、不灵活。

4. 气质无好坏之分

气质给人们的言行涂上某些独特的色彩，但不能决定人的社会价值，也不直接具有社会道德评价含义。相同的气质类型，既可能成为品德高尚、有益于社会的人，也可能成为道德败坏、有害于社会的人。气质不能决定一个人的成就，任何气质的人，既可能在不同实践领域中取得成就，也可能成为碌碌无为的人。

总之，气质具有极大的稳定性，它不受人的活动目的、动机和内容制约，同时具有一定的可塑性。一个人的气质在环境与教育的影响下，在某种程度上会有所改变。人在实践活动中形成和发展起来的其他心理特征也会掩盖和改造气质。

二、气质的类型

（一）气质的体液说

古希腊学者希波克拉底（Hippocrates，公元前460—前377）认为构成人体内的体液有四种：血液、粘液、黄胆汁和黑胆汁，并根据哪一种体液在人体内占优势，把人分为四种类型：多血质、粘液质、胆汁质和抑郁质。在体液的混合比例中血液占优势的人属多血质，粘液占优势的人属粘液质，黄胆汁占优势的人属胆汁质，黑胆汁占优势的人属抑郁质。希波克拉底认为，每一种体液都是由寒、热、湿、干四种性能中的两种性能混合而成，血液具有热-湿的性能，因而多血质的人温而润，好似春天一般；粘液具有寒-湿的性能，因而粘液质的人冷酷无情，似冬天一样；黄胆汁具有热-干的性能，因而黄胆汁的人热而躁，如夏季一般；黑胆汁具有寒-干的性能，因而抑郁质的人冷而躁，有如秋天一样。这四种体液配合恰当时，身体便健康；配合异常时，身体便生病。

希波克拉底的体液学说，在五百年后为罗马医生盖仑（C. Galen，约130—200）所发展，进一步确定了气质类型，提出人的四种典型气质类型是多血质、粘液质、胆汁质和抑郁质，尽管用四种体液来解释气质类型是缺乏科学依据的，但希波克拉底关于四种气质类型的名称一直沿用至今。

知识链接

我国古代也有人提出类似气质的分类来表示人在心理特征上的差异。我国古代的思想家孔子把人分为“中行”“狂”“狷”三类。“狂者进取，狷者有所不为。”他认为，“狂者”一类的人，处世态度积极，进取向上，他们志行高远，言行强烈表现于外；属于“狷者”一类的人行为拘谨、胆小怕事，做事小心翼翼；“中行”一类的人则介乎两者之间，是所谓“依中庸而行”的人。

我国春秋战国时期的医学典籍《内经》中，根据阴阳五行学说，按阴阳的强弱，把人分为太阴、少阴、太阳、少阳、阴阳和平五种类型，每种类型各具有不同的体质形态

和气质。太阴之人的特征是悲观、内省、孤独、保守、谨慎；少阴之人，多阴少阳，其特征是冷淡、沉静、节制、细心、自制、忍耐、深藏不露、善辨是非、嫉妒心强；太阳之人，其特征是傲慢暴躁、勇敢刚愎、激昂进取；少阳之人，其人格特征是外露、乐观、机智、随和；阴阳平和之人，其特征是从容镇定、平静自如、适应性强。

（二）高级神经活动类型学说

气质的高级神经活动类型学说是俄国的生理学家巴甫洛夫提出来的。巴甫洛夫认为气质的生理基础不在于体液，而在于高级神经活动的类型，提出用高级神经活动类型解释气质。他认为高级神经活动的基本过程有三种特性，即高级神经过程的强度、均衡性和灵活性。

神经过程的强度是指神经细胞和整个神经系统的工作强度。兴奋过程强的动物对于强烈刺激仍能形成条件反射，已经形成的条件反射也能继续保持；而兴奋过程弱的动物对于强烈的刺激就难形成条件反射，已形成的条件反射当刺激强度增加到一定限度时，就出现超限抑制。抑制过程较强的动物对于要求持续较久的抑制过程能够忍受；而抑制过程较弱的动物在这种情况下就可能导致抑制过程的破坏，甚至引起中枢神经系统的病理性变化。

神经过程的均衡性是指兴奋和抑制两种神经过程间的相对关系。均衡的动物的兴奋过程和抑制过程的强度是相近的。不均衡的动物表现为或兴奋过程相对占优势，抑制过程较弱；或抑制过程相对占优势，兴奋过程较弱。

神经过程的灵活性是指兴奋过程或抑制过程相互转化的速度。它保证有机体能适应外界环境的迅速变化，表现在各种条件反射的更替是迅速还是缓慢，是容易还是困难等方面。

根据神经过程的强度、均衡性和灵活性，巴甫洛夫把动物和人类的高级神经活动类型划分为以下四种：

第一种：强而不平衡型——兴奋型，高级神经活动的兴奋过程强于抑制过程，以极易兴奋而难以抑制为其特点。

第二种：强、平衡而灵活型——活泼型，高级神经活动的兴奋过程和抑制过程都比较强，而且容易转换，能够较快地适应环境，反应敏捷、活泼好动。

第三种：强、平衡而不灵活型——安静型，高级神经活动的兴奋过程和抑制过程都比较强，但是二者不容易转换，以安静、沉着和反应迟缓为其特点。

第四种：弱型——抑制型，高级神经活动的兴奋过程和抑制过程都比较弱，当有过强刺激作用时，容易引起疲劳，有时甚至会导致神经衰弱或神经官能症。它以胆小畏缩、消极防御和反应缓慢为特点。

巴甫洛夫认为，四种神经活动类型与四种气质类型有紧密的联系。高级神经活动类型是气质类型的生理基础，气质是高神经活动类型的外在表现，其关系如表 12-1 所示。

表 12-1 高级神经活动类型与气质类型对照表

神经系统的特性及类型				气质	
强度	平衡性	灵活性	特性组合的四种类型	气质类型	主要心理特征
强	不平衡（兴奋占优势）		兴奋型	胆汁质	容易兴奋 难以抑制 不易约束
强	平衡	灵活	活泼型	多血质	反应敏捷 活泼好动 情绪外显
强	平衡	不灵活	安静型	粘液质	安静沉稳 反应迟缓 情感含蓄
弱	不平衡（抑制占优势）		弱型（抑制型）	抑郁质	对事敏感 体验深刻 孤僻畏缩

后来的研究表明，精神类型并不总是与气质类型相吻合。气质是心理特征，神经类型是气质的生理基础，气质不仅与大脑皮质的活动有关，而且与皮质下活动有关，还与内分泌腺的活动有关。因此可以说整个个体的身体组织都影响着一个人的气质。

（三）四种典型的气质类型及其特征

气质是个体表现在心理活动的速度、强度、灵活性及指向性方面的动力特征，它是由许多心理活动特征有机结合在一起的复杂的心理构成物。根据现有研究，构成气质类型的心理特征主要有：

① 感受性。指人对内外刺激的感觉能力。人的感受性与感觉阈限成反比例关系。它是神经系统强度特性的表现。

② 耐受性。人在经受外界刺激作用时表现在时间和强度上的耐受程度。它也是神经系统强度特性的反映。

③ 反应的敏捷性。它包括两类特征：心理反应和心理过程进行的速度（记忆的速度、思考的敏捷程度、注意转移灵活程度）；对刺激的不随意的反应程度，如不随意注意的指向性。它是神经系统灵活程度的表现。

④ 可塑性。它是指人随外界事物变化情况而改变自己的行为以适应环境的难易程度。可塑性与神经系统灵活性有关。

⑤ 情绪兴奋性。它是指对微弱刺激影响以不同速度产生情绪反映的特性，包括情绪兴奋性强弱和情绪外现的强烈程度。它既和神经过程的强度特性有关，也和神经过程的平衡性有关。

⑥ 向性。它是指心理活动、言语和动作反应表现于外部还是内部的特性。表现于外

部的称外向性；表现于内部的称为内向性。向性与神经系统强度有关。

人的气质特点千差万别。为了便于研究，心理学上比较常见和流行的是根据上述心理特征在具体人身上的不同结合，将人们的气质划分为不同类型，以下是四种典型的气质类型及其特征。

1．胆汁质

感受性较弱，耐受性、敏捷性、可塑性均强，兴奋比抑制占优势，外向；行为表现为直率、热情、精力旺盛，情绪易冲动，心境变化剧烈，具有外倾性。兴奋而热烈是其主要特色。

2．多血质

感受性较弱，有很强的耐受性、兴奋性、敏捷性和可塑性，外向；行为表现为活泼好动、敏捷、反应迅速、热情，喜欢与人交往，兴趣易变换，具有外倾性。敏捷而好动是其主要特色。

3．粘液质

感受性弱，敏捷性、可塑性、兴奋性也弱，唯有耐受性强，内向；行为表现为安静、稳重，反应缓慢，沉默寡言，情绪不易外露，注意稳定，但较难转移，善于忍耐，具有内倾性。缄默而沉静是其主要特色。

4．抑郁质

感受性很强，耐受性、敏捷性、可塑性和兴奋性均较弱，内向；行为表现为孤僻、行动迟缓，情绪体验深刻，善于观察细节，对事物的反应有较高的敏感性，外表温和、常有淡淡的抑郁的面容，多愁善感，具有内倾性。呆板而羞涩是其主要特色。

在现实生活中并不是每个人都能归入某一气质类型的。除了少数人具有四种类型的典型特征外，大多数人均属于中间型或混合型，即较多地具有某一类型的特点，同时又具有其他类型的一些特点。图 12-1 中主人公分别属于哪种气质类型？

图 12-1　四种典型的气质类型表现

知识链接

看戏迟到的不同表现

A. H. 达威多娃的研究表明，同是看戏迟到，四种气质类型的人言行表现各不相同。

胆汁质的人面红耳赤地跟检票员争执起来，急于想进人。他分辩说：剧场的钟走得快了，他不会影响别人。他打算推开检票员跑到自己的座位上去，结果他与检票员吵闹起来。

多血质的人，知道检票员不会放他进入剧场，他不与检票员发生争吵，而是悄悄跑到楼上另寻一个检票口，试一试能否进入剧场。

粘液质的人看到不让他进场，就想："算了，第一场可能不太精彩。我还是去小卖部等一等，到幕间休息再进去吧。"

抑郁质的人想："我总是不走运，偶尔来一次剧场就这样倒霉。"接着就垂头丧气地回家去了。

三、气质的评定

（一）行为观察法

行为观察法是指在日常生活条件下，观察一个人的气质特性，从而作出鉴定。这要求在观察、记录一个人日常生活中的行为特色、智力活动的特征、言语的特征及情绪特征之后，对所得材料进行分析、判断、归纳与组合，然后对照气质心理特征的指标确定其气质类型。

教师如果要了解学生的气质特点，就可以细心观察学生在各种活动中的行为表现。例如，能否准确而迅速完成作业；能否坚持已开展的各项工作；当受到表扬或批评时，他们的情绪活动有什么特点；在集体生活中，他们是否愿意与别人交往；他们是否喜欢体育活动，在运动中是否勇敢、机智；日常生活中是否活泼好动，对新环境是否很快适应等。通过这些了解，也可以对一个人的气质作出评定。

在日常生活中观察记录气质特征，比较容易进行。但人的气质往往受生活条件掩蔽，单纯地利用观察法去确定气质类型有不够真实或不确切的情况，因此有必要借助一定仪器测定神经过程的特性。

（二）问卷法

用问卷法评定气质，就是把许多有关气质的问题排列起来，要求被试或熟悉被试的人来回答。前者叫自我评定，后者叫他人评定。回答方式一般有两种：两选一式的（回答“是”或“不是”）及三选一式的（在前面两种回答上加上“不知道”或“不肯定”）。这种方法实施简便，评分确定，容易得到数量化的结果，因此经常被研究者所采用。但这种方法的一个主要缺点是被试在回答问题时往往会有意或无意地做假。因此应在问卷中插入测谎题以检验问卷结果的效度。

有代表性的气质问卷有：

1. 塞斯顿气质量表

塞斯顿气质量表是用来评定气质的七种因素的，即评定活动性、健壮性、冲动性、支配性、稳定性、社会性和沉思性。这七种因素由七类题构成，每一类有 20 题，整个问卷共 140 题。回答方式是三选一式，即在“是”“不是”或“不肯定”上划一记号。

2. 斯特里劳气质调查表

斯特里劳气质调查表是用来评定神经系统的四个特性的，即兴奋强度、抑制强度、神经过程平衡性、神经过程灵活性。共有 134 题，回答方式也是三选一式。

3. 内曼和科尔施太特的向性调查表

内曼和科尔施太特的向性调查表是用来评定内倾和外倾的。共有 50 道题，回答方式是二选一式（即在“是”或“不是”上划一记号）。

4. 陈会昌编制的气质调查问卷

这是我国使用广泛的气质测量测验。本问卷主要以传统的四种典型的气质类型的行为特征为依据。问卷由 60 个题目组成，每种气质类型 15 个题目。每道题都有 5 个选项：“非常符合”“比较符合”“不确定”“比较不符合”与“非常不符合”分别记分：+2、+1、0、−1、−2。答题结束时分别计算四种气质类型得分，根据其大小关系来判断个体的气质类型。这个问卷对于了解气质类型也是十分有效的。

气质测试

由于气质的复杂性，有时个体的行为表现又会“掩蔽”真实的气质特征，因此，对气质的测量应该综合运用多种方法，多方面收集资料，而不要轻易相信一次测量或偶然观察的结果。应该对个体的生活条件、成长道路以及在各种环境中的表现，进行全面、深入、细致的了解，并以测验法的结果为参考，才能把个人的某些稳定的个性与偶然的行为区别开来，进而了解个人真正的气质特点。

四、掌握气质理论的教育价值

塑造和完善学生的个性是现代教育应对时代挑战的必然要求。气质是个性特征的重要方面。因此，了解气质的实质及类型特征，对于做好教育工作，培养学生的健全人格是极为有价值的。

1. 巧妙地利用不同气质类型学生的心理特点因势利导

气质不能决定一个人的社会价值和成就的高低。由于每一种气质类型都有优点和缺点，因此每一种气质类型的人都有可能在事业上取得成就。我们不能以一个人的气质去预测他在事业上的成就。气质只是人的性格和能力发展的一个前提。

教师要引导学生认识自己气质中积极的一面，帮助学生克服不同气质类型中的消极影响，充分发挥学生的潜力。

气质类型偏于多血质的学生，要防止其粗心大意、虎头蛇尾、兴趣多移的弱点。注意要求他们学习中认真细致，刻苦努力，在激起他们多种兴趣的同时，要培养中心兴趣；在具体活动中，要求他们增强组织纪律性，培养其朝气蓬勃，满腔热情，善于思维等个性品质。对于他们的缺点错误，批评时要有一定的刺激强度，但又要耐心细致，尤其要做好转化后的巩固工作，防止反复。

气质类型偏于粘液质的学生，往往在集体中“默默无闻”而容易被忽视。教师对这类学生要以满腔热情吸引他们参加集体活动，激发他们的积极情绪，引导他们生动活泼、机敏地完成活动任务。具有这一气质类型特征的学生，比较安静勤勉，且不妨碍别人，但要注意培养他们高度的积极性、灵活性等品质，防止墨守成规、执拗等不良品质，杜绝可能发生的淡漠和萎靡不振。

气质类型偏于胆汁质的学生，要防止和克服粗暴、任性、高傲等个性特点，着重发展其热情、豪放、爽朗、勇敢、进取和主动的个性品质。要求他们要善于控制自己，能沉着地、深思熟虑地回答问题，发表意见，活动中保持镇静而从容不迫。要注意培养他们扎实的工作作风，达观自制的待人态度。对他们的教育不可急躁粗暴，而应慢言细语，实实在在、干脆利落地讲清道理，努力抑制他们的激动状态。

气质类型偏于抑郁质的学生，平时给人以呆板而羞涩的印象，这类学生最易出现伤感、沮丧、忧郁、孤僻等行为现象。但在友爱的集体和教师的关怀下，又能充分表现出细致、委婉、坚定、富于同情心等优良品质。对这类学生，教师应（同时也应该要求班干部）给予更多的关怀和具体的帮助。要着重发展他们的机智、认真细致、有自尊心和自信心的优良个性品质，防止怯懦、多疑、孤僻等消极心理的产生。要引导他们多参加集体活动，在评价过程中给予称赞、嘉许、奖励等，批评时“点到为止”。创造条件，安排他们从事有一定困难，需要与他人交往和配合的工作，以鼓励、锻炼他们的勇气。

2. 善于理解不同气质类型学生的不足之处

气质是不容易改造的，对于某一特定气质类型的小学生，教师不仅要引导他发挥长处，同时他表现出来的不尽如人意之处，也要表现出充分的理解，并考虑采取更策略的方法来

对待。例如，粘液质的小学生比较固执，如果他表现出拒绝接受某个观点，教师不必强制他接受，而可以采取启发或感化等方式去说服他；对于抑郁质的小学生，由于他们比较敏感，因此，教师不要在公开场合点名指责；对于胆汁质的小学生，教师应注意不要针锋相对地去激怒他们。

3．引导学生正确认识并不断完善自己的气质特征，增进心理健康

近年来的研究发现，气质是直接影响人的身心健康的重要因素。艾森克指出，外内向和情绪稳定性是人格的主要维度。特定的人格维度的结合与特定行为类型相联系。情绪不稳定易出现进攻、好斗、焦虑不安等行为、人格问题。胆汁质和抑郁质这两种气质类型的人的情绪都不稳定，容易出现行为问题。通常，抑郁质的学生在极不稳定的情况下，容易发生紧张、胆怯、恐惧、强迫等具有神经症焦虑倾向的障碍，而胆汁质的学生如果向极端化发展的话，则可能产生具有攻击性和破坏性的行为。为增进学生的心理健康，教师应引导学生善于分析和认识自己气质类型的优缺点，并清醒地看到气质虽有极大的天赋性，受先天影响大，但通过自身的主观努力是可以改造、完善的，要做气质的主人，不为气质所左右。

4．指导学生的职业选择

气质与职业活动的关系表现在两个方面：一方面是要使个人的气质特征适应于职业活动的客观要求，另一方面在选拔人才和安排工作时应考虑个人的气质特点。

社会工作多种多样，从理论上讲，不同性质的工作对人的气质类型的要求是不同的。每一种职业都要求从业者必须具备某些气质特征，气质特征可为一个人从事某种工作提供有利条件。研究表明，胆汁质的人适合从事需要反应迅速、动作有力、应急性强、冒险性大、难度较高而费力的工作；多血质的人适宜从事要求反应迅速、灵活的工作；粘液质和抑郁质的人适合从事医学、法律、管理等要求持久、细致的工作。毫无疑问，掌握气质理论对于学生升学和就业都能提供有益指导。

第二节　性格的概述

一、性格的概念

（一）什么是性格

性格（Character）一词源于希腊文，意思为“印记”“制图”，后来转意为“标记”“特征”，意指由于长期的社会实践形成深层的、稳定的个性结构。性格是人对现实的稳定的态度和与之相适应的习惯化了的行为方式，是个性的核心结构。譬如：谦虚或骄傲；诚实或虚伪；勤劳或懒惰；勇敢或怯懦；果敢或优柔寡断……

根据性格定义，可以做如下解释：

1．性格表现在人对现实的稳定态度和相应的行为方式上

在现实生活中，每个人通过长期的社会活动，逐渐形成了对一定事物稳定的情感、认

识和评价，形成了自己独特的、稳定的态度体系，并相应地以习惯性的行为方式表现出来，构成个人特有的性格。例如，有的人对待工作总是兢兢业业、一丝不苟，能够出色地完成各项任务，而有的人则“事不关己，高高挂起”和“明哲保身，但求无过”，这些就是不同的人对待工作的稳定态度和行为方式上表现出来的性格特征和与之相应的行为方式的独特结合。通常，稳定的态度和习惯化的行为方式是统一的，人对现实的态度决定着他的行为方式，而习惯化的行为方式又体现着他对现实的态度。言行一致，表里如一，这才具有完整的性格。否则，就会导致多重性格或人格分裂，危及身心健康。

2. 性格是相对稳定的个性心理特征

性格的形成需要较为长期的过程，一经形成就比较稳定，并贯穿于人的全部活动之中。稳定性的性格正是对人进行评价和预测的心理基础。人在生活中一时性的偶然的表现，不能看成是一个人的性格特征，而只有经常、习惯性的表现，才能被认为是其性格特征。例如，一位学生在学习上经常表现出勤奋刻苦、严谨认真、一丝不苟，这就是该学生对待学习上的性格特征。当他偶尔表现出马虎大意和不求甚解，这就不能视为他的性格特征。正因如此，掌握了一个人的性格特点，就能够对他进行判别，预测他在某种情况下将会采取怎样的行动。

性格是稳定的，但不是一成不变的，性格具有较大的可塑性。随着社会生活条件和实践活动的发展变化，人的性格也会发生变化。如有的同学在入学前性格怯懦胆小怕事，经过各种活动的锻炼，会变得胆大、自信及开朗活泼。

3. 性格是具有核心意义的个性心理特征

在个性心理特征中，性格是最重要、最具影响力的心理特征。人的性格体现了人的人生观、价值观和世界观，在社会行为中表现出来的性格特征具有明显的社会道德评价意义，有好坏之分，这也是性格与气质的根本差别所在。性格是具有核心意义的个性心理特征，人与人之间的个性差异，最根本的表现就是性格方面的不同表现。

（二）性格与气质的关系

性格与气质都是描述个人典型行为的概念。这两个概念既有区别，又有密切的联系。

1. 性格与气质的区别

第一，从起源上看，气质是先天的，一般产生在个体发生的早期阶段，主要体现为神经类型的自然表现。性格是后天的，在个体的生命开始时期并没有性格，它是人在活动中与社会环境相互作用的产物，反映了人的社会性。

第二，从可塑性上看，气质的变化较慢，可塑性较小，即使可能改变，但较不容易。性格的可塑性较大，环境对性格的塑造作用是明显的，即使已经形成的性格是稳定的，但改变要容易些。

第三，气质所指的典型行为是它的动力特征而与行为内容无关，因而气质无好坏善恶之分。性格主要是指行为的内容，它表现为个体与社会环境的关系，因而性格有好坏善恶之分。

2. 性格与气质的联系

性格和气质是相互渗透、彼此制约的。

首先，气质会影响性格的形成和具体的表现方式。例如，对于胆汁质的人，兴奋强于抑制，易于形成勇敢果断、敢打敢拼的性格特征，但对于抑郁质的人，形成以上性格特征就比较困难。气质不但影响性格特征形成和发展的速度，而且还使人的性格涂上了独特的色彩。例如，同样是勤劳这种性格特征，胆汁质的人常情绪饱满、迫不及待地工作；粘液质的人则埋头苦干、持之以恒。

其次，性格对气质有一定的制约作用。性格在一定程度上可以掩盖或改变气质，使之服从生活实践的要求。例如，会计必须具备耐心细致、有条不紊的性格特征，这些性格特征的形成很可能掩盖或改变他的轻率浮躁、虎头蛇尾等气质特征。

再次，性格与气质之间不存在简单的对应关系。同一气质类型的人可以形成不同的性格。例如，同样是胆汁质的人，张飞和李逵性格就明显不同，张飞果断勇敢，但粗中有细，而李逵则是鲁莽蛮干，不计后果。不同气质类型的人也可以形成相同的性格特征。例如，正直、诚实的性格特征在不同气质类型的人身上都可以形成。

（三）性格与能力的关系

性格和能力也是既有区别而又密切联系、互相制约的。

首先，能力的形成和发展受性格特征的制约。优良的性格特征能促使能力的形成和发展。例如，认真、勤奋、热忱、谦逊、坚定、严于律己、责任感、事业心等优良性格品质，都能促使能力的形成和发展。因为能力的形成和发展是与克服困难、有组织地工作、首创精神等密切相联系的。观察表明，智力发展水平高的学生都与高水平的坚韧性格和自制力相结合。

同时，优良的性格特征也往往能够补偿某种能力的相对弱点。俗话说：“勤能补拙”“笨鸟先飞早入林”，说明勤奋这种性格特征，能补偿能力上的某些缺陷。但是，不良的性格特征，如马虎懒惰，对事业淡漠，敷衍塞责，狂妄自大等则会阻碍能力的发展，甚至使能力衰退。

其次，在多种能力的形成和发展的过程中，相应的性格特征也发展起来。例如，政治活动家、科学家、作家、艺术家，虽然活动的实践领域不同，但他们都具有高度发展的能力和坚强的不屈不挠的性格。鲁迅不仅是伟大的文学家，而且是伟大的思想家和革命家。他既敏锐地洞察了旧社会的一切弊病，具有高度发展的才能和创造力，而且在同反动派斗争的过程中铸成了“横眉冷对千夫指，俯首甘为孺子牛”的高尚性格。人的特殊才能和才干往往都是与高度发展的能力和优良的性格特征相联系的。

二、性格的结构特征

性格展现了人的多种性格特征的总和，从结构上看，它包含了多个侧面，并在每个个体身上形成了独特的组合。性格的结构特征主要包括以下四个方面：

（一）性格的态度特征

这是人对现实的态度体系，是性格最主要的组成部分，是性格的最直接的表现，与人的社会属性有关，体现在三个方面：

1．对社会、集体和他人的态度特征

积极的态度特征表现为爱祖国、爱集体、具有社会责任心、对人富有同情心、为人正直、诚实、有礼貌等。消极的态度特征表现为个人主义、对社会与集体和他人漠不关心、冷酷无情、极端自私自利、圆滑、狡诈或虚伪等。

2．对劳动、工作和学习的态度特征

积极的态度特征表现为勤奋刻苦、认真负责、细心忍耐、精益求精、敢于创新、勤俭节约和严守纪律等。消极的态度特征表现为懒惰、马虎、粗心、草草了事、墨守成规、挥霍浪费和自由散漫等。

3．对自己的态度特征

积极的态度特征表现为谦虚、谨慎、自尊、自信和朴实无华等。消极的态度特征表现为骄傲、自负、自贱、自卑、拘谨、腼腆、虚荣和轻浮等。

（二）性格的情绪特征

性格的情绪特征是指人在情绪活动时在强度、稳定性、持续性和主导心境等方面表现出来的性格特征。

1．在情绪情感的强度方面

具体表现为情绪的感染力、支配性和受意志控制的程度。有的人情绪高涨、鲜明、富于热情，精神旺盛，有的人情绪安宁、冷漠等。

2．在情绪的稳定性方面

表现为个体情绪的起伏和波动。例如，有的人容易激动，有的人比较稳定；有的人非常急躁，有的人比较沉稳。

3．在情绪的持久性方面

表现为情绪对个体身心方面影响的时间长短，有的人情绪发生后，很难较快平息，而有的人情绪发生时来势汹汹却会转瞬即逝。

4．在情绪的心境方面

表现为不同主导心境在个人身上的影响作用。不同的主导心境，反映了不同的性格特征。有的人经常处在精神饱满、欢乐愉快的情绪之中；有的人可能总是抑郁消沉，多愁善感。

（三）性格的意志特征

性格的意志特征指个体在对自己行为的自觉调节方式和控制水平、目标明确程度及在处理紧急问题方面表现出来的性格差异，性格的意志特征主要表现在以下四个方面：

1．对行为目的明确程度

如行动具有明确的目的性或盲目性，独立性或易受暗示性，纪律性或散漫性。

2．对行动的自觉控制能力

如主动性或被动性，自制力强或缺乏自制力、冲动性等。

3．在紧急或困难条件下处理问题的特点

如勇敢或怯懦，沉着镇定或惊慌失措、果断或优柔寡断。

4．在长期的工作中表现的特征

如恒心、坚韧性或见异思迁、虎头蛇尾等。

（四）性格的理智特征

性格的理智特征也称为性格的认知特征，指人在感知、记忆和思维活动过程中表现出来的性格特征。在感知方面，有被动观察型（易受环境的影响，易受暗示）和主动观察型（坚持己见，不易受他人和环境的影响或干扰），详细罗列型（特别注重细节，对整体概括不足）和概括型（注重事物的整体和轮廓，对细节认识不足）。

在记忆方面，有的人记得快，但忘得也快；有的人记得慢，但难以遗忘；有的记忆不牢，遗忘迅速；有的人视觉记忆占优势，有的人听觉记忆占优势，有的人动觉记忆占优势，有的人的记忆是混合型的。

在思维方面，有的思想广阔，有的思路狭窄；有的善于独立思考、坚持己见，有的人云亦云、随波逐流；有的善于分析，有的善于综合。在想象方面，有的人想象主动积极，有的人想象被动消极，有的人想象丰富、有创造性，有的人想象贫乏、缺乏新颖性等。

以上四个方面的特征中，态度和意志特征是最主要的两个方面，其中态度特征在性格结构中具有核心意义，它是性格特征结构中的“灵魂”，直接体现了一个人对事物所特有的、稳定的倾向，其他特征在不同程度上都受其影响。

三、性格的类型

性格类型是指某类人身上共同具有的性格特征的独特结合。按照一定标准和原则对性格进行分类有助于揭示性格的本质。

1．按心理机能划分的性格类型

英国哲学家、心理学家培因（A. Bain）等人根据知、情、意何者占优势，把性格类型划分理智型、情绪型和意志型。

理智型的人，一般以理智来评价发生在周围环境中的一切事物，以理智来支配、调节、控制自己的行为，行为表现稳定、谨慎。情绪型的人，一般不善于思考，言谈举止容易受到自己情绪的左右，但情绪体验深刻。意志型的人，行为目标一般比较明确，主动积极，果敢和坚韧，有自制力。在日程生活中，很少有人只具备上述一种典型特征，绝大多数是中间类型，如理智-意志型、情绪-理智型等。

2．按心理倾向划分的性格类型

瑞士心理学家荣格（C. G. Jung）根据人的心理活动倾向于外还是倾向于内，把性格分为外向型和内向型两大类，这是性格类型论中最为著名的观点。外向型的人活泼开朗、情感外露，热情大方，不拘小节，善于交际，独立性强，领导能力强，易适应环境的变化，不介意别人的评价，有时易轻率、散漫、感情用事。内向型的人深沉稳重，办事谨慎，三

思而后行，不善于交往，反应缓慢，较难适应环境的变化，很注重别人的评价，有时显得拘谨、冷漠和孤僻。在现实生活中，极端的内、外向类型的人很少见，一般人都属于中间型，即一个人的行为在某种情境中外向，而在另外的情境中则为内向。

3. 按照人的生活方式划分的类型

德国哲学家、教育家斯普兰格（E. Spranger）根据人的生活方式及相应的价值观，把人的性格划分为理论型、经济型、权力型、社会型、审美型与宗教型。

理论型的人以追求真理为目的，能冷静地观察事物，关心理论性问题，力图根据事物的体系来评价事物的价值，能把握事物的本质，碰到实际问题时往往束手无策。他们对实用和功利缺乏兴趣，如思想家、科学家和哲学家。

经济型的人总是以经济的观点看待一切事物，根据实际功利来评价事物的价值，以获取财产和利益为其生活目的，如企业家和商人。

权力型的人重视权力，并竭尽全力去获取权力，有强烈地支配和命令别人的欲望，政治家属于这种类型。

社会型的人以关心他人、服务社会为职责，有很强的奉献精神，以奉献社会为人生的最高目标，如社会工作者。

审美型的人以追求美和实现美为最高目标，总是从美的角度评价事物的价值，不太关心实际生活，如艺术家。

宗教型的人信奉宗教，相信神的存在，把宗教信仰作为最高价值，富有同情心，以慈善为怀，坚信有永恒的生命，如神职人员。

现实生活中，大多数人都不是单纯的某一类型，往往主要侧重一种类型，但同时又兼有其他类型的某些特征，属于中间型或混合型。

4. 根据人的时间匆忙感、紧迫感及好胜心等特点划分的性格类型

美国心脏病专家福利曼（M. Friedman）和罗斯曼（R. H. Rosenman）在人类历史上首次用科学的方法验证了性格特点与病症之间的对应关系，按照人的时间匆忙感、紧迫感及好胜心等特点划分出 A 型性格与 B 型人格。A 型人格（A—type personality）的主要特点是：性情急躁，缺乏耐性。他们的成就欲高、上进心强、有苦干精神、工作投入、做事认真负责、时间紧迫感强、富有竞争意识、外向、动作敏捷、说话快、生活常处于紧张状态，但办事匆忙、社会适应性差，属不安定型人格。具有这种人格特征的人易患冠心病。

B 型人格（B—type personality）的特点是：性情不温不火，举止稳当，对工作和生活的满足感强，喜欢慢步调的生活节奏，在需要审慎思考和耐心的工作中，B 型人往往比 A 型人表现更好。美国 20 世纪 60 年代进行的一次纵向调查表明，在 257 位患有冠心病的男性病人中，A 型人格的人数是 B 型人格人数的两倍多。

5. 根据性格与兴趣和职业的关系划分的性格类型

美国职业指导家霍兰德（John Holland）提出了人格-职业匹配理论，认为一个人的性格与兴趣和职业密切相关。他把人的性格划分为六种类型：实际型、调查型、艺术型、社会型、企业型和传统型。

实际（现实）型的人具有重实践、直率、随和、不爱社交、稳定、坚定等特征，适合于从事农业、采矿、制图、机械操作等工作。

调查（理智）型的人具有分析、思想内向、聪明、精确和富有理解力等特征，适合于从事自然科学工作、电子学工作和计算机编程等工作。

艺术（文艺）型的人具有感情丰富、爱想象、富有创造性等特征，适合于从事文学创作、艺术、雕刻、音乐、文艺评论等工作。

社会型的人具有爱社交、友好、慷慨、乐于助人、活跃、合作等特征，适合于从事社会工作、教师、护理等工作。

企业型的人具有爱冒风险、外向、乐观、爱社交、喜领导他人等特征，适合于从事董事长、经理、营业部主任、营业员和推销员等工作。

传统型的人具有条理性、随和、自我约束、友好、务实、保守等特征，适合于从事办公室工作、秘书、会计、打字员和接线员等工作。

第三节　性格理论与性格测量

一、性格理论

（一）奥尔波特的人格特质理论

美国哈佛大学著名心理学家奥尔波特认为人格是由特质构成的。特质是指个人的神经心理结构，是个人遗传与环境相互作用后形成的对刺激信息反应的内在倾向，可由个体的外显行为来推知。奥尔波特把人格特质分为两类：一类是共同特质，指在某一社会文化形态下，大多数人或一个群体所共有的、相同的特质。另一类是个人特质，是指代表某特定个体所具有的特质，并存在个体身上，表现出个人独特的行为倾向。

个人特质依其在生活中的作用又可分为三种：首要特质，这是一个人最典型、最有概括性的特质，它影响到一个人的各方面的行为。例如，多愁善感可以说是林黛玉的首要特质，狡猾奸诈可以说是曹操的首要特质。中心特质，这是构成个体独特性的几个重要的特质，在每个人身上大约有 5～10 个。如林黛玉的清高、率直、聪慧、孤僻、内向、抑郁、敏感等都属于她的中心特质。次要特质是个体的一些不太重要的特质，往往只有在偶然或特殊的情况下才会表现出来。这些次要的特质除了亲近他的人外，其他人很少知道。如一个人在外面很粗鲁，而在自己的母亲面前很顺从。这里的“顺从”就是他的次要特质，如图 12-2 所示。

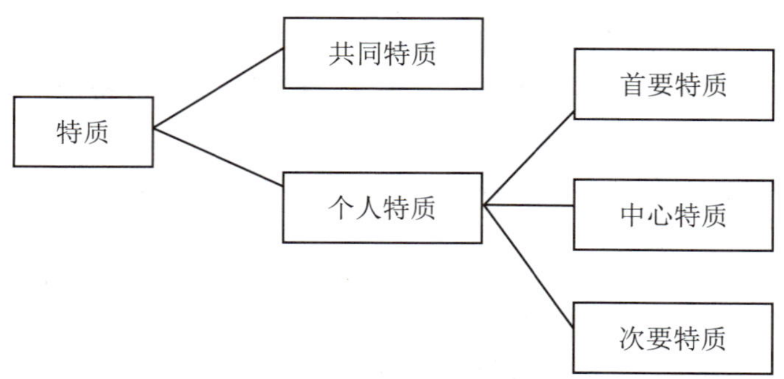

图 12-2　奥尔波特的人格特质结构图

（二）卡特尔的人格特质理论

美国心理学家卡特尔（Raymond B. Cattell）受化学元素周期表的启发用因素分析的方法对人格特质进行了分析，提出了人格特质的结构网络模型。模型分成四层，即个别特质和共同特质，表面特质和根源特质，体质特质和环境特质，动力特质、能力特质和气质特质，各层之间用连线表示它们的关系，如图 12-3 所示。

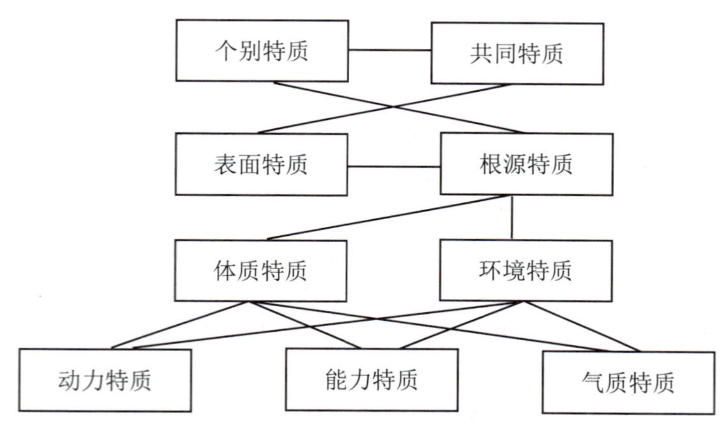

图 12-3　卡特尔的特质结构网络图

1. 表面特质和根源特质

表面特质指从外部行为能直接观察到的特质。从表面上看，它们好像是一些相似的特征或行为，实际上却出于不同的原因。例如，一个孩子“爱干家务活”，但他的原因可能各种各样，如可能为了得到零花钱，也可能是为了让妈妈多休息。

根源特质反映一个人整体人格的根本特性，是深藏于人格结构内层，具有动力性作用的特质，同时又是制约表面特质的潜在的、基础的基本因素，是建造人格大厦的基石。如“焦虑”是害怕考试和体育比赛时双腿发抖的同一原因。在这里，“焦虑”就是一种根源特质。表面特质和根源特质既可能是个别的特质，也可能是共同的特质，它们是人格层次中最重要的一层。

2．体质特质和环境特质

从根源特质可以区分出体质特质和环境特质。体质特质是由先天的生物因素决定，如兴奋性、情绪稳定性等。环境特质是由后天的环境因素决定，如焦虑、有恒性等。

3．动力特质、能力特质和气质特质

模型的最下层是动力特质、能力特质和气质特质。它们同时受到遗传和环境两方面的影响。动力特质是指具有动力特征的特质，它使人趋向某一目标，包括生理驱力、态度和情操。能力特质是表现在知觉和运动方面的差异特质，包括流体智力和晶体智力。气质特质是决定一个人情绪反应的速度与强度的特质。

（三）艾森克的人格类型理论

英国心理学家艾森克（Hans J. Eysenck）结合了类型与特质的概念，提出了人格的维度理论，从人格的特质和维度的研究出发，将人格特征分为三个基本的维度：内外向、神经质和精神质，其中前两个维度最为重要。

1．外向-内向维度

外向-内向维度是人格特质的基本维度。艾森克认为，外向的人不容易受周围环境的影响，难以形成条件反射。具有情绪冲动、难以控制、善社交、渴望刺激、冒险、粗心大意、爱发脾气等特质。内向的人容易受环境的影响，容易形成条件反射，具有情绪稳定、好静、不爱社交、冷漠、不喜欢刺激、深思熟虑、喜欢有秩序的工作与生活，极少发脾气等人格特点。

2．神经质维度

神经质又称为情绪性，表现为情绪稳定和不稳定的程度。艾森克指出，情绪不稳定的人，表现出高焦虑，容易激动，并且喜怒无常等人格特点；情绪稳定的人，情绪反应缓慢而微弱，并且容易恢复平静，这种人具有稳定、温和、善于克制和不易焦虑等人格特点。

3．精神质

精神质又称倔强性，并非暗指精神病。研究表明，它在所有的人身上都存在，只是程度不同，但是，如果个体表现出明显的精神质，则容易导致行为异常。在精神质项目上得高分，表现倔强、固执、粗暴强横和铁石心肠的特点；低分表现温柔心肠的特点。精神质强烈的人，性情孤僻，对他人漠不关心，心肠冷酷，缺乏人性，缺乏情感和同情心，是令人讨厌的孩子，对周围的人和动物缺乏怜悯，攻击性强，甚至对很亲密的人，也会常常表现出恶意。

艾森克根据外向与内向和神经质（稳定与不稳定）这两个相互垂直的维度，将人格划分为四种组合类型：稳定内向型、稳定外向型、不稳定内向型和不稳定外向型。据此，编制了艾森克人格问卷（Eysenck Personality Questionnaire，简称 EPQ），它在人格评价中得到了广泛应用。

（四）人格五因素模型

心理学家们通过词汇分析的方法，发现大约有五种特质可以涵盖人格描述的所有方面。科斯塔（Paul T. Costa）和麦克雷（Robert R. McCrae）综合“大五”结构和有关理论提出了五因素模型。这五个因素是：

外倾性（Extraversion）：表现出热情、社交、果断、活跃、冒险、乐观等特质；

宜人性（Agreeableness）：具有信任、直率、利他、依从、谦虚、移情等特质；

责任心（Conscientiousness）：显示了胜任、公正、条理、尽职、成就、自律、谨慎、克制等特质；

神经质或情绪稳定性（Neuroticism）：具有焦虑、敌对、压抑、自我意识冲动、脆弱等特质；

开放性（Openness）：具有想象、审美、情感丰富、求异、创造、智能等特质。

这五个特质的头一个字母构成了“OCEAN”一词，代表了“人格的海洋”。

二、性格的测量

由于环境和人的行为表现相当复杂，因此，要鉴定一个人的性格就需要进行系统的观察与研究，要善于从多种多样的行为方式中选择出典型的行为方式，并要区分出偶然行为和体现性格主要特征的行为表现。测量性格的方法很多，但需要把多种方法结合起来交叉应用，互相补充、互相印证才能达到目的。目前一般采用综合评定法、自陈量表、投射测验、情境测验和自我概念测验。

（一）综合评定法

综合评定法是指将观察、谈话、作品分析等多种方法结合起来加以运用来评定性格的方法。运用这种方法，可以通过多种途径来了解某个人在活动中对各种事件与现实环境的态度与行为，并系统地加以分析整理，归纳或找出能概括其态度与行为倾向的性格特征和形成原因。如通过活动了解某人的性格是否合群，通过言语了解某人的性格是在炫耀自己，贬低别人；通过表情了解某人的性格是春风满面，还是满脸愁容。

（二）自陈量表

自陈量表是指被试按自己的意见、想法和行为表现，对自己的人格特质进行评价的方法。自陈量表也称为人格量表。一般来说，自陈量表测量的是人格特质，因此，其解释遵循人格特质理论。自陈量表由一系列问题组成，一个问题陈述一种行为表现，被试按自己的真实情形依次回答测验题目，然后根据测验分数来推知其人格特质。

目前国内外较为常用的人格自陈量表有：明尼苏达多项人格测验（MMPI）、卡特尔十六种人格因素测验（16PF）和艾森克人格因素问卷（EPQ）等。

1. 明尼苏达多项人格测验

明尼苏达多项人格测验（Minnesota Multiphasic Personality Inventory，简称 MMPI）是由美国明尼苏达大学教授哈瑟韦（S. R. Hathaway）和麦金里（J. C. Mckinley）于 20 世纪 40 年代研制的，是迄今应用极广、颇具权威的一种纸笔式人格测验。该问卷的制定方法是分别对正常人和精神病人进行预测，以确定在哪些项目上不同的人具有显著不同的反应模式，因此，该量表常用于鉴别精神病症，也被用来评定正常人格特征。MMPI 内容包括健

康状态、情绪反映、社会态度、心身症状、家庭婚姻问题等 26 类题目，可鉴别强迫症、偏执症、精神分裂症和抑郁性精神病等。

原始的 MMPI 由 550 个题目组成，每个问题涉及一种行为或态度或认知内容，所有问题都采用“是”“否”“不一定”来回答。测验分为 14 个分量表，其中 10 个临床量表，它们分别是：疑病量表（Hs）、抑郁量表（D）、癔病量表（Hy）、精神病态量表（Pd）、男性—女性倾向量表（Mf）、妄想量表（PA）、精神衰弱量表（Pt）、精神分裂症量表（Se）、轻躁狂量表（MA）、社会内向量表（Si）。另外还有 4 个效度量表，它们分别是：说谎分数（L）、诈病分数（F）、正分数（K）、疑问分数（Q）。所有题目都采用“是”“否”来即时答。MMPI 十分庞大，能提供丰富的信息，但实施起来比较费时费力。

2. 卡特尔 16 种人格因素测验

卡特尔 16 种人格因素测验与 MMPI 完全不同，它是以正常人为对象而建立起来的测验量表。卡特尔和他的同事们首先找出 4 500 多个用于描述人类行为的形容词，然后简化为 170 个涵盖原始词表主要含义的形容词。再用这 170 个词要求大学生来描述他们的熟人，最后用因素分析的统计技术区分出这些条目的项目归类，即主因素，由此提出鉴别人格的 16 个根源特质因素，它们能够反映人格的关键特征或本质。与 MMPI 比起来，16PF 规模较小，但获得的信息非常丰富。

16PF 问卷共有 187 道题，每道题让受测者从“是的”“不一定”“不是的”三个答案中选择其中一个回答。每题答案分别得 0 分、1 分和 2 分。然后运用统计方法，把每种人格特质所得分数加起来，换算成标准分并填在格子图表中，能够比较直观地了解受测者的人格轮廓。目前，普遍认为 16PF 是迄今比较完善的人格特质评鉴方法。

3. 艾森克人格问卷

艾森克人格问卷（Eysenck Personality Questionnaire，简称 EPQ）是英国学者艾森克于 20 世纪 40—50 年代建立的自陈量表，分为成人（16 岁以上）和青少年（7～15 岁）两种。问卷由 4 个分量表 E、N、P、L 组成，分别测量人的内向与外倾、神经质（情绪性）、精神质（倔强性）、掩饰性（指被试是否真实地反映自己的感受）。E 量表主要测量内外倾，高分表示人格外向，低分为人格内向。N 量表主要测量神经质，高分表示焦虑或抑郁，低分表示情绪反应缓慢和平静。P 量表主要测量精神质，高分表示孤独、难以适应环境；低分表示较容易适应环境，关心他人。L 量表为效度量表，主要测量掩饰、推托或自身隐蔽情况（被试是否真实地作出应答）。

与 MMPI 和 16PF 人格测验量表相比，EPQ 的题目较少，只有八九十个问题，测验时间较短，实施较为容易，但由于该测验所得到的结果相对简单，提供的信息量比较有限。

（三）投射测验

投射测验是以弗洛伊德精神分析的人格理论为依据，强调人的行为受潜意识内驱力所推动，给予被试一些含意模棱两可的刺激物，如墨迹、暧昧含义图片等，在不受限制的情况下自由地解释或表现其反应，即通过对刺激物的不知不觉反应，表露其内在的态度、动机、需要、感情及性格特点，然后对其反应进行分析来推知其性格特征。

投射测验在西方心理学界应用较广。著名的投射测验有罗夏墨渍测验和主题统觉测验。

1. 罗夏墨渍测验

罗夏墨渍测验（Rorschach Ink—Blot Test）由瑞士精神病学家罗夏（Rorschach）于 1921 年设计。他用带有墨渍的图片，共包括 10 张墨渍卡片，如图 12-4 所示，其中 5 张为黑白图形，2 张是黑白墨色加红色斑点组成的图片，3 张为彩色图形。罗夏墨渍采用个别施测的方式，每次按顺序和方位逐一向被试呈现，然后询问被试“你看到了什么？”“这像什么东西？”或“你想到了什么？”等问题。被试在观看时允许转动卡片，从不同角度观看，并不受时间限制。根据被试的反应来推知其人格特征。例如，整体回答反映了个体的概括倾向，运动回答表示情感丰富，彩色回答与个体的情绪活动相关，回答内容为人或动物，提示其具有现实性和健全的心理机能。罗夏墨迹测验不受语言文字限制，在任何不同文化环境中都可以使用，但记分和结果解释具有主观性。

2. 主题统觉测验

主题统觉测验（Thematic Apperception Test，简称 TAT）是投射测验中与罗夏墨迹测验齐名的投射性人格测量的工具。该测验是由美国的心理学家默里（H. A. Murray）和摩根（C. D. Morgan）在 1935 年创编的。主要用于临床诊断和动机、情感等研究，通过测验来探究个体潜意识和幻想。

主题统觉测验与看图说话的形式比较相似。全套测验由 30 张内容暧昧、意义隐晦的黑白图片和 1 张空白卡片组成，如图 12-5 所示。图片的内容多为人物，兼有部分景物。主题统觉测验是以图画的情境为主题，让受试者在编造故事时，不知不觉地将个人隐藏在内心的问题，借对故事情节的客观描述，投注其主观意识，从而流露出自己的欲望。测验时，按照规定顺序呈现一张图片，让他根据每张图片内容编一个故事，其中必须包括“是什么原因引起了当前情境”“此时此刻正在发生什么事情”“图片中的人物正在想什么”“有什么感受和想法”“结局会怎样”。

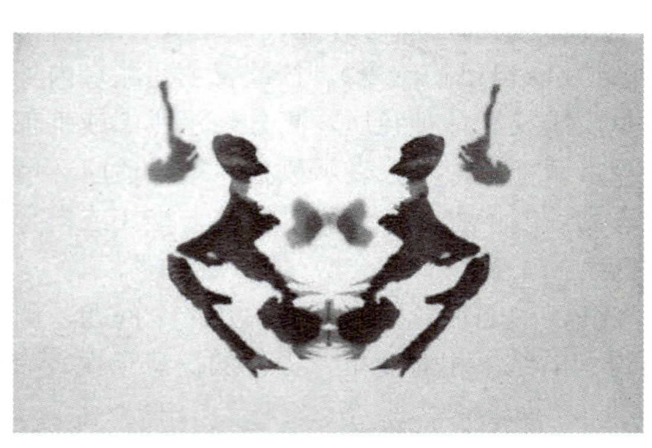

图 12-4　罗夏墨渍测验图

图 12-5　主题统觉测验图片

投射测验必须由受过专门训练的专业人员来操作，由于其中一些反应结果很难评定，计分又有一定主观臆测性，因而会影响测量的信度。

（四）情境测验

情境测验就是主试在某种情境下观察被试的行为反应，进而了解其人格特点。设计原则是如果能将情境中某种刺激与个体行为反应之间的关系确定下来，那么就可以创造某种情境来预测或监视个体的行为。情境测验可用于教育评价、人事甄选，主要有性格教育测验和情境压力测验。具体介绍如下。

1. 性格教育测验

虽然学校教育总是教育孩子们要有诚实、合作、友爱、负责等品格，但却很少能使用客观的测量工具来鉴定这些品格教育的效果，性格教育测验就弥补了这方面的缺憾。如一次考试结束后，可以将每个试卷复印一份，再发给学生并附上标准答案，要他们自己评卷，打上分数，最后收回试卷，两份对照，就可以测量出学生“诚实”的程度，进而了解过去教育的效果与有待改进的方向。

2. 情境压力测验

情境压力测验是特别设计一种情境，使被试产生并面临情绪上的压力，然后由主试观察、记录被试是如何应付的，从而了解他的人格特质。如无领导小组情境测验的具体做法是，在情境中安置几个互相不认识的人，给他们一项任务，这项任务必须由他们合力来完成，如果在规定的时间内没有顺利完成任务，那么每个人都会受到惩罚。被试在这种压力情境下，可能会使其中的某个人主动站出来带领大家完成任务，并得到其他人的支持与合作。由此可以知道，某人可能具有领袖的特质。此外，企业界有所谓压力面试，也是一种情境测验。

这种测验重视分析、实验和控制等程序，具有科学性，得到的结果也比较精确，且令人信服。但由于研究只重视现实因素，忽略了个体行为经验与遗传因素，因此也受到批评。

（五）自我概念测验

在测量自我概念时，不仅要了解个人对自己的看法，还要了解个人的“自我接受”和“自尊”的程度，比较“现实我”“社会我”及“理想我”三者之间的关系。目前，心理学家最常用的是下面两种方法。

1. 形容词列表法

主试先准备一份描述人格特质的形容词表，如友善的、有野心的、羞怯的、紧张的等，让被试从这些形容词中选出符合自己真实情况的词语，最后由主试分析，判别被试对自己的评价情况。由于形容词的意义容易带有社会褒贬的性质，也就是说具有社会期望性，被试为维护个人自尊，可能不真实作答。

2. Q 分类法

这是由美国心理学家斯蒂芬逊（Stephenson）创立的一种测验，被广泛应用于研究自我观念、人格适应、身心健康等方面。这种方法是给被试看很多张（如 100 张）描述人格词语的卡片，要求被试按卡片上词语所描述的人格特质与自己进行对照，并分成一到九个等级。根据所排列的描述与适合程度可以测量自我概念。此外，这个方法也可用来鉴别人格特质的个别差异。

第四节　性格的形成和培养

性格是在心理活动相互作用之中形成和培养起来的，它的形成过程是主体与客体相互作用的过程，不是一朝一夕形成的，它是在家庭、学校和社会环境影响下，通过自身的实践逐步形成和发展的。影响性格形成的原因是多方面的，一般认为，性格的形成与发展受遗传、家庭、教育、环境等因素的影响。

一、性格的形成

（一）生物遗传因素的作用

人的性格并非与生俱来，而是在人的高级神经活动类型的基础上，通过社会生活过程的影响逐渐形成和发展起来的。生物遗传因素是性格形成的自然基础，它为性格形成和发展提供了可能性。例如，某些神经系统的遗传特性会影响某些性格特征的形成，这种影响主要表现在某些性格特征的加速或延缓方面。另外，人的性别、相貌、身高、体重等生理特征，会由于社会文化的评价因素与自我意识的作用，对个体的独立性、自信心、支配性、自尊感等性格特征的形成与发展产生影响。

神经系统的遗传特性只是为个体形成某些性格特征提供了可能，而最终起决定作用的是社会生活环境。如通过双生子研究法来研究性格形成中遗传因素和环境因素作用的方法，同卵双生子的遗传因素是完全相等的，异卵双生则如同同胞兄弟姐妹，比较他们的性格特征大都看出遗传因素对性格形成中的作用。1931 年，洛廷等人对 13～39 岁的同卵双生子和异卵双生子的性格进行研究，这些双生子是从小就分开养育的，结果发现虽然生活环境不同，但他们在气质上、心理测验反应和生活表现上都是相似的。因此，在性格的形成和发展上有两种极端错误观点，即遗传决定论和环境决定论。

（二）家庭的影响

家庭是“制作人类性格的工厂”。父母把遗传基因传递给后代，家庭是孩子最早接触的社会环境。心理学研究表明，从出生到五六岁时是性格形成的最主要阶段。在这个阶段，儿童在家庭中生活的时间最长，受到父母的爱抚、保护、教育和影响最多，因此，整个家庭环境对儿童性格的形成起着极为重要的影响。在家庭各方面的因素中。父母的教养态度、家庭氛围和父母的榜样等因素，对儿童性格的形成有着深刻的影响。

1. 父母的教养态度和方式

在家庭中，父母和子女的关系最为密切，也是子女最重要的教养者。苏联教育家克鲁普斯卡娅指出：“母亲是天然的教师，她对儿童特别是幼儿的影响最大，”研究表明，母爱在 5 岁前儿童的性格形成中起着重要作用，是儿童性格发展的必要条件。缺乏母爱的儿

童往往会形成孤僻、不合群、任性和情绪反应冷漠等不良性格特征。父爱在儿童心理发展，特别是性别角色的形成与发展过程中是不可或缺的。父亲为男孩提供了模仿和同化的榜样，为女孩提供与异性交往的样例。幼儿时没有与父亲接触过的孩子，在性别的社会化方面，往往是不完全的。由此可见，父母对子女的教养态度，在儿童良好性格的形成和发展过程中起着直接的影响作用。

研究表明，父母教育方式不同，儿童会形成不同的性格特征（见表 12-2）。

表 12-2　父母教育方式与儿童性格的关系

教育方式	儿童性格
支配型	消极、顺从、依赖、缺乏独立性
溺爱型	任性、骄傲、利己主义、缺乏精神独立、情绪不稳定
过于保护型	缺乏社会性、依赖、被动、胆怯、深思、沉默、亲切
过于严厉型	顽固、冷酷、残忍、独立；盲从、不诚实、缺乏自信心和自尊心
忽视型	妒忌、情绪不安、创造力差，甚至有厌世轻生情绪
父母意见分歧型	易生气、警惕性高；或有两面讨好、投机取巧、好说谎的作风
民主型	独立、直爽、协作、亲切、机灵、安全、快乐、坚持，爱社交，有毅力和创造精神

2．家庭氛围和父母的榜样

家庭氛围可以划分为融洽氛围与对抗氛围两种类型。家庭中的氛围是由家庭全成员营造和构成，但最重要的是由夫妻两人之间的关系构成的。家庭中的夫妻关系影响着家庭其他成员之间的关系，也影响着孩子性格的形成与发展。研究表明，如果夫妻关系融洽，孩子在家里感到愉快、有安全感，容易形成开朗、活泼的性格特征；如果夫妻关系对立与不和谐，孩子在家会缺乏安全感，情绪不稳定，容易形成紧张、焦虑和不安的性格特征。

心理学许多研究表明，在宁静而愉快氛围家庭中成长的孩子，与家庭氛围紧张与冲突不断的家庭中的孩子在性格上会有很大差异。心理学认为，破裂家庭对孩子性格的发展会带来不良影响。家庭破裂有两种情况，一是父母中的一人死亡，另一种是父母离婚，即离异家庭。父母离婚比父母死亡对孩子性格形成与发展的影响更大。孩子由于父母死亡或离婚而得不到家庭的温暖和正常教育，容易形成悲观和孤僻等不良性格特征，产生的行为问题也比较多。波尔拜（J. V. Bowlby）等人的研究结果表明，少年犯罪率最高的是出生 1～4 岁之间丧父或丧母的孩子，其犯罪率高出一般人的两倍以上。

从年龄上看，婴幼儿期间丧母对个体性格特征的影响很大，童年期丧父对孩子性格的影响大。但有些研究表明，如果有良好的教育，破裂家庭或丧失父母的孩子仍然可以形成坚强、合作，甚至是开朗等良好的性格特征。

父母是孩子的第一任教师，是孩子最早学习的榜样。社会信仰、规范和价值观等首先通过父母的“过滤”而传给子女。父母的一言一行都在潜移默化地影响孩子性格的发展，孩子也随时模仿和学习父母的行为。因此，孩子与父母的性格往往十分相似。

（三）学校教育的作用

学校教育在学龄儿童性格形成与发展中具有重要作用，学校不仅是传授文化科学知识的场所，而且是发展智力，进行政治和思想品德教育的地方，是促使儿童形成和发展良好性格特征最重要的部门。学生要在学校里，通过学习与潜移默化的影响，形成自己优良的性格特征，才能顺利地走向社会，适应社会生活，并为社会的发展做出自己的贡献。学生通过课堂教育接收系统的科学知识，同时形成科学的世界观。科学世界观对发展良好性格特征具有重要意义。学习是艰苦的身心劳动，通过学习可以形成与发展学生坚持性、顽强性、主动性和独立性等优良的性格特征。

校风和班风也是影响学生性格形成与发展的重要因素。良好的校风和班风能促使学生养成积极性、主动性、独立性和自觉遵守纪律等良好性格特征；不良的校风和班风，可能会使学生养成懒散、无组织、无纪律等不良性格特征。

教师是学生学习的直接楷模，是学生的指导者、领导者和教育者。教师通过各科课堂教学对学生性格施加有意识地影响；教师的性格特征对学生的性格有着潜移默化的作用。教师与学生之间的关系影响着学生的性格发展。勒温等人把教师管教学生的方式划分为 3 种类型，各种管教方式与学生性格特征的关系见表 12-3 所示。

表 12-3　教师的管教方式和学生的性格特征的关系

管教方式	学生的性格特征
民主的	情绪稳定、积极、态度友好、有领导能力
专制的	情绪紧张、冷漠或带有攻击性、教师在场时毕恭毕敬、不在场时秩序混乱缺乏自制性
放任的	无团体目标、无组织、无纪律、放任

人际关系对性格的形成和发展影响很大，其中，同龄人之间交往常因彼此年龄相仿、面临的社会评价标准相似，更容易心心相印、彼此理解。由于同龄人之间具有可比性，良好的交往关系能使个体形成正确合理的竞争心态，同学之间齐头并进、共同成功。

（四）社会文化因素的作用

不同的文化背景、社会制度、经济地位及不同的职业等都会对人的性格特征的形成与发展产生深刻影响。就社会文化背景而言，世界上有许多国家和民族，不同国家、不同民族在风俗习惯、政治、经济和文化发展水平及道德规范等方面存在着很大差异。这种差异从小就影响着儿童，并对儿童的性格产生不同的影响。

同时，不同国家、不同时代的社会风气或社会风尚对人的性格形成与发展也有重要的影响。社会风气或风尚，即社会上普通流行的爱好、风气与习惯等，它们通过各种渠道影响学生的爱好、道德评价与行为习惯的形成，其中最具影响力的是电影电视、互联网和各种普及读物，当它们提供的内容是健康的、积极向上的，就会激发青少年丰富的情感和想象，引起他们强烈的模仿意向并付诸行动，经过反复实践而巩固下来，成为他们性格特征的组成部分；当它们提供的内容是不健康的、有害的、颓废的，甚至是黄色下流和反动的，

那么就会使青少年形成消极的思想情感和不良性格特征。

（五）社会实践活动对性格形成的作用

人的社会实践是指社会活动、生产劳动、科学实验、文化艺术等活动。社会实践最终决定人的性格的形成。人在实践中，会根据客观现实的要求改变自己的性格，并且会形成新的性格特征。例如，教师的活泼、机智、冷静、敏感、事业心，科研人员实事求是的态度、论证问题的逻辑性、严谨性、客观性与独创性等都是实践活动的结果。

（六）个体主观因素的作用

任何一种性格特征的形成，都是把所有接受外部的社会要求逐步转化为自己内部需要的过程。在这个转化过程中，人的主体性在起着越来越重要的作用。环境因素、一切外来的影响，都必须通过个体的自身调节才起作用。因此，从这个意义上讲，每个人都在塑造自己的性格。随着小学生自我意识的发展，他们常常能主动地分析自己的性格特征，自觉地扬长避短，培养自己的良好性格特征。这时，他们对自己的性格的形成已从被控制者转变为自我控制者和自我教育者。因此，教师和家长要相信他们，以积极期待引导、感召学生提高他们自我控制和自我教育的能力。

总之，人格是先天与后天的合金，是遗传与环境相互作用的结果，遗传决定了人格发展的可能性，环境决定了人格发展的现实性，其中教育起了关键性的作用，自我调控系统是人格发展的内部决定因素。

二、小学儿童性格的培养

小学阶段正处在性格发展和初步塑造时期，一方面还没有形成稳固的社会观念与态度，有相当大的模仿性和受暗示性，从而极易受到环境中无论好或坏的影响。同时，他们又极易把各种习得的态度或行为方式习惯巩固下来。由此，对小学生的性格的教育非常重要，为培养孩子良好的性格，要注意以下几点：

1. 重视早期行为习惯的培养

家庭的早期教育为性格的培养奠定了基础，在对儿童进行早期教育时，不能只着眼于智力发展，而应有意识地注意对良好行为习惯的培养。“播种行为，收获习惯；播种习惯，收获性格；播种性格，收获命运。”许多经验证明，纠正一种坏的行为习惯要比建立一种好的行为习惯困难得多。所以对小学儿童性格的培养，要重视家庭的因素和发挥家长的作用。父母的文化程度、教养方式、生活习惯对儿童性格的影响是不可磨灭的。心理学研究表明，父母尤其是母亲对儿童的影响极大。因此学校教育一定要与家庭教育相结合。教师的工作要取得家长的支持，才能在更大的社会背景中培养小学儿童良好的早期行为习惯。

2. 充分发挥榜样作用

在学生面前，教师作为知识的传授者、集体的领导者，纪律的执行和监督者及家长的代理人，其一言一行，对学生都具有重要的榜样示范、暗示感染作用，在学生良好性格的养成方面起着潜移默化地作用，因而教师要加强个人修养，注意自己的一言一行，真正起

到教书育人和良好的表率和楷模作用。

此外，教师还可以通过树立历史上的伟人、现实中的模范和学生群体中的先进分子等榜样影响学生，尤其是学生群体中的榜样，因为年龄相近，彼此有共同语言，所以产生的影响更大。

3. 有针对性地进行个别指导

每个学生不仅存在人格发展的一般特点，也存在着个别差异。因此，教师应采取灵活而有原则的方法，有针对性地进行个别指导，因材施教。尤其是随着时代的发展，社会需求的变化，根据学生可能出现的许多新问题，如厌学、网络综合征、人格发展偏差等，及时进行有针对性的个别心理辅导和咨询，充分发挥心理健康教育与辅导在小学生性格成长中的重要作用。

每个人在性格上都有各自的特点，即表现为特定的优点和缺点，当他们生活在一个群体中，又会表现出一些共同的性格特征。

首先，教师要利用群体的共同性格优势，并设法帮助他们发挥优势和克服性格中的弱点。其具体步骤为：① 列出全体儿童的性格优点、弱点，从中找出多数儿童的共同性格倾向；② 借助多数儿童的性格优势，鼓励形成一种良好的风气，并借此抑制不良性格的滋生；③ 经常组织一些适合于群体良好共性的活动，使群体风气得以维护和发扬；④ 注重创新、求异，让少数儿童的性格优势得以充分的发挥，并与多数儿童的性格优势取得互补。

其次，重视儿童性格的个别差异教育。其具体步骤为：① 利用优秀生的优良性格品质作为榜样；带头使群体风气向更高的水准发展；② 充分肯定落后儿童的优秀品质，推动他们与群体风气认同，切记一味强调缺点，以免儿童失去上进的希望；③ 经常开小组评议会，提醒每个人不断发现自己的性格优势与不足，以便引起注意与改正。

4. 鼓励学生自我教育

一切外来影响都必须通过自我调节才能发挥作用。孔子主张“吾日三省吾身”，没有自我教育，就没有性格的成长与发展。因此，教师应鼓励并启发学生进行自我教育，帮助他们正确理解什么是良好的性格特征，并引导他们通过正确的途径和方法去塑造自己良好的性格。性格塑造说到底是一种终身的自我教育和自我完善。

教师要教育和引导学生正确认识自我、正视现实、积极适应环境。对环境的不同态度，常可影响到学生的性格特征。教师应教育学生在学习、生活过程中应对现实和生活持正确的态度，一帆风顺时不要骄傲，处于逆境时不要怨天尤人。树立战胜艰难险阻的勇气和信心，积极适应环境，从而使自己在顺境中健康成长，在逆境中磨炼意志。同时要积极地认识自我、接纳自我，注意扬长避短、优化性格特征，从而使性格得到进一步完善，逐步达到健康人格的目标。

5. 引导学生积极参加各类实践活动

无论是知识的获取，还是能力的形成，都离不开实践活动。学生良好性格的培养与塑造同样也如此。所以，引导学生积极参加社会实践活动是培养和塑造学生良好性格的方法和重要途径。所以，教师在教育活动中要积极利用和创造条件，使学生获得陶冶性格、增强实践活动能力、养成良好行为习惯的机会，例如，一位教育家描述他给六岁儿童上课的

情景：无论是课前还是课后，他每次都对孩子们说：“男孩子们，你们要像真正的男子汉，让小姑娘先走！”如此这样坚持不懈地教育学生，对培养学生举止文雅，有礼貌等行为习惯有重要作用。

本章小结

气质是一种比较稳定的心理特征。气质的类型包括体液说和高级神经活动类型学说。四种典型的气质类型分为胆汁质、多血质、粘液质和抑郁质。

气质的评定包括行为观察法、问卷法，了解气质的实质及类型特征，对于做好教育工作，培养学生的健全人格是极为有价值的。巧妙地利用不同气质类型学生的心理特点因势利导；善于理解不同气质类型学生的不足之处；引导学生正确认识并不断完善自己的气质特征，增进心理健康及指导学生的职业选择。

性格是人对现实的稳定的态度和与之相适应的习惯化了的行为方式，是个性的核心结构。性格与气质既有区别，又有密切的联系。性格和能力也是既有区别而又密切联系、互相制约的。

性格的结构特征主要包括以下四个方面：性格的态度特征、情绪特征、意志特征和理智特征。性格类型有多种划分，根据知、情、意何者占优势，把性格类型划分理智型、情绪型和意志型；按心理倾向划分，性格分为外向型和内向型两大类；按照人的生活方式划分，性格划分为理论型、经济型、权力型、社会型、审美型与宗教型；按照人的时间匆忙感、紧迫感及好胜心等特点划分提出 A 型性格与 B 型人格；根据性格与兴趣和职业的关系，性格划分为实际型、调查型、艺术型、社会型、企业型和传统型。

性格理论有奥尔波特的人格特质理论、卡特尔的人格特质理论、艾森克的人格类型理论和人格五因素模型。性格的测量目前一般采用综合评定法、自陈量表、投射测验、情境测验和自我概念测验。

性格的形成与发展受遗传、家庭、学校教育、社会文化因素、社会实践活动和个体主观因素等因素的影响。小学儿童性格的培养包括以下五个方面：重视早期行为习惯的培养；充分发挥榜样作用；有针对性地进行个别指导；鼓励学生自我教育；引导学生积极参加各类实践活动。

拓展阅读

1．苏儒源．小学生气质类型与体育教学的探索［J］．福建教育学院学报，2017（5）．

2．金佳漪．基于气质类型的班级管理研究——以小学低年级为例［D］．上海师范大学硕士论文，2016．

3．冯伟，许文英．父母婚姻质量与儿童行为问题的关系：儿童气质的调节作用［J］．中小学心理健康教育，2017（6）．

4. 高华，彭新波．小学生性格发展的测验研究［J］．湘潭师范学院学报（社会科学版），2000（3）．

5. 张燕，李慧敏，高樱艳．课外阅读对中小学生性格的影响与应对策略［J］．文教资料，2015（6）．

练习与思考

一、单项选择题

1. 下列（　　）不属于认识能力？

A．感知　B．记忆力　C．操作能力　D．想象力

2. 人的四种气质类型（　　）。

A．粘液质最好　B．无好坏之分

C．抑郁质不好　D．胆汁质最坏

3. 某学生易冲动、急躁、直率、豪爽、精力旺盛、言语动作急速而难以自制，他们气质属于（　　）。

A．胆汁质　B．多血质　C．粘液质　D．抑郁质

4. 以对事物敏感，体验深刻而持久、行为孤僻、畏缩为特征的气质属于（　　）。

A．胆汁质　B．多血质　C．粘液质　D．抑郁质

5. 高级神经活动类型是强、平衡、灵活型的人，其神经和气质类型是（　　）。

A．安静型、粘液型　B．弱型、抑郁质

C．兴奋型、胆汁质　D．活泼型、多血质

6. 诸如正直、懒惰、吝啬、见利忘义等这些个性品质都表现人物的（　　）特点。

A．气质　B．性格　C．能力　D．情感

7. （　　）更多的受先天和遗传因素的影响。

A．性格　B．气质　C．品质　D．情感

8. （　　）是性格最主要的组成部分。

A．性格的态度特征　B．性格的意志特征

C．性格的理智特征　D．性格的情绪特征

9. 性格的镇定、勇取、果断等特征属于性格的（　　）特征。

A．态度　B．理智　C．情绪　D．意志

10. 教师的教学能力属于（　　）。

A．一般能力　B．特殊能力　C．认识能力　D．社会交往能力

11. 观察全面深入，有创造精神等属于性格的（　　）。

A．理智特征　B．态度特征　C．意志特征　D．情绪特征

12. 人的个性中具有道德评价意义是（　　）。

A．能力　B．气质　C．性格　D．兴趣

13．胆汁质的学生容易形成（　　）的品质。

A．老诚、稳定、坚忍不拔　　B．勇敢、坦率、热情

C．敏感、抑郁、细腻　　D．活泼、机敏、好交往

14．自信、谦虚、自尊等属于性格的（　　）。

A．理智特征　　B．态度特征　　C．意志特征　　D．情绪特征

15．具有分析、思想内向、聪明、精确和富有理解力等特征，这属于（　　）性格。

A．调查型　　B．艺术型　　C．社会型　　D．传统型

二、填空题

1．“勤能补拙”这个成语在心理学上恰好说明了人的______和______之间的关系。

2．气质是人心理活动的动力方面比较稳定的心理特征，它表现为心理活动的______、______、______和指向性等方面的特征和差异组合。

3．希波格拉底认为人体内有四种体液，占优势的体液决定人的气质类型，据此，他把人气质分成与之相对应的______、______、______和______。

4．巴甫洛夫通过实验研究，发现神经系统具有______、______和______三个基本特性，由这三个基本特性组成典型的四种神经类型是______、______、______和______。

5．人的性格特征主要包括以下四个方面，即______、______、______和意志特征。

6．气质在很大程度上受到了______和______的影响。

7．著名的投射测验有______和______。

8．根据人的生活方式以及相应的价值观，把人的性格划分为理论型、经济型、权力型、______、______和______。

9．美国职业指导家霍兰德提出了人格-职业匹配理论，他把人的性格划分为六种类型：实际型、调查型、艺术型、______、______和______。

10．艾森克将人格特征分为三个基本的维度：______、______和______。

三、判断题

1．抑郁质感受性较弱，有很强的耐受性、兴奋性、敏捷性和可塑性，行为表现为活泼好动、敏捷、反应迅速、热情。（　　）

2．勇敢或怯懦，沉着镇定或惊慌失措、果断或优柔寡断反映的是性格的理智特征。（　　）

3．性格比气质的形成要早一些。（　　）

4．气质没有好坏之分并决定一个人的社会价值和成就的高低。（　　）

5．世界上性格完全相同的人是不会有的，但却有性格相似的人。（　　）

6．因为气质受先天因素的影响很大，所以，一经形成，就不能改变。（　　）

7．气质的掩蔽现象不等于神经系统特征的根本改变。（　　）

8．经研究，在中国男性儿童中，抑郁质的人非常显著地多于女性儿童中抑郁质的人。（　　）

9．性格无好坏之分，气质却有善恶之别。（　　）

10．气质在个性中是具有核心意义的部分。 （　　）

四、简答题

1．性格与气质的区别与联系是怎样的？
2．性格与能力有什么关系？
3．如何利用气质理论进行教育？
4．如何培养小学儿童良好的性格？

五、案例分析

某小学四年级有这样几个学生：

A．小刚，男，热情、直率、急躁、果敢、易怒，常与同学吵闹打架。

B．小英，女，活动爱笑，好交往，情绪多变，动作敏捷，言语急速，写字常出差错，数学也常把简单的题算错。

C．小强，男，说话慢条斯理，不好交往，沉默寡言，对人冷漠、执拗。

D．小红，女，细心，爱记日记，胆小，常多疑敏感。

思考：请分析这四名学生属于什么气质类型，如何有针对性地进行教育？

参 考 文 献

[1] 彭聃龄．普通心理学［M］．第 4 版．北京：北京师范大学出版社，2012.
[2] 黄希庭，郑涌．心理学导论［M］．第 3 版．北京：人民教育出版社，2015.
[3] 梁宁建．基础心理学［M］．第 2 版．北京：高等教育出版社，2011.
[4] 刘淑萍，方丽丽．心理学教程［M］．镇江：江苏大学出版社，2016.
[5] 人民教育出版社师范教材中心．心理学教程［M］．北京：人民教育出版社，1998.
[6] 樊洁，李锐．心理学概论［M］．北京：北京师范大学出版社，2011.
[7] 张丽萍，王运彩．心理学教程［M］．北京：北京师范大学出版社，2011.
[8] 李建新，杜高明．心理学概论［M］．北京：北京师范大学出版社，2011.
[9] 全国十二所重点师范大学联合编写．心理学基础［M］．第 2 版．北京：教育科学出版社，2008.
[10] 李晓东．小学生心理学［M］．北京：人民教育出版社，2009.
[11] 林崇德．发展心理学［M］．第 3 版．北京：人民教育出版社，2018.
[12] 程正方，高玉祥，郑日昌．心理学［M］．第 5 版．北京：北京师范大学出版社，2015.